K-DRAMA 스토리텔링, 모색과 조형의 힘

K-DRAMA 스토리텔링, 모색과 조형의 힘
IC-PBL로 일구는 새로운 지평

초판 1쇄 인쇄 2022년 12월 15일
초판 1쇄 발행 2022년 12월 20일

지은이 한양대학교 ERICA 문화콘텐츠학과 스토리텔링 연구팀
펴낸곳 논형
펴낸이 소재두
등록번호 제2003-000019호
등록일자 2003년 3월 5일
주소 서울시 영등포구 당산로 29길 5-1 502호
전화 02-887-3561
팩스 02-887-6690

ISBN 978-89-6357-267-3 94680
값 23,000원

* 이 책은 한국콘텐츠진흥원 '2022 콘텐츠원캠퍼스 구축운영'사업의 지원을 받아 출간되었습니다.

K-DRAMA 스토리텔링, 모색과 조형의 힘

IC-PBL로 일구는 새로운 지평

한양대학교 ERICA 문화콘텐츠학과 스토리텔링 연구팀

서 문

무엇으로 다름을 만들 것인가?

스토리텔링 그 자체로 자족적인 결과를 내기보다는 콘텐츠로 구현함으로써 발현될 수 있는 것인 까닭에 항상 종합적인 관점의 전략을 요구한다. 구현 목적에 따라서 그 심도와 비중을 전략적으로 가늠해야 하고, 구현 미디어, 장르, 플랫폼, 디바이스 등 주어진 조건 안에서 최적의 구현을 시도해야 하기 때문에, 스토리텔링은 지극히 목적 지향적이고 구체적인 실천이어야만 한다. 하루가 다르게 미디어 환경이 고도화되고 있고, 향유자의 취향과 수요가 나노화됨으로써 스토리텔링 구현 목적과 양상이 다변화된다는 점까지 고려한다면, '지금 이곳'에서 스토리텔링과 관련한 실천이나 탐구가 얼마나 어려운지를 쉽게 가늠할 수 있을 것이다.

하지만 정작 문제가 되는 것은 스토리텔링과 관련된 어려움이 아니라 그것을 구체화하는 실천적인 탐구가 턱없이 부족하다는 점이다. 스토리텔링의 가치와 중요성에 대한 강조는 차고 넘치지만 정작 그래서 어떻게 그 가치를 실현할 것인가에 대한 실천적인 고민과 모색은 찾아보기 어렵다. 선행 콘텐츠를 중심으로 스토리텔링 전략을 파악하려는 지극히 고단하지만 반드시 해야만 하는 과정을 빼놓고 어떻게 스토리텔링의 가치를 실현할 수 있다는 말인가.

한양대학교 ERICA 문화콘텐츠학과의 스토리텔링 관련 전공 강의들은 이러한 고민에서 출발한다. 우리는 그 고민을 스스로 문제를 구성하고 해결하기 위한 학습자 주도적인 탐색 과정을 통하여 해결하려 하였다. 2022학년도 1학

기 문화콘텐츠학과 1학년 강의인 〈문화콘텐츠 스토리텔링 개론〉은 개론이라
는 과목명이 무색할 정도로 학습자 스스로 안목을 갖출 수 있도록 스토리텔링
기초 이론을 익히고, IC-PBL[1] M유형[2]을 기반으로 주체적인 분석력을 기르는
데 중점을 두어 진행했다. 새내기들에게 주체적으로 스토리텔링의 기초 이론
을 사례 중심으로 이해하게 하고, 그와 관련된 문제를 스스로 구성하고 해결하
기 위하여 텍스트를 정치하게 분석하는 과정을 체험하게 함으로써 길을 찾으
려 하였다. 스토리텔링의 특성상 학습자 스스로 체득하지 않고서는 어떤 효과
도 기대할 수 없기 때문이었다. 또 하나 반복적으로 강조한 것은 분석을 통해 찾
고자 하는 바를 분명히 할 수 있는 문제의식이었다. 텍스트 분석에서 모든 것을
다 분석한다는 것은 불가능하다. 선택과 집중이 필요하고, 그것의 전제는 문제
의식이어야 한다. 맹목적인 텍스트 분석은 기계적인 과정과 경직된 분석 결과

---

1   IC-PBL(Industry-Coupled Problem-Based Learning)은 2016년부터 한양대학교에서
    시작한 혁신적인 대학교육 모델로서, 산업체(Industry), 지역사회(Society), 대학을 유기
    적으로 연결하여 학습자가 현장에서 발생하는 실제적인 문제를 구성하고, 해결하는 역량
    을 기르기 위한 것이다. IC-PBL+는 IC-PBL이 학부에서 거둔 성과를 바탕으로 대학원 교
    육에 맞추어 고도화한 모델이다. 한양대학교 ERICA에서는 IC-PBL센터를 설립하여, 전
    문 교수진과 연구원들을 중심으로 교육모델, 교육사례, 교육 자료를 모두 무료로 제공하
    며, IC-PBL TIP과 같은 워크샵 형태의 유료교육도 제공하고 있다.
2   M유형은 산업체 현장에서 문제 시나리오를 제공받아 강의를 진행하며, 문제해결 과정 중
    에 현장으로부터 멘토링, 평가, 피드백 등을 제공받는 IC-PBL 네 가지 유형 중 가장 고도
    화된 유형이다. IC-PBL의 네 가지 유형(일명 MECA)는 M유형(Merge, 현장통합형), E유
    형(Evaluate, 현장평가형), C유형(Create, 문제해결형), A유형(Anchor, 현장문제형)으로
    나눈다. IC-PBL MECA에 대한 설명은 한양대학교 ERICA IC-PBL센터 홈페이지(http://
    icpbl.hanyang.ac.kr/?act=main)를 참고하라.

를 낳을 뿐이어서 문제의식을 바탕으로 선택과 집중이 이루어질 때만 기대하는 효과를 거둘 수 있기 때문이다.

콘텐츠는 스스로 보고 느끼고 생각하고 이해하고 판단하는 체험 과정이 탐구의 시작이다. 콘텐츠를 향유하는 데에만도 많은 시간이 필요하고, 스토리텔링 분석을 하는 것 역시 많은 시간을 요구하는 번거롭고 고단한 과정이다. 더구나 평소 콘텐츠를 즐기기는 했어도 분석해본 적은 없는 새내기들에게 스토리텔링 분석은 결코 만만한 작업이 아니다. 처음해보는 분석과 평가 작업이라고 그 결과를 너그럽게 받아들여주는 것은 아니다. 더구나 콘텐츠 스토리텔링을 분석하고 평가하는 것이라면, 자신의 전문적인 역량을 증명해야 하는 탐구라면 더욱 그렇다. 그럼에도 불구하고 한양대학교 ERICA 문화콘텐츠학과 2022학번 새내기들은 겁 없이 달려들어 섬세하게 분석하며 다양한 생각을 모으며 독한 탐색을 진행했다. 그 결과가 바로 이 책이다.

다시 한 번 밝히지만, 이 책은 2022년 1학기 문화콘텐츠학과 전공 강의인 〈문화콘텐츠 스토리텔링 개론〉을 IC-PBL M유형으로 진행한 결과물이다. 이 책은 기초 이론 강의→IC-PBL 퍼포먼스→피드백→중간발표→피드백→최종발표→피드백→최종보고서 제출이라는 만만치 않은 과정을 씩씩하게 따라와준 새내기들의 피와 땀으로 만들어졌다. 또 하나 잊지 말아야 할 것은 이 책이 한양대학교의 차별화된 교육방법으로 주목받고 있는 IC-PBL M유형을 토대로 만들어졌다는 것이다. IC-PBL은 학생들 스스로 문제를 구성하고 해결하는 역량을 갖추어 미래사회를 선도할 수 있는 역량을 기를 수 있도록 기획된 교육방법이다. IC-PBL은 강의중심의 일방적인 지식전달이 아니라 날마다 새롭게 등장하는 새로운 문제를 주도적으로 해결할 수 있는 역량을 키워주는 혁신적인 교육방법이다. 자주 강조하지만, 세상의 모든 문제가 다르고, 문제를 풀어야 하는 사람의 역량이 다르고, 그 문제를 풀어야 하는 법도 다양하다면, 무엇보다 중요한 것은 문제를 스스로 구성하고 해결할 수 있는 주도적인 역량이다. 따라서 미래를 선도할 인재들은 얼마나 많은 지식을 가지고 있느냐가 아니라 스스로 얼마나 주도적으로 문제를 구성하고 해결해가는 과정을 체험으로 내재화하여 체득하게 하는 것이 무엇보다 중요하다. 무엇보다 급변하는 세계에 대응해야 하고, 특히 산업체 현장의 요구에 적극 대응하기 위해서는 산업체와 문제 시나리오, 멘토링, 특강, 현장방문, 평가 및 피드백 등을 유기적으로 연계할 수 있어야만 한다. 그래서 한양대 ERICA 문화콘텐츠학과에서는 콘텐츠업계를 선도하는 국내 유수 기업들과 IC-PBL을 통해 협력하며, 현장실습과 취업을 연계하는 성과를 지속적으로 거두어왔다. 특히 IC-PBL 기반으로 강의를 진행하고 그 결과물을 《미스터 션샤인 스토리텔링 전략》(팬덤북스, 2018), 《넷플릭스 오리지널 한국드라마 스토리텔링 전략》(논형, 2022)을 단행본으로 출간하여 호평을 받은 바 있다. 이번 책도 IC-PBL M유형을 기반으로 일구어낸 성과이며, 그동안 문화콘텐츠학과에서 축적해온 스토리텔링 연구의 성과라는 점에서 더욱 뜻깊다 할 수 있다.

　세상은 다름을 요구한다. 콘텐츠 분야에서 다르다는 것은 비교우위의 경쟁력을 의미한다. 차별화된 즐거움과 가치를 어떻게 창출할 수 있느냐가 늘 우리의 고민이다. 이 책은 그러한 모색의 일환이다. 수차례 피드백 과정에서도 가급적 학생들의 의견이 훼손되지 않고 더 큰 활력을 얻어가길 희망했다. 최종 원고를 받아서 꼼꼼하게 읽으면서 학생들의 글을 온전히 지키고 싶었다. 비록 거칠고 성길 수는 있지만 있는 그대로 가장 찬란한 화양연화(花樣年華)일 수 있겠다는 믿음 때문이었다. 이 책에 실린 모든 팀들의 글이 최고라고 할 수는 없겠지만 그들이 그것을 일구어가는 과정만은 최고였다고 칭찬해주고 싶다. 무엇보다 누구도 흉내내기 어려운 성실하고 꼼꼼한 분석과 자신들의 의견의 색깔을 만들고 단단한 논리를 구축하려는 노력이 보이는 글 앞에서는 가슴 뛰는 설렘을 느끼기도 하였다.

스토리텔링은 구체이고 실천일 때 힘을 얻는 까닭에 그것은 단지 분석이거나 해석에 머물러서는 곤란하다. 스토리텔링 분석은 늘 평가와 판단을 지향으로 해야만 한다. 평가와 판단의 지표가 될 수 있는 분석과 해석이 필요한 이유다. OTT플랫폼의 전면화와 더불어 K-Content가 세계적으로 주목받고 그 가치를 인정받고 있다. 그 중심에 K-Story가 있다고들 한다. 문제는 그것을 어떻게 지속가능한 문화로서 내재화할 수 있느냐이다. 콘텐츠는 수익을 전제로 하지만 상품에 머물러서는 안 되는 이율배반적인 특성이 있다. 콘텐츠는 문화로서 향유될 수 있을 때 지속가능성을 확보할 수 있다. 상품은 더 좋은 상품이 나오면 언제든 대체될 수 있지만 문화는 쉽게 대체할 수 없는 영역이기 때문이다.

이 책의 모든 성과는 모두 끝까지 최선을 다해준 우리 학생들의 몫이고, 거칠고 성긴 부분이 있다면 그것은 모두 제대로 길안내를 하지 못하고 효과적으로 시간 운영을 하지 못한 나의 허물이다. 한 학기 동안 빼듯한 일정 속에서 가차 없이 밀어붙이기 만한 교수의 부족함에도 불구하고 최선을 다하는 모습으로 완주해준 우리 새내기들에게 고맙다는 말을 전하고 싶다. 세상에 홀로 이룰 수 있는 것은 아무도 없듯, 이번 강의 역시 많은 분들이 음으로 양으로 도와주셨다. 먼저 늘 전폭적인 지원을 아끼지 않는 한양대학교 ERICA IC-PBL센터, 산학협력의 한 축으로서 특강과 평가에 적극 참여해 준 빅오션, TVING, 레몽레인의 따듯한 협력과 후원도 결코 잊지 말아야 할 지점이다. 최종원고를 꼼꼼하게 점검해준 스토리텔링 전문가 윤혜영 박사, 콘텐츠원캠퍼스 사업을 통해 폭넓은 지원을 해 준 문화콘텐츠전략연구소 오윤지 연구원의 헌신적인 노력은 두고두고 감사할 일이다. 무엇보다 어려운 출판환경에서도 선뜻 출판을 허락해준 논형출판사 소재두 대표님께 감사의 인사를 드린다.

2022년 12월 2일
박기수 拜

차례

〈파친코〉, OTT 오리지널 시리즈의 Purchasing Point

〈스물다섯 스물하나〉, 응원과 위로의 20대 연대기

〈D.P.〉의 스토리텔링 전환 전략

〈이태원 클라쓰〉, 보상의 차별적 매력

〈슬기로운 의사생활〉, 저마다의 슬기로움을 찾아서

〈지옥〉, 지옥의 타락과 흥행

〈사랑의 불시착〉, 향유자에게 착륙하는 법

<동백꽃 필 무렵>, 이제는 당신 꽃 필 무렵

정유진·임세윤·조서영·성진·허즈웨이·강혜수

1. 지상파의 반란, <동백꽃 필 무렵>

2019년 9월에 방영을 시작하여 11월까지 KBS에서 방영되었던 드라마 <동백꽃 필 무렵>은 총 20부작으로 드라마 <쌈, 마이웨이>, <백희가 돌아왔다> 등의 극본을 썼던 임상춘 작가의 작품이다. 드라마 <동백꽃 필 무렵>은 팔자가 박복하다는 편견에 갇힌 미혼모 동백이 옹산이라는 시골마을에서 까멜리아라는 가게를 운영하면서 조금씩 편견의 틀을 깨고 나오며 성장하는 서사를 담고 있다. 극 중에서 동백은 용식이라는 인물과의 로맨스, 그리고 까불이라는 옹산의 연쇄 살인마와 대적하며 옹산에서 성장해나간다.

<표 1>2019년도 드라마 시청률 순위

순위	드라마	시청률	방송사
1	스카이캐슬, 동백꽃 필 무렵	23.8%	JTBC, KBS2
3	왜그래 풍상씨	22.7%	KBS2
4	열혈사제	22.0%	SBS

5	황후의 품격	17.9%	SBS
6	VIP	15.9%	SBS
7	닥터프리즈너	15.8%	KBS2
8	배가본드	13.0%	SBS
9	스토브리그	12.4%	SBS
10	의사 요한	12.0%	SBS

〈표 1〉은 닐슨코리아 전국 시청률을 기준으로 50부작 이상인 주말드라마 및 일일드라마, 아침드라마를 제외하고 2019년에 방영되었던 회차를 기준으로 시청률 순위를 나타낸 표이다. 〈동백꽃 필 무렵〉은 최고 시청률 23.8%로 〈sky 캐슬〉과 함께 공동 1위를 기록했다. 이 지표는 드라마 〈동백꽃 필 무렵〉이 큰 성 공을 거두었음을 증명하는 자료라고 볼 수 있다. 이 글에서는 〈동백꽃 필 무렵〉 의 성공이 스토리텔링 전략에 있다고 주목하고, 이를 네 가지 스토리텔링 전략 으로 분석하였다.

2. 하이브리드 장르의 엔진, 휴먼서사

1) 휴먼장르의 새로운 쓰임

드라마 〈동백꽃 필 무렵〉의 장르는 KBS 공식 홈페이지에 따르면 '로맨스:휴 먼:스릴러 = 4:4:2'의 비율로 로맨스, 휴먼, 스릴러 장르가 혼합된 장르라고 명 시했다. (하지만 본 보고서에서는 KBS가 명시한 장르의 비율과 실제 드라마의 장르의 비율의 차이가 있다는 것을 발견했다. 〈그림 2〉와 〈그림 3〉과 같이 드라 마의 화별로 씬을 분석하여 각 장르 비율을 계산했다. 그 결과 〈동백꽃 필 무렵〉은 KBS의 공식입장인 '로맨스:휴먼:스릴러 = 4:4:2'과 달리, '로맨스:휴먼:스릴러

---

1   부록을 참고하라.

= 2:5:3'의 비율이라는 결론을 도출했다. 이를 토대로 〈동백꽃 필 무렵〉은 '휴먼' 서사에 무게를 둔 '하이브리드 장르'임을 주장하고자 한다.

〈동백꽃 필 무렵〉은 로맨스, 휴먼, 스릴러 세 장르를 결합한 '하이브리드 장르'의 형태를 보인다. 로맨스는 사랑을 주제로 하는 장르다. 이 장르에서 다루는 사랑은 로맨틱 코미디와 같은 가벼운 분위기에서부터 불륜 치정극과 같은 심각한 관계까지 스펙트럼이 매우 넓다. 사랑은 인류의 보편적인 감정으로 쉽게 공감하며 볼 수 있기 때문에 많은 드라마에서 중점적으로 다루는 장르이다. 대표적으로 로맨스 장르의 드라마에는 〈또 오해영〉, 〈사랑의 온도〉 등이 있다. 휴먼은 아직까지 로맨스만큼 메인 장르로 쓰이는 경우가 보편적이지 않다. 하지만 휴먼 장르에서 다루는 주된 소재는 사람 사는 이야기이기 때문에 공감과 감동을 불러일으킨다. 대표적인 휴먼 드라마로는 〈디어 마이 프렌즈〉, 〈우리들의 블루스〉 등이 있다. 마지막으로 스릴러는 보는 사람들을 긴장하게 만드는 장르로 일반적으로 '도망자'와 '추적자'의 구도를 만들고, '도망자는 어떻게 추적자에게 벗어나는가.'라는 생각을 심어 긴장감을 일으킨다. 스릴러 드라마의 대표적인 예시는 〈지금 우리 학교는〉, 〈고요의 바다〉 등이 있다.

〈동백꽃 필 무렵〉에서는 장르의 특성에 의해 그동안 주류보다는 다른 장르들을 뒷받침하는 포지션이었던 휴먼 장르를 전면으로 이끌었다. 그 이유는 장르의 혼합 형식에서 알 수 있다. 다른 드라마들과의 장르 구성을 비교했을 때 〈쌈 마이웨이〉, 〈멜로가 체질〉과 같이 로맨스가 주를 이루고 휴먼이 부가되는 드라마는 하나의 이야기로 구성되며 완결성을 갖는다. 그러나 휴먼이 주를 이루고 로맨스가 부가되는 〈우리들의 블루스〉, 〈슬기로운 의사 생활〉의 경우에는 드라마가 하나의 완결성을 갖기보다는 옴니버스 형식으로 구성되기 쉽다. 하지만 〈동백꽃 필 무렵〉도 역시 휴먼이 주를 이루고 로맨스가 부가되는 구조이지만 스릴러가 혼합되어 그 이야기가 휴먼 위주로 진행됨에도 하나의 완결성을 가지게 된다.

K-DRAMA 스토리텔링, 모색과 조형의 힘

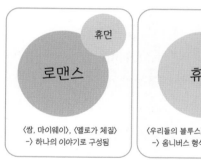

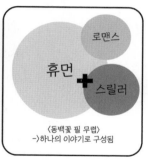

〈쌈, 마이웨이〉, 〈멜로가 체질〉
-〉 하나의 이야기로 구성됨

〈우리들의 블루스〉, 〈슬기로운 의사생활〉
-〉 옴니버스 형식으로 구성되기 쉬움

〈동백꽃 필 무렵〉
-〉하나의 이야기로 구성됨

<그림 1> 최근 드라마 장르의 다이어그램

스릴러는 '까불이'라는 캐릭터를 통해 진행된다. 여기서 까불이는 주인공들의 행동에 개연성을 불어넣는 장치로 활용되며 잠재적인 위험 요소를 집어넣음으로써 극의 긴장감을 높이고 스릴러 서사를 통해 장르의 특성상 시작과 끝이 모호할 수 있는 휴먼 서사를 분명히 맺어줌으로써 까불이는 극에서의 필요에 따라 영리하게 등장한다.

2) 까불이의 효율적 활용

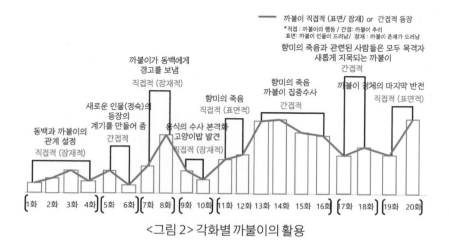

<그림 2> 각화별 까불이의 활용

〈그림 2〉는 까불이의 직접적, 간접적 등장 시간을 화별로 정리한 것이다. 까불이가 직접 등장해 사건을 진행시키는 부분을 직접적 등장, 까불이를 추리하는 부분을 간접적 등장으로 표현했다. 까불이가 극에 실제 등장하여 직접적으로 드러나는 장면은 표면적 등장으로, 또는 실제 등장하지는 않지만 암시하는 장면은 잠재적 등장으로 구분하였다.

까불이는 1화부터 4화까지는 까불이가 옹산에서 벌인 살인사건들에 대한 설명과 더불어 동백이가 5년 전에 마지막으로 일어난 살인사건의 유일한 까불이의 목격자라는 사실이 밝혀지고, 까불이가 5년이 지난 시점에서 동백이가 운영하는 가게인 까멜리아 벽에 낙서를 써놓고 불로 지진 것과 같이 여전히 동백이 주위를 감시하며 맴돌고 있다는 서사를 보여준다. 따라서 1화에서 4화까지는 까불이가 직접적이면서 잠재적으로 등장한다. 5화부터 6화까지는 빈 박카스 병을 동백이의 가게 앞에 놓거나 동백이네 집 앞 골목에 놓는 것과 같은 연출로 1화부터 4화까지의 내용의 연장선으로 빈 박카스 병이라는 매개체를 이용하여 사람들이 까불이가 동백이 주위를 맴도는 것이라고 생각하게 만들어 긴장감을 높이지만 이는 새로운 인물인 정숙의 등장의 계기를 만들어 주면서 까불이가 5화에서 6화까지는 간접적으로 등장한다. 7화부터 8화에서는 까불이가 동백에게 까멜리아 벽에 '까불지 말라고 했지. 그때부터 지금까지 내가 너를 매일 보고 있어.'라는 경고문을 써 직접 경고문을 보내면서 직접적이면서 잠재적으로 등장하고 9화에서 10화까지는 고양이가 없는 옹산에 누군가 계속 고양이 밥을 채워 넣는 것에 대해 용식이가 의문을 품는 것을 시작으로 본격적인 용식이의 수사가 진행됨으로써 까불이가 직접적이면서 잠재적으로 등장한다. 또한 11화부터 12화까지는 향미의 죽음에 대한 이야기가 전개되면서 향미를 죽인 범인이 까불이임이 향미의 시체에 남긴 까불이의 메모를 통해 밝혀지는 것으로 까불이가 직접적이면서 표면적으로 등장한다. 이후 13화부터 16화까지는 향미의 죽음과 관련해 범인을 추리하고 까불이를 집중 수사하면서 간접

K-DRAMA 스토리텔링, 모색과 조형의 힘

적으로 등장하고 17화부터 18화에서는 향미의 죽음과 관련된 사람들이 용식의 수사에 '토박이 네트워크'에 참여하는 용의자에서 목격자로 전환되며 까불이가 살인을 멈춘 지 5년이라는 것과 흥식의 아버지가 5년 전에 사고를 당해 사람들에게 잊혔던 점이 맞물리면서 흥식이의 아버지라는 새로운 인물이 까불이로 지목되고 마지막 19화부터 20화에서 까불이의 정체가 마지막으로 반전되며 직접적이면서 표면적으로 등장한다.

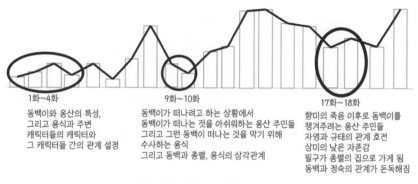

<그림 3> 까불이와 서사 전개의 연관 구도

다시 말해 <그림 3>과 같이 인물 간의 관계와 각 캐릭터의 특성을 보여준 1화부터 4화를 제외한 까불이의 비중이 커졌다가 다시 작게 나타나는 부분에서는 휴먼과 로맨스 요소가 전개되며 인물들의 관계에 집중된다는 것을 알 수 있다. 즉 까불이가 높은 비중을 차지해 사건을 일으키면 그 사건을 원인으로 삼아 휴먼과 로맨스 내부에서 이야기가 진행된다는 것이다. 까불이는 이야기의 진행 속에서 영리하게 모습을 드러내고 숨겨 이야기를 진행하였고 이는 까불이가 작품 속에서 장치로 사용되었다는 것을 뒷받침하는 근거이다.

3) 장르 결합 장치, 까불이

까불이는 장르의 결합에서 유용하게 사용되는데, 로맨스 장르와 휴먼 장르에서 각각 다르게 기능한다.

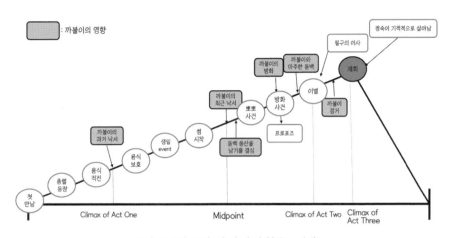

<그림 4> '까불이'의 장치적 활용: 로맨스

〈그림 4〉와 같이 로맨스의 장치라는 측면에서 동백이와 용식이의 로맨스 서사에 집중해보면, 표에서 노란 사각형이 까불이의 영향이 미친 부분으로 드러난다. 까불이가 극에 로맨스 서사에 영향을 준 부분은 두 사람이 만나고 헤어졌다가 재회를 하기 '전'까지 꾸준히 등장함을 알 수 있다. 그리고 로맨스 장르의 정점인 주인공 용식이와 동백이가 재회하는 부분부터는 까불이의 영향이 전혀 없는 것으로 나타나는 것을 알 수 있다. 까불이가 과거에 까멜리아에 썼던 낙서를 용식이가 발견하여 동백이와 용식이가 계속 만날 수 있는 당위성을 제공하였고, 이후에 까불이가 까멜리아에 크게 경고문을 남김으로써 위협을 느낀 동백은 옹산을 떠나기로 마음을 먹고 이를 막기 위해 용식이가 까불이 수사를 본격적으로 하게 되는 개연성을 부여하였다. 또한 까불이가 시장에 불을 질러 동백이를 위험에 처하게 하고 이를 용식이가 구해내면서 용식이가 동백이에게

K-DRAMA 스토리텔링, 모색과 조형의 힘

프러포즈를 하는 촉진제로 사용되었고 까불이가 동백을 아무도 없는 건물로 유인하여 용식이와 동백이의 로맨스적인 갈등을 불러일으키는 불쏘시개가 되었다. 이처럼 까불이는 로맨스 서사의 효과적인 진행과 개연성을 부여하기 위한 도구적 역할로 활용되었으며, 더하여 로맨스 장르만의 독자적인 차별성을 가지고 있어 로맨스를 강화했다. 다시 말해 까불이는 로맨스 장르 안에서 오직 스토리 전개를 위한 도구적 장치로 활용되었다는 것이다.

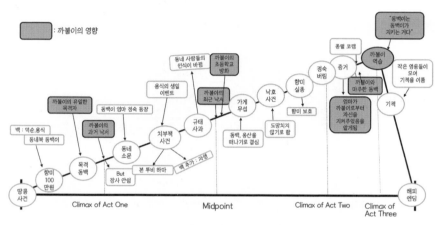

<그림 5> '까불이'의 장치적 활용: 휴먼

〈그림 5〉와 같이 동백이의 성장 서사를 중심으로 한 휴먼 서사에 집중하면, 까불이는 동백의 성장에 도움이 되기도 하고 장애물이 되기도 한다. '까불이의 유일한 목격자'라는 이유로 인해 차별을 당하고 기자들과 과학 수사대로부터의 영업 방해'와 '과거에 까불이가 적어둔 낙서와 그 후 한 번 더 발견되었던 까불이의 낙서' 그리고 '필구의 학교에서 났던 불과 동백이 매일 다니는 시장에서 난 불이 까불이의 짓이었다는 것'은 동백의 불안감을 조성시키고 위축되게 만든다. 특히 필구가 다니는 학교에 불이 났다는 것을 알게 된 동백은 필구를 지키기 위해 옹산을 떠나야겠다고 결심한다. 하지만 반대로 까불이는 동백의 성장

서사에 도움이 되기도 한다. 까불이에게 보여주기 위해 지난 5년 동안 가게 문을 닫지 않았다는 동백의 대사와 졸지 말라는 말에 도망치지 않을 것이라고 다짐하는 동백의 모습은 오히려 까불이가 그녀를 단단하게 만드는 것으로 보인다. 특히 자신이 지난 까불이의 마지막 범죄현장에서 죽지 않은 이유가 엄마 덕분이었다는 것을 깨닫는 것과 향미의 죽음의 진실이 드러나는 사건은 동백이가 까불이를 직접 마주할 용기를 주고 단념을 하게 한다. 성장 서사의 정점에서 결국 동백은 자신의 손으로 까불이를 잡고, 용식의 '원래가 호랑이 같은 걸 때려잡으면서 위인의 신화가 시작되는 거다.'라는 내레이션은 동백의 성장 서사에 매듭을 지어준다.

종합해보면 까불이는 스릴러에 속하는 캐릭터로서 로맨스 장르에서는 장르의 정점 전까지만 영향을 미치는 것으로 보아 주인공인 동백이와 용식이의 서사를 진행시켜주기 위한 도구적 역할로 활용되었고 끝을 명확하게 정의하기 어려운 장르의 특성을 보완하여 휴먼 서사의 주된 서사인 동백이의 성장 서사에도 이용되어 끝을 맺어주는 '장치'로 활용되었다는 것을 알 수 있다.

〈동백꽃 필 무렵〉 장르의 결합은 첫 번째, 메인 장르에서 외면되어 왔던 휴먼 장르를 메인 장르로 사용해 양지로 끌어올렸으며 두 번째, 스릴러 장르의 까불이를 장치로 사용하여 장르의 결합을 용이하게 했다. 세 번째 까불이가 한번 등장해 사건을 일으키는 부분에서 스릴러를 제외한 서사의 진행이 이루어지면서 까불이가 이야기 진행의 기폭제 역할을 한다. 그리고 네 번째, 까불이가 장치로 활용되어 시작과 끝이 모호한 휴먼 서사의 끝을 맺어주는 역할을 하여 완결성을 부여하고 하나의 이야기로 느껴지게 한다.

이러한 하이브리드 장르화의 스토리텔링 전략은 시청자들로 하여금 유연하게 결합된 세 가지 장르의 조합에 신선함을 느끼게 해 흥미를 불러일으키고, 장르의 결합에서 휴먼 장르를 극대화하여 공감을 불러일으키는 점에서 의의를 찾을 수 있다.

3. 다성적 서사 구현을 통한 공감의 확장

1) 다성적 서사의 생산적 소란

드라마 〈동백꽃 필 무렵〉은 다성적 서사를 효과적으로 활용했다. 이 글에서 말하는 '다성성(多聲性)'은 많은 캐릭터가 각자의 서사를 가지고 있고, 각 캐릭터가 목소리를 내어 생산적인 소란을 창출하고, 이를 통해 다양한 층위의 삶의 부면을 관찰할 수 있다는 의미로 쓰려 한다.

앞서 장르의 결합에서 분석했듯 드라마 〈동백꽃 필 무렵〉은 휴먼이 주된 드라마로, 사람들의 이야기를 담아내는 데에 집중한 드라마 〈동백꽃 필 무렵〉에서의 캐릭터는 곧 드라마의 정체성과 같다고 할 수 있다. 여기서 드라마 〈동백꽃 필 무렵〉의 캐릭터 설정의 이유가 드러난다.

드라마 〈동백꽃 필 무렵〉에 등장하는 모든 캐릭터는 특별한 능력이 있거나, 한 분야에서 특출한 캐릭터가 아닌 평범한 캐릭터 또는 평범 이하의 캐릭터로 그려진다. 고아, 미혼모, 연쇄 살인범 유일한 목격자라는 이유로 팔자가 박복하다는 편견과 차별 속에서 살아온 '동백', 술집을 운영하는 결손 가정의 자녀, 동생을 향한 희생적 사랑으로 인한 채무자이자 도망자 운명의 '향미', 가정폭력 피해자이자 가난 때문에 아이를 버린 엄마이고 동시에 시한부인 '정숙', 과부라는 이유로 차별 속에서 아들 3명을 키워 낸 '덕순', 아빠에게 받지 못한 사랑과 관심을 SNS에서 구걸하는 인플루언서 '제시카', 아빠 없이 자라 엄마를 지키고자 하는 '필구', 순박한 시골 순경이자 촌놈 '용식', 가장 사랑했던 사람을 놓친 것을 늦게 후회하는 '종렬', 편 가르기와 대장 노릇을 좋아하는 어딘가 모자란 '규태', 자신의 남편이 바람을 피운다는 것을 알게 된 이혼 전문 변호사 '자영'까지 모두 각자의 결함과 상처가 있는 캐릭터라는 공통점을 가지고 있음과 동시에 각자의 독자적인 서사의 소우주를 가지고 있다는 점에서 차이점을 보인다.

이러한 캐릭터 설정은 세상에 상처와 결함이 없는 완벽한 사람은 없으며, 100명의 사람이 있다면 100종류의 인생이 있듯 서로 비슷한 듯 다른 인생을 살아가고 있는 우리와 닮아 있다는 점에서 의의가 있다. 또한 '고아', '결손 가정의 자녀', '시한부', '가족의 죽음' 등의 자신의 선택에 의한 것이 아니라 운명적으로 받아들일 수밖에 없는 캐릭터의 결함은 약자가 성공하기를 바라는 심리 또는 그를 응원하는 현상인 '언더독 효과(Underdog Effect)'를 불러일으킨다. 예를 들어 가정폭력에서 벗어나기 위해 집을 도망쳐 나와 아이를 키우고자 했지만 가난 때문에 어쩔 수 없이 아이를 버려야만 했던 '정숙'은 평생을 후회하고 동백을 까불이로부터 구했던 사실까지 드러나며 시청자들의 안타까움을 자아냈고 시청자들이 동백이 정숙을 용서해주기를 바라며 응원하게 한다. 이외에도 종렬에게 끝까지 말을 하지 않고 아이를 혼자서 지켜낸 동백의 외로웠던 과거와 과부라는 이유로 사람들에게 차별을 당했던 덕순의 과거는 시청자들로 하여금 약자를 응원하고자 하는 현상을 불러일으킨다. 더하여 '미혼모', 'SNS 속 관심종자', '가난'과 같은 누구나 겪을 수 있는 현실적인 결함이나 상처는 시청자로 하여금 자신을 대입시키고 캐릭터의 입장에서 생각해볼 기회를 제공하여 공감의 폭을 넓히고 깊이를 깊게 만든다.

2) 소란의 목적지, 구성적 주제

〈동백꽃 필 무렵〉 캐릭터의 설정이 다른 드라마와의 차별점이 될 수 있었던 이유는 다성성에서 찾을 수 있다. 다성성의 시초라고 할 수 있는 '카니발'의 가장 큰 핵심은 바로 마스크를 통한 익명성이었다. 계급사회였던 과거 사회에서 카니발 기간에는 신분과 사회적 위치에서 벗어나 하위층이나 낮은 사회적 위치에 존재하는 사람들도 자유롭게 자신의 이야기를 하고 소통할 수 있어, 평범 그 이하의 사람들이 주인공이 될 수 있는 시간이었다는 것이다. 드라마 〈동백꽃 필 무렵〉은 마치 '카니발' 속 평범 그 이하의 사람들이 주인공이 되어 목소리를 내는 모습과 닮아있다. '카니발'의 문화처럼 드라마 속 그 어떤 캐릭터도 소외되지 않기 때문이다. 드라마 속 캐릭터들은 각자의 서사 속에서 성장하고 크고 작은 기적을 이루어내며 자신만의 소리를 만들어낸다. 그리고 그 소리들은 결국 하나의 메시지로 귀결되는 '구성적 주제'라는 특징을 지닌다.

2-2) 동백 : 내곁의 사람들이 나의 세상을 바꿨다

<그림 6> 동백의 '내 사람들'의 대사

2-3) 향미 : 나를 잊지 않았으면 하는 사람들이 생겼다

<그림 7> 향미를 품어줬던 가족의 대사

예를 들면, '누가 동백이를 좋아해.'라고 말하며 자신의 팔자가 박복하다는 편견에 자신을 가두고 동백은 〈그림 6〉과 같이 자신의 주변에 '내 사람'이 생기면서 그 편견을 깨부수고 기적을 이루어내는 성장 서사를 그리며 "내 곁의 사람들이 나의 세상을 바꿨다."라는 소리를 낸다. 〈그림 7〉과 같이 자신을 계속해서 혼자로 만들며 동생을 위해 희생했던 향미는 따뜻한 동백이네 가족을 만나며 인생을 새롭게 살고자 다짐한다. 향미의 서사는 "나를 잊지 않았으면 하는 사람이 생겼다."라는 소리를 내고 있다.

2-4) 정숙 : 죽으려고 왔는데 살고 싶어졌다

<그림 8> 정숙을 품었던 사람들의 대사

정숙은 〈그림 8〉과 같이 과거 가정폭력을 피해 도망쳐 나와, 가난 때문에 동백을 버렸다는 죄책감으로 평생을 살아가다 시한부 선고를 받고 마지막으로 보험금을 주기 위해 동백을 다시 찾는다. '내가 너를 다독이려고 갔는데, 네가 나를 품더라. 내가 네 옆에서 참 따뜻했다.'라는 동백에게 정숙이 작성한 편지글은 "죽으려고 왔는데 살고 싶어졌다."라는 소리를 내는 근거가 되어준다.

2-5) 제시카 : '나'의 삶을 살아가고 싶어졌다

<그림 9> 제시카의 변화계기가 된 사람들의 대사

〈그림 9〉와 같이 SNS상에서 제시카로 활동하며 자신의 본명이자 정체성인 박상미의 삶이 아닌 미세스 강종렬의 삶을 살고자 하는 제시카는 자신을 믿어 주는 종렬의 모습과 엄마의 믿음에 변화를 겪는다. 이에 제시카는 "'나'의 삶을 살고 싶어졌다."라는 소리를 내어 비슷한 고민을 겪고 있는 시청자들의 공감을 불러일으켰다.

2-7) 다양한 목소리로 하나의 메시지를 전달

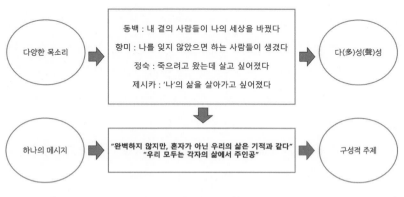

<그림 10> 다성성 구조화

이렇듯 드라마 〈동백꽃 필 무렵〉의 캐릭터들의 목소리를 소외하지 않고 모두 담아냈기 때문에 시청자들은 드라마의 주인공이 누구인가에 대해 쉽게 답할 수 없다. 또한 완벽하지 못한, 평균 또는 평균 그 이하의 캐릭터들은 또 다른 완벽하지 못한 캐릭터를 만나 위로를 얻고 용기를 얻기도 하며 자신만의 기적을 만들어 나간다. 즉, 드라마는 〈그림 10〉과 같이 "완벽하지 않지만 혼자가 아닌 우리의 삶은 기적과 같다.", "우리 모두는 각자의 삶에서 주인공이다."라는 메시지를 전달하고자 했고, 위와 같은 전략적 다성성은 다양한 사람들의 공감을 불러일으키고 그 폭을 넓혔다는 점에서 그 가치를 찾을 수 있다. 하지만 소란스러운 사람 사는 이야기임에도 복잡하게 느껴지지 않는 것은 모든 캐릭터의 서사는 공통적으로 '위로'를 전달하기 위함이라는 공통적 구성적 주제로 귀결되기 때문이다.

드라마 〈동백꽃 필 무렵〉의 다성성의 전략을 분석해보면 다양한 소리를 담아낼 수 있는 소란스러운 사람 사는 이야기인 휴먼드라마 즉, 공감을 통해 시청자들에게 위로를 전달하고자 하는 드라마에서 시너지 효과가 일어난다. 그렇기에 '다성성 + 휴먼 드라마'는 마치 하나의 공식처럼 새로운 장르로 자리를 잡아가고 있다. 2016년 방영된 TVN 드라마 〈디어 마이 프렌즈〉와 2022년 방영된 TVN 드라마 〈우리들의 블루스〉를 보면 다성성이 하나의 장르로 거의 자리 잡았으며, 앞으로 이와 같은 작품이 더욱 활발히 만들어질 것이라고 예상할 수 있다. 특히 최근 2022년 6월 12일에 종영된 드라마 〈우리들의 블루스〉는 다양한 사람들의 인생사를 담은 소란스러운 사람 사는 이야기를 옴니버스 형식으로 구성하여 다성성의 특징을 가장 뚜렷이 나타냈으며 최고 시청률 18.6%를 기록하는 높은 성적을 거두었다. 이를 보면 드라마 〈우리들의 블루스〉가 평균적으로 2~4명의 주인공을 설정하는 다른 드라마들과는 달리 15명의 주인공이라는 이례적인 숫자의 주인공, 에피소드별 다른 주인공을 가지는 옴니버스 형식과 같은 독특한 형식이라는 드라마계의 새로운 도전이었음에도, 시청자들은 다성성이라는 하나의 장르에 익숙해져 가고 있으며 더욱 훌륭한 작품이 나올 것이라고 예상하는 바이다.

〈동백꽃 필 무렵〉은 첫째, 완벽하지 않은 평범한 또는 평범 이하의 캐릭터 설정을 통해 약자가 성공하기를 바라는 심리 또는 그를 응원하는 현상인 '언더독 현상'을 불러일으켜 시청자들의 이입을 도왔다. 동시에 사람 사는 이야기인 휴먼 서사를 위한 매우 현실적인 캐릭터 설정으로 시청자의 공감의 폭을 넓혔다. 둘째, 평범 이하의 사람들의 소리를 편견 없이 들을 수 있었던 '카니발'과 닮은 다성성을 활용하여 극 중 모든 캐릭터를 소외하지 않고 서사를 진행해, 다양한 인생사를 담아내는 휴먼 드라마의 발판을 마련하여 "우리 모두는 각자의 삶에서 주인공"이라는 드라마가 전하고자 하는 메시지를 극대화했다. 셋째, 모든 캐릭터가 각자의 서사가 모두 다른 색의 소리를 내고 있으나, 전부 다른 캐릭터의 도움으로 성장을 이루며 각자의 크고 작은 기적을 이루어낸다는 서사의 공통점으로 인해 "완벽하지 않지만, 혼자가 아닌 우리의 삶은 기적과 같다."라는 위로의 메시지로 귀결되는 '구성적 주제'를 다루고 있다. 이 작품에서 구현하고 있는 다양한 목소리를 통해 표현하는 하나의 주제를 구성해낼 수 있는 구성적 주제는 흥미롭다. 이로 인해 많고 다양한 소리 때문에 소란스럽고 복잡할 수 있는 다성성의 단점을 궁극적인 목적의 통일성으로 극복하였고, 메시지를 더욱 뚜렷이 시청자에게 전달하여 시청자들로 하여금 가슴을 뭉클하게 했다.

이처럼 '다성성'의 스토리텔링 전략은 사람 이야기를 담은 휴먼 드라마에서 공감의 폭을 넓히고 깊이를 깊게 하며 위로의 메시지를 시청자에게 전달하기 위한 최적의 전략이었음을 알 수 있다.

4. 이상적 공동체 옹산의 성격화

1) 지금 이곳과 대비되는 '옹산'의 매력

〈동백꽃 필 무렵〉에서는 사람들에게 앞서 말한 전략들을 효과적으로 나타내기 위해 '옹산'이라는 가상의 공간을 설정했다. '옹산'은 옛 시골마을의 문화가 남아있는 곳으로 공동체주의적인 특성을 가지고 있다. 이는 개인주의적인 특성이 강화된 우리네 사회와 대비되고 극 중 '서울'에서 유사하게 나타난다. 공동체주의란 개인주의와 대비되는 성격으로 운명이나 생활, 목적 따위를 같이 하려고 하는 사고방식을 말한다. '옹산'은 과거 우리 사회에서 공동체의 특성과 그와 더불어 지역만의 매력적인 특색을 함께 가지고 있다.

3-1) 우리 사회와 대비되는 옹산

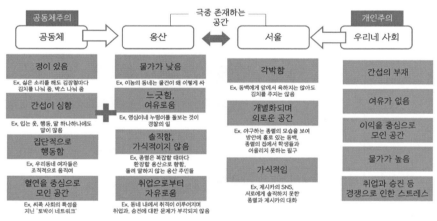

<그림 11> 옹산의 특성

〈그림 11〉을 보면 '옹산'이 가지는 공동체의 특징은 대표적으로 정이 있고 간섭이 심하며, 집단적으로 행동하고 혈연을 중심으로 모였다는 것이다. 이러한 옹산의 특성을 극 중에 종렬이 "(옹산은) 씨족사회처럼 온 동네가 이상해. 온

동네가 가족 같아. 막 친절하지는 않은데 뭔가 되게 뜨뜻해."라고 표현한다. 옹산 사람들은 혈연을 바탕으로 집단적으로 행동한다. 예를 들면 종렬의 뒤를 캐다 동백을 취재하기 위해 온 기자에게 "우리 동네 여자들은 조직적으로 움직여."라고 말하는 찬숙의 대사는 집단적으로 행동하는 골목 여자들의 모습을 표현한다. 그래서 옹산은 내부 사람들 간의 결속이 강하기 때문에 외부인에 대한 폐쇄성이 강하다. 또한 옹산은 서로에 대한 간섭이 심하지만 그러한 간섭은 한편으로는 외롭거나 힘든 상황에 처한 이들에게 따뜻한 관심인 정으로 느껴지기도 한다. 이러한 옛 시골마을 고향 같은 옹산의 특성은 시청자들의 향수를 자극한다. 이런 특성은 이익을 중심으로 모였기 때문에 개인적으로 행동하며 가까이 사는 이웃들과도 잘 교류하지 않고 결속력이 낮은 우리 사회와 대비된다.

옹산은 공동체 사회의 특성에 옹산만의 특색이 더해져 더욱 매력적인 공간으로 표현된다. 옹산은 극 중에서 물가가 낮고, 느긋하며 여유롭고, 일관되게 행동하며 취업으로부터 자유로운 공간으로 표현된다. 옹산의 저렴한 물가는 하루 벌어 하루 먹고사는 동백에게 옹산을 떠나기 어렵게 하며 시청자들에게 가격이 저렴한 시골 마을의 후한 인심을 떠올리게 한다. 또한 영심이네 누렁이를 돌보는 것이 경찰의 일인 옹산은 느긋하고 여유로운 분위기를 만들어 준다. 게장 골목이라는 특성 때문에 대부분의 옹산 사람들은 게장 가게를 승계받거나 동네 내에서 취직이 이루어지기 때문에 취업과 승진에 대한 문제가 부각되지 않는다. 이러한 특성은 여유가 없고 취업과 승진 등의 경쟁으로 인한 스트레스에 노출된 바쁜 현대인들에게 매력적으로 느껴지게 된다. 이 외에도 옹산 사람들은 앞뒤가 다르지 않고 일관되기 때문에 종렬은 마음이 복잡할 때마다 옹산을 찾게 되고, 솔직하면서도 정 있는 모습은 가식적인 행동에 지친 시청자들에게도 편안함을 준다.

이렇듯 옹산은 과거 공동체 사회의 모습을 보여주면서 시청자들의 향수를 자극하는 동시에 사람들이 바라는 특성을 가져 이상적이면서 정겨운 모습을 보여준다. 그에 비해 개인주의 다시 말해, 지금 우리가 살아가는 사회의 특징은 간섭이 부재하고 여유가 없으며 이익을 중심으로 모인 공간이고 물가가 높으며 취업과 승진 등으로 인한 스트레스가 만연하다. 이런 특성은 옹산을 더욱 이상적인 사회로 바라보도록 만들어 준다. 극 중에 등장하는 서울의 특징은 옹산과 대비되며 우리네 사회의 모습을 닮아 각박하고 개별화되며 외롭고, 가식적이라는 특징을 지니고 있다. 또한 개별적으로 행동하는 개인주의 성향이 강하며 그중에서도 종렬의 집은 개인들의 고독과 외로움, 결핍이 등장하는 장소이다. 종렬이 야구로 성공하는 동안 방 안에서 혼자 종렬을 기다리며 외로워하는 동백, 낮은 자존감으로 SNS를 통해 관심을 충족시키려는 제시카, 그리고 종렬의 집으로 이사 간 후 눈치를 보며 반 친구들, 가족과 어울리지 못하는 필구의 모습은 '서울'에 사는 사람들의 모습을 보여준다.

따라서 옹산이라는 가상의 공간을 설정하면서 얻는 효과는 우리가 살아가는 사회의 특성과 대비되는 과거 향촌 사회의 모습을 닮아 현실에 있을 법하지만 실재하지 않은 이상적인 모습을 그리면서 시청자들의 노스탤지어(nostalgia)를 자극한다. 또한 옹산과 지금 우리가 살아가는 사회와 대비되며 여유로운 모습을 보여주기 때문에 시청자들이 드라마를 보는 동안 잠시 바쁘고 지친 일상에서 벗어날 수 있게 한다.

2) 옹산의 특성을 효과적으로 구현한 사투리

앞서 말한 옹산의 특성을 두드러지게 보여주는 요소가 충청도 사투리이다. 사투리는 익숙한 사람들에게는 정겨움을 주고 익숙하지 않은 사람들에게는 신선함을 준다. 따라서 인물의 말과 행동이 매력적으로 느껴지게 만든다. 옹산은 가상의 공간이기 때문에 충청도 사투리가 아닌 다른 사투리를 설정할 수 있었다. 그럼에도 작가가 충청도 사투리를 선정한 이유는 충청도 사투리가 주는 효과 때문이다. 영화 평론가 윤성은 씨는 충청도 사투리 특성을 "여유 있고 부드럽지만 강단 있는 사람들을 대변하는 데 효과적"이라고 표현한 바 있다. 이러한 충청도 사람들의 특성이 극 중 캐릭터에 녹아들면서 여유 있고 부드럽지만 강단 있는 옹산 사람들을 표현할 수 있었다.

그중 가장 대표적인 캐릭터가 황용식이다. 용식은 극 중에서도 가장 사투리를 사용한 대사가 많은 인물이며 옹산의 정체성을 가장 잘 표현하는 인물이다. 용식의 강단 있는 모습은 종렬과 동백을 두고 갈등하는 장면에서 나타난다. "넌 남는 시간에 추억 놀이나 하겠지만, 난 내 거 다 걸고 동백 씨 지킬 거니까 까불지 마라."라는 대사를 통해 종렬과 대비되며 자신의 판단의 확신을 가지며 사랑하는 사람을 지키겠다는 의지를 보여준다. 또한 용식의 부드러운 모습은 7화에서 동백이와 시장에 갔다 오는 장면에서 동백이 세상에 쉬운 일 하나 없는 데 용식만큼 쉬운 사람이 되어주면 안 되냐는 말에 "동백 씨 저는요 동백 씨한테는 무제한이에요. 동백 씨한테는 세상에서 젤루다가 쉬운 놈이 될 거예요."라는 대사를 통해 부드럽고 따뜻한 면모를 보여준다.

사투리는 극 중에서 동백이를 배척하는 옹산의 모습을 더욱 강조시켜주기도 한다. 표준어를 사용하는 동백이는 마을 주민 대부분이 충청도 사투리를 사용하는 옹산에 입성한다. 보편적으로 사람들에게 표준어는 사회의 주류인 것으로 인식되는데, 대부분 사람들이 충청도 사투리를 사용하는 옹산에서는 충청도 사투리가 표준어로 작용해 주류로 인식된다. 따라서 동백이 옹산에서 마치 비주류인 것처럼 느껴지며 외지인으로서의 성격이 부각된다. 이러한 설정은 어디에서든지 절대적인 주류는 존재하지 않으며 상황에 따라 언제든지 변할 수 있다는 것을 보여준다. 또한 주류가 언제든지 변할 수 있다는 인식은 모든 사람들이 평등하며 우위 관계가 없다는 맥락에서 해석된다. 따라서 그런 맥락에서 〈동백꽃 필 무렵〉에서 강조되는 다성성을 표현하기 매우 적합한 환경으로 만들어 준다.

사투리의 사용이 〈동백꽃 필 무렵〉의 개성을 살려주기도 하지만 사투리의 부적절한 사용은 시청자들의 몰입을 방해하기도 한다. 사투리는 타지역 사람들에게 신선함을 느끼게 하지만 소통의 어려움으로 인해 드라마에 대한 공감과 이해를 방해할 수 있다. 〈동백꽃 필 무렵〉에서도 충청도식 돌려 말하기 화법이 쓰이는데 예를 들어 동네 사람들이 "규태가 애는 착혀."라고 말하는 장면은 실제 뜻은 '아무짝에도 쓸모없는 사람이다.'라는 뜻이지만, 비충청권 사람에게는 말 그대로 '착한 사람이다.'라는 뜻으로 생각되어 본래의 의미를 알아채기 어렵다. 또한 극 중에서 재미를 주기 위해 반복적으로 사용된 사투리는 시청자들에게 사투리가 개그 요소라는 인상을 심어주어 진지하거나 심각한 장면에서 시청자들의 몰입을 방해할 수 있다. 따라서 사투리를 적절하게 사용하는 것이 중요한데 〈동백꽃 필 무렵〉에서는 사투리가 적재적소에 사용되어 사람들의 흥미를 유발하면서도 극의 몰입을 방해하지 않았다. 예를 들어 "니가 먼저 했다." 같은 로맨스 대사라든지, "가차 없이 굴러가는 쳇바퀴의 인정머리가 차라리 나를 살린다." 같은 실연의 아픔을 느끼는 장면, "왜 죽였을까가 아니라 왜 살인을 멈췄을까를 생각했어야 했다. 사람의 얼굴은 생각보다 잘 잊힌다"와 같은 대사처럼 범죄 상황에서는 용식이 진지하게 내레이션하는 장면은 사투리가 사용되지 않아 어색하거나 웃음을 유발하지 않도록 한다.

3) 동백의 성장터, 옹산

옹산은 과거의 향수를 떠올리게 하는 공간일 뿐만 아니라 옹산의 특성은 동백의 성장에도 영향을 준다. 옹산 안에 있는 인물들과의 관계를 쌓아나가면서 동백은 성장을 이루어낸다. 옹산은 동백에게 가족 같은 공간이 되어주며 동백과 함께 성장하는 사람들의 모습을 보여준다. 옹산의 특성인 폐쇄성은 동백을 배척하기도 하지만 동백을 지켜주기도 한다. 또한 "옹산에 사내 있어봐야 뭐햐? 범퍼나 해먹지.", "딸들 다 줄 거면 엄마도 나를 낳기 왜 낳디야? 게장 저작권이고 상속권이고 다 딸들 아니면 며느리 승계고", "마누라가 직장 상사면 일생에 퇴근이 없는 거여."와 같은 대사들로 미루어 보았을 때 옹산은 모계 중심 사회이며 여자들의 성격이 강한 특성을 가졌다고 묘사된다. 동백도 옹산에서 지내면서 여자들이 강한 마을 옹산에 적응하며 점점 자신감을 되찾아가면서 사는 모습을 보여준다. 동백은 '본 투 비 하마'였으나 어릴 적 엄마에게 버림받고 세상한테도 소외당했다는 생각 때문에 항상 비관적인 생각을 가지고 있었다. 옹산이 모계중심 사회로 여자들이 가족의 중심으로서 강인한 모습을 보여주는 캐릭터들이기 때문에 동백도 그 안에서 강해지는 법을 스스로 배운다. 이외에도 옹산은 앞서 말했던 공동체주의라는 특성을 바탕으로 늘 혼자이던 동백에게 "엎대면 코 닿을 데서 6년을 보고 살았으면 안 보고 산 사촌보다 가족이지."라고 말하며 점차 자연스럽게 가족으로 생각한다.

3-4) 동백의 성장에 옹산이 하는 서사적 기능

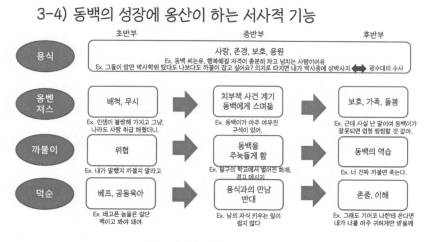

<그림 12> 동백과 옹산 사람들간의 관계

옹산의 특성은 극 중에서 옹산의 심장을 이고 가는 사람들이라는 의미로 '옹심이'라고 불리는 게장 골목 아주머니들에 의해 대표된다. 초반부에서는 "옹산서 뜨내기 배겨나는 거 봤어? 석 달이나 버티면 용허지."라는 대사처럼 외부인

을 배척하는 폐쇄성은 외지에서 온 동백에게 부정적으로 작용한다. 게장 골목의 특성상 혈연관계가 엮인 음식점에서 회식을 할 수 없었던 옹산 남자들이 모두 '까멜리아'로 모이면서 극 초반부 옹산 여자들은 외부인 동백에 대한 감정이 더욱 안 좋아지게 된다. 그러나 치부책 사건 계기로 "동백이가 아주 야무진 구석이 있어."라고 말하며 동백에 대한 인식이 점차 변하기 시작한다. 극의 중반으로 가면서부터는 동백의 뒤를 캐러 온 기자들에게 "원래 자기 동생 톡톡 건드는 언니들이 남이 내 동생 건드리는 꼴은 못 보는 겨."라고 말하며 지켜주기도 한다. 또한 덕순과의 관계에서 덕순에게 미안한 마음으로 덕순과 마주치지도 못하는 동백에게 극 초반에서 둘의 사이를 이간질하던 찬숙이 "쭈뼛대지 말고 속없게 굴어."라고 조언해 주며 둘의 관계가 호전되기를 바라는 마음도 보여준다. 이후 향미가 까불이에게 살해당한 후 까불이로부터 동백을 지키기 위해 '옹심이'들은 각자의 자리에서 동백을 살핀다. 동백이 필구를 맡아달라는 말에 이제야 그런 말을 하냐고 나무라면서 동백과 잘 지내고 싶었던 마음을 드러낸다. 그런 '옹심이'의 애정과 관심으로 동백이 그들과 함께 성장해 나간다. 또한 20화에서 동백이 살 수 있었던 이유도 용식의 전화와 까멜리아로 모이겠다는 '옹심이'의 연락 덕분이었다. 보통 사람들의 지속적인 작은 관심으로 동백을 지켜냈다고 할 수 있다. 동백이와 '옹심이'는 까불이라는 커다란 위협에 맞서 연대하며 서로를 배려하고 지켜주며 함께 성장 서사의 기반이 된다.

까불이의 타깃으로 지목된 동백은 "그 반갑던 종소리가 무서워졌다. 제일 소중하던 내 공간이 무서워졌다."라는 대사처럼 '까불이'에게 위협을 느끼고 옹산을 떠나고 싶을 정도로 주눅 들게 만든다. 하지만 까불이의 위협은 "내가 만만했던 거예요. 그래서 까불지 말라는 거겠죠? 내가 도망을 왜 가. 웰컴이다 웰컴."이라는 대사처럼 동백이가 스스로 깨닫고 성장할 수 있는 밑거름이 된다. 그렇게 동백이는 차곡차곡 성장하면서 후반부에서는 "너 진짜 까불면 죽는다."라는 대사를 하며 동백과 까불이의 관계에서 사용되었던 '까불지마.'의 발화 주체가 변화하며 동백의 역습을 보여준다. "동백씨는 내가 지킬 수 있을 줄 알았는데, 동백이는 동백이가 지키는 거다."라는 용식의 대사처럼 동백은 스스로를 지키는 사람이 된다.

또 용식은 동백에게 절대적인 지지와 응원, 애정, 존경, 보호 등을 통해 동백의 성장에 든든한 지지자가 되어준다. 그의 응원과 애정은 1화부터 20화까지 변하지 않고 지속되며 동백의 성장의 자양분이 된다. 용식의 애정으로부터 나온 보호는 극 중에서 등장하는 광역수사대의 수사와 대비된다. 광역수사대는 피해자에 대한 배려가 부족하며 증거를 확보하고 과학 수사대를 활용한 수사를 진행한다. 하지만 외부인으로 옹산 사람들에게 접근하기 어렵기 때문에 까불이를 검거하는 데 난항을 겪는다. 반면에 용식의 수사는 동백의 안전과 처지를 고려하는 동시에 촉에 기반한 투박한 수사를 진행하지만 애정에서 비롯된 끈기와 인맥과 소문을 기반으로 한 '토박이 네트워크'로 까불이를 검거하는 데 성공한다. 예를 들어 변 소장의 '뒷구녕으로 몰래' 과학수사대에 검수를 맡기거나, 용식이 택시 운전사 시절 수사학과 김복준 교수와의 인연으로 까불이 수사에 대한 자문을 구하기도 한다. 또한, 동네 아주머니들과의 '토박이 네트워크'를 중심으로 소문을 따라 용의자들을 추리고, 수상한 '한빛 학원'을 수사할 때에도 그곳에서 청소 일을 맡았던 한 동네에서 같이 자란 홍식을 통해 정보를 얻게 된다. 또한 향미가 사라졌을 때에도 규태의 고종사촌이 옹산 휴대폰 대리점을 하는 점을 이용해 향미의 휴대폰의 위치를 찾는다. "내 작전은 언제나 성공이고요. 옹산이 다 내 사람입니다."라는 용식의 대사처럼 자신의 강점을 활용해 수사를 하며 동백에게 믿음을 준다. 이런 용식의 수사로 인해 동백은 더 이상 도망치지 않고 까불이와 맞서게 된다.

과부로써 자식 셋을 키운 덕순은 미혼모 동백의 처지에서 자신과 동질감을 느끼며 극의 초반에서 동백의 '베프'로 등장하며 든든한 '백'이 되어준다. 옹심이가 동백이와 싸울 때도 동백의 편을 들어주고, 배고픈 놈들은 일단 멕이고 봐야 된다며 필구를 챙겨준다. 하지만 곱게만 키운 용식이 동백의 아이까지 키우는 모습을 볼 수 없어 용식과 동백의 만남을 반대한다. 하지만 위기의 순간에 동백을 보고만 있을 수 없던 덕순은 "정에다가 미운 정까지 더해졌으니 장사 없다."는 귀련의 말처럼 결국 진짜 가족이 된다. 20화에서는 동백에게 "그래도 기어코 나한테 온다면 내가 너를 아주 귀허게만 받을게.", 필구에게 "이제는 할머니가 영원히 너를 지켜줄겨."라고 말하며 동백 모자와 끈끈한 관계를 이어나가겠다는 덕순의 결심을 보여준다. 이렇듯 옹산 사람들은 직접적·간접적으로 동백의 성장에 바탕이 되었다. 옹산과 동백의 관계를 통한 스토리텔링 전략은 옹산이 동백을 성장시키는 배경으로 기능하며 모든 서사에 타당성을 부여한다는 것이다.

〈동백꽃 필 무렵〉에서는 옹산이라는 가상 공간을 설정해 드라마 서사 대부분의 배경으로 활용한다. 첫째, 옹산은 유대감 등의 긍정적 특성을 부각한 과거 향촌 사회의 모습을 닮은 공간을 제시한다. 현실에 존재할 법하지만 우리가 사는 사회에서는 접하기 어려운 따뜻한 공간으로 그려 많은 시청자들에게 여운을 남겼다. 또한 옹산은 지금 우리가 살아가는 현대 사회와 대비되며 여유로운 모습을 보여주기 때문에 시청자들이 드라마를 보는 동안 잠시 바쁘고 지친 일상에서 벗어나 옹산의 아름다운 풍경과 여유를 감상하게 한다. 둘째, 〈동백꽃 필 무렵〉에서 사용된 사투리는 캐릭터의 대사에 대한 흥미를 이끌어내고 옹산 사람들의 부드러우면서도 강단 있는 성격을 나타낸다. 또한 극에서 옹산 사람들과 외지인을 나누는 모습을 부각하는 장치로도 쓰인다. 하지만 시청자들과 드라마 간의 소통을 원활하지 못하게 하거나 과도한 웃음을 유발할 수 있다는 단점도 존재하는데 〈동백꽃 필 무렵〉에서는 용식의 진지한 대사들을 모두 표준어로 표현해 극의 몰입에 대한 방해를 최소화했다. 셋째, 옹산은 동백의 성장에 배경이 되는 역할을 한다. 따라서 옹산의 분위기와 사람들은 동백이의 성장에 제각기 기여하며 옹산은 서사적으로 드라마의 정체성을 구성하며 모든 서사에 타당성을 부여한다.

K-DRAMA 스토리텔링, 모색과 조형의 힘

5. 지속적 시청 유도를 위한 연결점의 활용

드라마 〈동백꽃 필 무렵〉은 넷플릭스 기준 20화로 상당히 긴 분량을 가지고 있다. 〈동백꽃 필 무렵〉의 평균 시청률은 13.9%, 종영 시청률은 21.8%에 육박한다.

<표 2> <동백꽃 필 무렵> 시청률 그래프

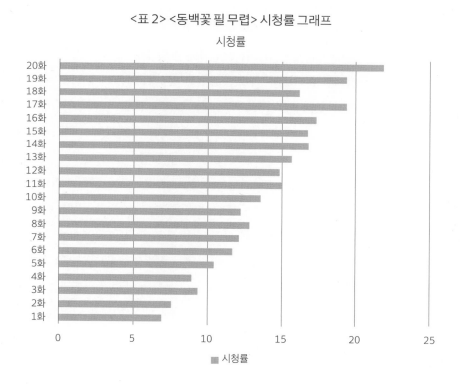

〈표 2〉에서 보듯, 시청률이 떨어지지 않고 꾸준히 유지되거나 상승하는 것은 〈동백꽃 필 무렵〉이 마지막 회까지 지속적으로 사랑받았음을 증명한다. 장장 20화나 되는 드라마가 꾸준히 사랑받을 수 있었던 스토리텔링 전략은 바로 이중 연결점으로 설명할 수 있다.

연결점이란, 드라마의 엔딩 신과 그 다음 화의 오프닝 신을 연결하는 지점을 의미한다. 방영 시간이 1~2시간 정도인 영화와 달리, 드라마는 시리즈로 구성되어 있으므로 드라마의 엔딩 신이 시청자를 유지하는 데에 큰 역할을 한다. 이것은 〈동백꽃 필 무렵〉도 마찬가지이다. 다만, 독특한 것은 〈동백꽃 필 무렵〉의 경우 일반 드라마와 달리 두 개의 연결점을 가지고 있다는 것이다. 필자는 이것을 이중 연결점이라고 정의하고자 한다.

〈동백꽃 필 무렵〉의 이중 연결점은 대부분 비슷한 구조를 지닌다. 매화마다 첫 번째 연결점은 각 화에서 스토리를 진행하는 주된 장르로 마무리하고, 두 번째 연결점은 상대적으로 비중은 적지만 강렬한 인상을 남기는 장르로 나타난다. 대부분 첫 번째 연결점은 로맨스, 두 번째 연결점은 스릴러이다. 이렇듯 〈동백꽃 필 무렵〉에 들어가는 연결점은 한 화당 두 개 정도가 나타나고 이는 〈동백꽃 필 무렵〉에서만 나타나는 독특한 구조라고 볼 수 있다.

이중 연결점이 〈동백꽃 필 무렵〉만의 독특한 구조라는 것은 SBS 드라마 〈그해 우리는〉, tvN 드라마 〈사랑의 불시착〉과 비교하면 더욱 두드러진다. 위의 두 드라마는 엔딩 신이 끝난 이후 새로운 신, 에필로그가 송출된다. 에필로그는 한 장면을 또 다른 시점으로 비춘 장면이나 비하인드 장면들을 말한다. 즉, 드라마의 다음 화와 연결되지 않고, 그저 시청자의 궁금증을 채워주기 위한 요소인 것이다. 반면, 연결점은 다음 화와 스토리를 잇는 데에 매우 중요한 역할을 한다. 연결점은 시청자들이 다음 화를 필연적으로 보게 하기 위하여 임팩트 있거나, 궁금증을 유발하는 장면을 그 화의 마지막 엔딩 신에 넣는다. 이것이 바로 연결점이다. 때문에 〈동백꽃 필 무렵〉의 두 번째 연결점을 에필로그라고 칭하지 않고 이중 연결점이라고 칭하는 것이다.

K-DRAMA 스토리텔링, 모색과 조형의 힘

<표 3> <동백꽃 필 무렵>의 이중 연결점 (1~10화)

	1화	2화	3화	4화	5화
이중소구점1	땅콩사건을 통해 용식이 동백에게 직진하며, 로맨스 서사의 시작	용식과 동백, 종렬, 규태의 사자대면, 구애하는 남주(용식)와 옛 남자친구(종렬)의 흥미진진한 만남	까불이의 메세지를 동백에게 보여주며 동백을 지키겠다고 선언하는 용식, 두 사람의 관계를 돈독하게 하기 위한 장치 (까불이)	동백에게 절대 울리지 않겠다며, 받기만 하라고 말하는 용식과 마음을 조금씩 여는 동백	동백이 용식을 잠시 기다리다 집에 들어가고, 몇 분 뒤 달려오는 용식, 엇갈린 두 사람과 그 관계
다음화	땅콩사건의 연장선, 규태가 고소를 함	종렬이 진실을 알게 되고, 규태는 오해를 하게 됨, 용식은 홀로 직진	집으로 돌아가는 동백과 함께 걸어가는 용식, 두 사람의 관계 진전	동백과 용식이 우산을 쓰고, 필구의 반대하는 말이 번갈아 들림, 관계의 진전과 동시에 난관 발생	동백이 더 이상 필구에게 덕순(용식의 엄마)의 가게에서 밥을 얻어 먹지 말라고 함
이중소구점2	용식이 시체를 보고 오열, 미래 사건(1)을 제시	동백과 용식이 앉아 있는 탁자 아래에 쓰여 있는 메시지, 사건(2) 발생	까불이와 동백이 친근하게 대화를 나누고, 까불이가 몰래 메세지(2화)를 씀, 사건(2)의 자세한 묘사	용식이 페인트 칠을 함, 뒤에 있는 누군가가 라이터를 칙칙거리며 켬, 사건(2)에 대한 상황을 제시	동백의 집 골목길에서 울리는 벨 소리와 그 벨 소리의 주인과 추격전을 벌이는 용식, 사건(3) 발생
다음화	시체와 까불이의 쪽지 발견, 사건(1)의 연장선	동백이 까불이 사건의 유일한 목격자라는 것이 밝혀짐	낙서가 불로 지져진 것을 목격하는 용식과 동백, 변 소장	까불이 사건 파일의 정보를 읽는 용식, '공범 가능성'	끝내 수상한 사람(정숙)을 잡고, 경찰서로 데려온 용식, 정숙이 동백의 엄마임이 밝혀짐

	6화	7화	8화	9화	10화
이중소구점1	용식을 위해 경찰서로 달려와 규태를 고소한다며 소리치는 동백, 두 사람의 관계 회복	까멜리아 앞에서 램프의 요정 지니에 대해 얘기하며 꽁냥거리는 동백과 용식, 두 사람의 관계의 진전	동백이 용식에게 옹산에서 도망치고 싶다고 고백함. 두 사람의 흔들리는 관계	동백이 당당해지겠다고 선언하며 용식에게 뽀뽀하고, 두 사람이 키스를 함, 본격적인 두 사람의 연애 시작	동백과 용식이 서로에게 좋다고 감정을 고백하며 행복하게 골목길을 지나감, 향미가 그것을 목격하며 부러워 함
다음화	덕순이 용식의 마음이 사그라 들기를 바람, 또 다른 난관 발생	불안해하는 동백이 필구를 보러 가고, 용식이 함께 움직임	동백이 까멜리아 앞에 '6년 동안 감사했다'라는 말을 써 붙임	동백이 빨간 원피스를 입고 외출함, 연애의 연장선	향미가 흥식이 고양이 밥을 주는 것을 목격하고, 흥식의 집에서 재워달라고 부탁하는 향미
이중소구점2	까불이의 메모와 신분증을 확인하는 변 소장, 용식이 현실을 부정함, 사건(1)의 상세 내용	까멜리아 벽에 적힌 까불이의 메세지를 목격한 용식이 동백이 보지 못하도록 껴안음, 사건(2)의 연장선인 사건(4) 발생	화재 현장에서 나온 톱밥에 대해 얘기하는 용식과 승엽, 화재 사건 (5)에 대한 힌트 제시	라이터를 칙칙거리던 누군가가 까멜리아 안으로 들어가고, 동백이 반가운 얼굴로 문을 다시 열었다며 인사를 함, 현재에서 일어나는 사건임을 제시	신분증을 확인하는 변 소장과 안 죽었다며 부정하는 용식, 신분증의 이름이 드러남, '최고운', 사건(1)에서 사망한 사람이 누구인지 밝혀짐
다음화		CCTV에 까불이가 스프레이를 뿌리는 모습이 포착됨, 사건(4)의 상세 설명	체육 창고가 탔다는 소식을 들은 용식, 사건(5)가 직접적으로 드라마에 나타남		5년만에 까불이가 저지른 살인(사건 1)을 수습하며 동백에 대해 생각하는 용식

<표 4> <동백꽃 필 무렵>의 이중 연결점 (11~20화)

	11화	12화	13화	14화	15화
이중소구점 1	낙호가 향미를 협박하고, 동백이 낙호의 머리를 내려침, 용식이 그것을 목격함, 동백의 성장 서사	동백에게 감동을 먹은 향미가 동백을 대신해서 배달을 감, 사건(1)의 시작을 암시	다친 용식에게 사랑한다고 고백하는 동백, 키스하는 두 사람, 두 사람의 사랑 강조	정숙을 떠올리며 용식을 껴안고 우는 동백	정숙이 보험금을 주기 위해 돌아왔다는 걸 알게 되는 동백, 정숙을 욕하는 성희의 뺨을 때리는 동백
다음화	낙호를 혼내주는 정숙과 용식, 경찰서로 신고하러 온 낙호	향미가 오토바이를 타고 배달하러 가는 것을 목격하는 종렬	다친 용식을 걱정하며 동백의 탓을 하는 덕순, 또 다시 난관이 찾아옴	정숙으로 인해 힘들어하는 동백을 위로하는 용식	정숙을 그리워하는 동백
이중소구점 2	까멜리아 앞을 지나가는 흥식이 고양이 사료를 들고 있는 것을 목격한 용식	까멜리아에서 향미를 홀로 기다리는 동백에게 전화가 한 통이 걸려옴, 카운트 다운, 사건(1) 시작		젊은 덕순과 젊은 정숙, 다친 어린 동백이 만나는 장면, 옛 과거를 제시하며 휴먼적 요소 강조	누군가가 정숙의 뒤를 따라가고, 멈춘 정숙의 대사, "왜, 나 죽이려 쫓아왔니?"
다음화	고양이 사료를 국과수에 보내서 조사하려는 용식	향미의 시신 클로즈업, 보증금까지 다 빼먹고 사라진 향미를 찾는 동백			흥식의 눈을 보았다면서 흥식을 의심하는 것을 스스럼 없이 드러내는 정숙

	16화	17화	18화	19화	20화
이중소구점 1	향미가 죽었냐고 묻는 동백, 까불이를 봤다고 고백함, 동백의 각성 서사	종렬과 같이 살겠다며 동백에게 말하는 필구	헤어지자고 말하며 우는 동백과 같이 우는 용식, 두 사람의 관계가 깨짐	정숙이 남긴 유언장을 읽은 동백이 병원에 있는 정숙과 대화를 함, 휴먼 요소의 극대화	행복을 되새기는 동백, 용식과 꽁냥거리는 동백, 함께 웃는 두 사람, 로맨스 서사의 종점
다음화	향미의 유품을 보고 오열하는 동백, 동백에게 까불이의 얼굴을 확인시킴	종렬과 살겠다며 떼 쓰는 필구	돌아온 필구에게 까불이는 잡혔지만 용식과 헤어졌다고 말하는 동백	정숙이 응급 환자라 기적이 아닌 이상 살기 힘듦	
이중소구점 2	필구가 용식에 집에서 세 밤만 자달라고 함. 필구가 용식을 신뢰하는 듯한 모습	경찰서 앞에서 만난 용식에게 필구가 일곱 살 때가 더 행복했다고 말함. 난관 마주침	성인된 필구가 동백에게 전화를 하며 걸어가는 장면		성인 필구가 동백과 통화를 함, 아들이 보고 싶으면 티비를 켜달라고 하는 필구와 그런 필구를 보는 두 사람
다음화	필구가 전지훈련에서 돌아오고, 동백에게 화를 냄				

〈동백꽃 필 무렵〉의 이중 연결점을 정리한 〈표 3〉과 〈표 4〉에서 보듯, 이중 연결점은 13화와 19화, 두 화를 제외한 모든 화에서 모두 등장한다. 1~10화의 첫 번째 연결점은 모두 로맨스의 스토리를 이루고, 두 번째 연결점은 모두 스릴러의 스토리를 이룬다. 각 연결점은 드라마의 전체적인 흐름을 구성하고 연결한다. 두드러지는 점은 첫 번째 연결점과 두 번째 연결점이 완벽하게 분리되어 있다는 것이다. 이러한 연결점 분리의 대표적 예시로 1화의 장면을 들 수 있다. 1화의 첫 번째 연결점은 규태의 땅콩값을 용식이 동백에게 건네며 "되게 멋지시네요.", "팬 돼 버렸습니다. 내일도 와도 돼요?"라며 직설적으로 동백에게 호감을 표하는 장면이다. 이것은 로맨스 서사의 시작을 알리는 연결점이다. 이후 곧바로 등장하는 두 번째 연결점, 용식이 시체를 보고 오열하는 장면은 앞서 나온 로맨스와 상당히 다른 연출을 보인다. 두 번째 연결점의 장르가 스릴러라는 것을 알리는 듯, 경쾌하게 흐르던 음악이 섬뜩하게 바뀌고, 화면의 채도 역시 아래의 그림처럼 따뜻한 색에서 차가운 색으로 변경된다.

<그림 13> 따뜻한 색(로맨스)과 차가운 색(스릴러)의 활용 예

드라마의 연출이 장르에서 비롯한 연결점을 완벽하게 나누어 분리하는 것이다. 이것은 각기 다른 장르의 스토리에 시청자가 관심을 가지도록 유도한다. 즉, 이야기 속에 시청자를 가두는 이른바 락인 효과(Lock-in effect)를 발휘하는 것이다.

첫 번째 연결점은 대부분 고백 신이나 키스신과 같은 통상적인 로맨스 스토리의 연결점으로, 기존 로맨스 드라마의 연결점과 흡사하다. 전체적인 로맨스의 흐름을 잡아주는 것이다. 반면, 두 번째 연결점은 시체를 발견하는 등의 사건을 제시하거나, 드라마에서 생긴 범죄에 대한 힌트를 던진다. 장르 특성상 시청자의 추리를 유도해야 하는데, 이러한 연결점의 사용이 매우 효과적이라고 볼 수 있다. 드라마의 한 화에 등장하는 로맨스 장르보다 확연히 적은 분량이지만, 이중 연결점을 통해 지속적으로 스릴러 장르의 스토리를 각인시키는 것이다.

이 각인은 11화에서부터 두드러지게 효과를 본다. 두 남녀의 로맨스 서사가 10화에서 어느 정도 종결함에 따라, 용식과 동백의 로맨스 서사가 11화에서 서서히 줄고, 까불이와 동백의 스릴러 서사가 12화부터 폭발적으로 증가한다. 앞서 두 번째 연결점으로 시청자들에게 스릴러 장르의 스토리를 각인시켰기 때문에 시청자는 전혀 거부감 없이 이를 받아들인다. 연결점을 통해 지속적으로 스릴러 서사를 노출시켰기 때문이다. 시청자는 로맨스의 비중이 감소했음에도 스릴러 서사의 중심 캐릭터인 '까불이'에 대해 추리하며 드라마를 즐긴다. 때문에 시청자는 로맨스 중심의 연결점이 줄고 휴먼, 스릴러 중심의 연결점이 늘어도 드라마를 지속적으로 보게 되는 것이다. 이를 바탕으로 이중 연결점이 생소한 장르에서 비롯한 스토리의 거부감을 줄였다는 것도 알 수 있다.

〈동백꽃 필 무렵〉의 이중 연결점은 20화 내내 등장하지 않는다. 강렬하게 인상을 깊게 남겨야 하는 화의 경우, 단일 연결점을 사용하는데, 13화와 19화가 그러하다. 단일 연결점이 사용된 13화와 19화의 공통점은 한 장르 서사의 정점이라는 것이다. 13화는 두 사람의 로맨스 서사의 정점이었으며, 19화는 휴먼 서사의 정점이었다. 새로운 궁금증을 유발하기 위한 연결점이 아닌, 여운을 주는 연결점인 것이다. 대부분 서사가 마무리될 때, 이러한 연결점을 사용한다.

또한 1~10화에서 장면이 선명하게 나뉘어 이중 연결점이 나타난 것과 달리, 11화는 하나의 장면에서 두 가지 장르를 나타냈다. 향미를 협박하는 낙호의 머리를 동백이 내려치고, 용식이 그것을 놀란 얼굴로 목격하는 것이 첫 번째 이중 연결점의 장면이고, 용식이 고양이 사료를 들고 까멜리아 앞을 지나가는 것을 목격하는 것이 두 번째 이중 연결점의 장면이다.

장면이 전환되지 않았음에도 불구하고 이를 이중 연결점으로 볼 수 있는 것은 음악의 연출 때문이다. 휴먼 서사인 동백의 각성 서사 이후 심각한 음악과 동시에 까불이의 용의자인 홍식이 지나가는 장면을 클로즈업하는 것은 분명한 장르의 구분이다. 이 역시도 홍식에 대한 힌트를 시청자에게 던지는 것이기 때문에 1~10화의 두 번째 이중 연결점의 효과와 같은 효과를 만들어낸다.

〈동백꽃 필 무렵〉의 스토리텔링 전략 중 하나인 이중 연결점과 단일 연결점은 락인 효과를 발휘하여 20화라는 긴 드라마를 시청자가 꾸준히 시청하도록 한다. 첫 번째, 이중 연결점의 경우 일반적인 로맨스 서사의 연결점 이후로 등장하는 스릴러 장르의 연결점이 시청자를 자극하고, 다음화의 궁금증을 유발하여 시청자를 유지한다. 이중 연결점은 스릴러 스토리를 지속적으로 노출하여 11화에 등장하는 스릴러 스토리에 대한 시청자들의 거부감을 줄인다. 두 번째, 단일 연결점의 경우 시청자에게 깊은 여운을 주어 감정적 동요를 일으켜, 다음화에 이끌리도록 만든다. 때문에 연결점은 〈동백꽃 필 무렵〉에서 시청자를 유지하기 위한 필연적인 스토리텔링 전략으로 볼 수 있다.

6. <동백꽃 필 무렵>의 소구 전략

'소구(訴求: Appeal)하다'의 사전적 정의는 '광고나 판매 따위에서 사람들의 욕구를 자극해 구매 동기를 유발하는 행위'이다. 주로 마케팅에서 사용되는 단어로, 상품이 잘 판매되기 위해서 소구력(力)에 대한 분석이 필수적이다. 광고 등이 소비자의 마음을 움직이고 관심을 가지게 하는 힘을 소구력이라 하는데, 이것이 분석되어야 상품의 마케팅 전략을 효과적으로 드러낼 수 있기 때문이다.

이것은 미디어 상품인 드라마도 마찬가지이다. 때문에 〈동백꽃 필 무렵〉의 소구전략을 분석하는 것이다. 드라마에서 소구 전략이란, 드라마 안에서 시청 욕구를 불러일으키는 점을 일컫는다. 마찬가지로 소구점을 파악하여야 시청자를 효과적으로 유입할 수 있기 때문에, 소구점 분석은 드라마의 성공과 밀접한 연관성을 지닌다. 그렇기에 〈동백꽃 필 무렵〉에서 스토리텔링 전략으로 사용된 세 가지 소구 전략에 대해 설명하고자 한다.

1) 범인은 이 안에 있다

〈동백꽃 필 무렵〉에서 가장 높은 검색률을 지닌 것은 까불이라는 캐릭터이다. 까불이는 〈동백꽃 필 무렵〉의 스릴러 서사의 중심 캐릭터로 시청자가 드라마에 참여하도록 유도한다. 여기서 시청자가 드라마에 참여한다는 것은 남자 주인공인 용식과 함께 까불이의 정체를 추리하는 것을 말한다.

까불이에 대한 사건을 게르마늄 팔찌를 찬 여자의 시체를 통해 1화의 오프닝에서부터 제시하고, 앞서 말했던 연결점을 통해 꾸준히 10화까지 까불이가 저지른 연쇄 사건을 부각한다. 이는 12화에서 향미가 죽었을 때, 시청자가 가장 먼저 까불이를 상기하도록 만든다. 로맨스 서사가 끝난 이후, 스릴러 서사에 시청자를 완전히 몰입시키는 것이다. 12화 이후 시청자 게시판에서 까불이에 대한 언급은 압도적으로 증가하였으며, 까불이의 정체를 추리하는 블로그가 개설되기도 했다.

이는 〈동백꽃 필 무렵〉이 용의자를 여러 명으로 설정했기 때문이다. 12화에 나온 향미의 죽음에서 시청자는 용의자로 가장 먼저 까불이를 떠올린다. 하지만 〈동백꽃 필 무렵〉은 향미의 죽음이 까불이에 의한 죽음이 아닐지도 모른다는 가능성을 열어두었다. 이는 시청자가 추리에 몰입하도록 하는 장치이다. 드

K-DRAMA 스토리텔링, 모색과 조형의 힘

라마의 흐름으로 보았을 때, 까불이가 향미를 죽인 것이 분명함에도, 향미를 죽일 동기를 가진 사람이 많으니 헷갈리게 되는 것이다.

또한 〈동백꽃 필 무렵〉은 까불이로 의심되는 캐릭터와 향미를 죽인 캐릭터의 경계를 모호하게 설정했다. 예시로는 노규태가 있다. 노규태는 까불이 사건 이후 경제적인 이득을 취한 사람일뿐더러, 향미로 인하여 이혼을 당한 만큼 향미에게 악감정이 있는 캐릭터이다.

〈동백꽃 필 무렵〉은 이러한 합리적인 힌트뿐 아니라 연출에서 비롯한 직감적인 힌트도 제시한다. 즉, 연출을 통해 용의자를 제시하는 것이다. 예시로는 세 캐릭터를 들 수 있다. 흥식과 흥식의 아버지, 그리고 정숙이다. 흥식과 흥식의 아버지는 다른 캐릭터에 비해 상당히 적게 노출되었다. 하지만 흥식과 흥식의 아버지가 나올 때마다 의미심장한 배경음악을 설정하거나 채도를 낮추는 연출을 통해 시청자가 의심하도록 만들었다. 또한 흥식이 고양이 사료의 주인이라는 점을 부각하여 시청자들에게 힌트를 준다. 정숙은 위의 두 캐릭터와 달리 상당히 많이 노출된 편이다. 위의 두 캐릭터와 마찬가지로 정숙 역시 의미심장한 대사와 수상한 연출로 용의자에 올랐다. 10화에서 향미에게 "너 까불다가 죽어.", 13화에서 팔에 멍이 든 채로 "향미는 이제 안 와. 안 올 사람 기다리지 말라고."라고 말하는 장면이 대표적이다.

이렇듯 〈동백꽃 필 무렵〉은 여러 용의자를 설정하여 까불이의 정체를 시청자가 끊임없이 추리하도록 유도한다. 그렇다면 시청자는 왜 그렇게 까불이의 정체에 대해 추리하는 것일까? 시청자가 까불이를 이렇게 열정적으로 추리하는 것은 까불이가 동백을 위협하는 요소이기 때문이다. 작중에서 향미는 동백을 대신하여 죽은 인물이고, 옹산 사람들도 이 사실을 알고 동백을 지키려 나선다. 시청자가 까불이를 추리하는 것도 같은 맥락으로 볼 수 있다. 장장 10화 동안 시청자는 동백이 성장하는 것을 모두 지켜보며 주인공에 대한 호감과 애정은 강화되었다. 때문에 동백이 향미를 죽인 까불이를 잡겠다고 다짐하는 것에 동화되는 것이다.

〈동백꽃 필 무렵〉의 시청자는 드라마의 시청 시간 이외에도 개인적인 시간을 소비하여 까불이에 대한 추리를 즐기고, 서로의 추리를 시청자들끼리 주고받으며 소통한다. 즉, 〈동백꽃 필 무렵〉은 시청자들의 몰입을 유발하는 소구 전략을 이용하여 팬덤을 구축할 수 있었다.

2) 힐링과 위로의 소구점 산포(散布)

〈동백꽃 필 무렵〉이 방영하고, 새로운 합성어가 탄생하였다. 바로 '촌므파탈'이다. 촌스러움과 옴므파탈의 합성어인 이 단어는 〈동백꽃 필 무렵〉의 남자 주인공, 황용식을 일컫는 말이다. 황용식은 일반적인 로맨스 드라마에서 보기 드문 남자 주인공 유형의 캐릭터이다. 일반적인 로맨스 드라마의 남자 주인공 캐릭터는 흔히 '밀당'이라는 여자 주인공과의 미묘한 심리 싸움을 하는데, 용식은 그런 '밀당'을 전혀 보여주지 않는다. 오히려 다른 제삼자의 훼방에도 꿋꿋하게 동백을 사랑하며 우직한 모습을 보여준다.

용식이 사랑하는 여자 주인공, 동백은 자존감 낮은 캐릭터로 그려진다. 용식은 그런 동백에게 "제일로 세고요, 제일로 강하고, 제일로 훌륭하고, 제일로 장해요.", "내가 매일매일 이 맹한 동백 씨 안 까먹게요 당신이 얼마나 훌륭한지 내가 말해줄게요."라며 동백의 자존감을 높여준다. 이외에도 6화 "동백 씨의 34년은 충분히 훌륭합니다." 8화 "동백 씨는 주먹 펴고요. 어깨, 어깨 펴시고 이제 같이 걸어요, 우리." 등의 대사가 있다.

이렇듯 〈동백꽃 필 무렵〉에서 용식이 상처 많은 동백에게 건네는 대사는 매우 따뜻하다. 이 따뜻한 대사는 동백의 심금을 울리는 것뿐만 아니라, 시청자의 심금을 울리기도 한다.

<그림 14> <동백꽃 필 무렵>의 엔딩 씬 (출처: KBS)

〈동백꽃 필 무렵〉은 작품 내에서 꾸준히 건넸던 위로의 메시지를 〈그림 14〉와 같이 마지막 화에서 직접적으로 드러내며 종결한다. 마지막 화가 끝난 이후, 엔딩이 올라올 때 '동백꽃 필 무렵'이 아닌 '당신 꽃 필 무렵'으로 표기하는데, 이는 드라마 내내 시청자들에게 전달하던 "당신의 삶은 충분히 가치가 있다."라는 메시지를 정리하는 것으로 볼 수 있다.

3) 해학적 요소와 무거운 소재의 탄력적 긴장

〈동백꽃 필 무렵〉은 약자를 대상으로 한 묻지마 살인 범죄, 미혼모에 대한 편견과 차별 등등 무거운 소재를 다소 많이 포함하고 있다. 이러한 소재를 포함하면 드라마의 분위기가 무겁거나 어두워지기 마련인데, 〈동백꽃 필 무렵〉은 오히려 경쾌한 분위기를 지닌다. 그 이유는 〈동백꽃 필 무렵〉의 두 번째 소구점, 캐릭터의 해학적인 대사와 행동이다.

<그림 15> 옹심이와 옹벤져스 활약 예시 (출처: KBS)

〈동백꽃 필 무렵〉의 7화에서 용식이 까불이를 추리하기 위해 아주머니들의

도움을 받는 장면이 있다. 이 장면이 매우 해학적이다. 아주머니들과 용식이 함께 까불이를 추리하는 장면은 심각한 음악, 어두운 배경 등의 활용으로 진지하게 연출된다. 하지만 진지한 연출과 달리 아주머니들의 추리는 엉망이다. 심각한 표정으로 동호라는 이름의 배달부에 대해 얘기하자, 용식이 관심을 보이고, 곧바로 까불이가 두 번째로 죽인 피해자임을 알린다. 심각한 연출과 달리 허술한 추리, 이 차이가 시청자들의 웃음을 자아낸다. 연쇄 살인범인 까불이를 추리하는, 자칫 심각해질 수 있는 장면이 웃음을 유발하는 장면으로 전환된 것이다.

17화에서도 이와 비슷한 연출을 찾아볼 수 있다. 향미의 죽음 이후 긴장감 넘치고, 다소 진지한 연출이 많았는데, 이러한 분위기를 환기하는 것이 옹산의 심장을 이고 가는 아주머니들, 일명 '옹심이'이다. 17화의 해학적인 요소를 연출하는 장면도 7화와 마찬가지로 심각한 표정으로 모여 아주머니들끼리 회의를하는 것으로 시작한다. 동백이를 지키겠다며 발과 손을 모은 옹산의 아주머니들은 현란한 색색의 체육복을 입고 밤에 순찰을 도는데, 껄렁거리는 표정으로 "동백이 너는 항시 어, 그, 자나 깨나 용식이 옆에 이렇게 딱 붙어있어. 알았어?"라고 동백에게 말하는 장면이 있다. 이러한 장면은 무거운 소재로 인해 무거워졌던 드라마를 환기한다.

이외에도 노규태 등의 캐릭터도 드라마의 분위기를 가볍게 만드는 것에 일조한다. 1화부터 꾸준히 이어져 오는 노규태의 대사가 있다. 바로 "고종사촌 누나의 부군이 말이여. 우리 경찰서장이랑 거진 사돈지간이라고!"하는 혈연, 지연 등을 강조하는 형식의 대사이다. 이것은 노규태의 캐릭터를 잘 드러냄과 동시에 드라마 속 밈(meme)[2]으로 작용하여 시청자들에게 웃음을 준다. 이 밈은 14화에서 향미의 죽음으로 인하여 무거워진 분위기를 환기할 때도 쓰인다. 향미의 행방을 찾기 위해 휴대폰을 조사해야 하는 상황에서 노규태는 "저기 옹산

---

2   밈(meme): 인터넷상에 재미난 말을 적어 넣어서 다시 포스팅한 그림이나 사진 (출처- 네이버 영어사전).

사거리 휴대폰 대리점을 우리 고종사촌이 해요."라며 향미의 휴대폰을 대신 추적해준다. 드라마의 밈으로 작용하던 대사가 14화에 등장하자, 시청자들에게 반가움과 웃음을 불러일으키는 것이다. 이렇듯 〈동백꽃 필 무렵〉은 무거운 소재를 환기할 웃음 포인트를 적절히 사용하여 시청자가 드라마를 즐길 수 있도록 하였다.

〈동백꽃 필 무렵〉의 소구 전략은 크게 세 가지로 볼 수 있다. 첫째, 시청자들에게 몰입을 유도하는 캐릭터를 통한 세계관의 확장이다. 캐릭터를 통한 세계관 확장은 시청자를 세계관에 참여하도록 만들어 팬덤을 구축한다. 시청자는 까불이라는 캐릭터가 던지는 사건을 따라 까불이를 추리하는데, 이는 〈동백꽃 필 무렵〉의 세계관에 참여한다고 볼 수 있다. 즉, 캐릭터를 통한 세계관 확장으로 시청자를 드라마에 효과적으로 몰입시키는 것이다.

둘째, 시청자들의 감정적 소구를 일으키는 캐릭터를 통한 힐링과 위로이다. 소구력 있는 캐릭터를 통한 힐링과 위로는 시청자에게 감정적 동요를 일으킨다. 단순한 유흥을 즐기기 위한 것이 아닌 감정적인 위로를 받기 위하여 드라마를 보게 되는 것이다. 이는 시청자를 유입하는 동시에 유지하는 소구 전략이라고 볼 수 있다.

셋째, 시청자가 드라마를 즐길 수 있도록 유도하는 무거운 분위기를 전환하는 해학적 요소이다. 해학적 요소를 통한 분위기 전환은 드라마의 전체적인 분위기의 강약을 조절한다. 무거운 소재를 가볍게 풀어내어 범죄 등의 소재가 익숙하지 않은 시청자의 거부감을 줄인다. 〈동백꽃 필 무렵〉이 대중적으로 흥행할 수 있게 만든 중요한 요소라고 볼 수 있다.

따라서 위의 세 가지 소구점을 활용한 〈동백꽃 필 무렵〉의 스토리텔링 전략은 무거운 분위기를 전환하고 시청자들을 감정적 동요를 일으켜 드라마에 효과적으로 몰입하게 하여 시청자를 유입 및 유지하였다.

7. 당신의 꽃을 피울 스토리텔링

첫째, 〈동백꽃 필 무렵〉에서 장르의 결합은 메인 장르로 외면되어 왔던 휴먼 장르를 메인 장르로 사용해 양지로 끌어올렸으며, 스릴러 장르의 까불이를 장르 결합의 장치로 사용하여 휴먼과 로맨스 그리고 스릴러 장르의 결합을 자연스럽게 만들어 하나의 이야기의 끝을 맺어 주었다. 시청자들은 매끄럽게 연결된 세 가지 장르의 조합에 신선함을 느낄 수 있고, 또한 장르의 결합을 통해 휴먼 장르를 극대화하면서 휴먼 장르의 특징인 공감을 불러일으켜 드라마를 소비하도록 만들었다는 것이다.

둘째, 〈동백꽃 필 무렵〉은 완벽하지 않은 평범한 또는 평범 이하의 캐릭터 설정을 통해 '언더독 현상'을 불러일으켜 시청자들의 이입을 도왔다. 또한 모든 캐릭터가 각자의 서사가 모두 다른 소리를 내고 있으나 각자의 크고 작은 기적을 이루어낸다는 서사의 공통점으로 인해 "완벽하지 않지만, 혼자가 아닌 우리의 삶은 기적과 같다."라는 위로의 메시지로 귀결되는 구성적 주제를 나타내 드라마가 전하고자 하는 메시지를 극대화했다. 결론적으로 다성성의 스토리텔링 전략은 휴먼 드라마에서 공감의 폭을 넓히고 깊이를 깊게 하며 위로의 메시지를 시청자에게 전달하기 위함이라는 것이다.

셋째, 〈동백꽃 필 무렵〉은 옹산이라는 가상의 공간을 드라마의 배경으로 설정하고 옹산의 특성을 현재 우리가 살아가는 공간이 투영된 극 중 서울과 대비시킴으로써 시청자들의 노스탤지어를 자극한다. 옹산에서 사용되는 충청도 사투리는 이런 옹산의 특성을 청각적으로 구분지어줄 뿐만 아니라 대표적인 옹산 인물들의 성격을 보여준다. 또한 극에서 옹산 사람들과 외부인을 구분하며 서사의 개연성을 불어넣는다. 하지만 사투리는 본질적으로 타지역과 의사소통이 원활하게 되지 않는다는 단점을 가지지만 〈동백꽃 필 무렵〉에서는 장점을 최대화하고 단점을 최소화시켜 효과적으로 활용하였다. 또한 옹산은 동백의 성장의 배경이 되는 공간으로 드라마의 정체성을 구성하며 모든 서사에 타당성을 부여한다.

넷째, 이중 연결점과 단일 연결점은 락인 효과를 만들어 20화라는 긴 드라마를 시청자가 꾸준히 시청하도록 한다. 첫 번째 이중 연결점의 경우, 다음 화의 궁금증을 유발하여 시청자를 유지하고 두 번째 이중 연결점은 스릴러 스토리를 지속적으로 노출하여 11화에 등장하는 스릴러 스토리에 대한 시청자들의 거부감을 줄인다. 단일 연결점의 경우, 시청자에게 깊은 여운을 주어 감정적 동요를 일으켜, 다음 화를 소비하게 한다. 따라서 이중 연결점과 단일 연결점의 스토리텔링 전략은 락인효과를 발휘하여 시청자들의 시청을 유도하는 것이다.

다섯째, 드라마에 등장하는 소구 전략에는 시청자의 몰입을 위한 소구점과 힐링과 위로를 위한 소구점 그리고 마지막으로 무거운 분위기를 풀어주기 위한 소구점이 있다. 이 소구점들은 각각 시청자들을 드라마 속에 참여시키고 감정적 동요를 일으켜 드라마에 효과적으로 몰입하게 하여 시청자를 유입 및 유지하는 효과를 불러일으켰다.

동백꽃은 겨울에 그 차가운 눈과 바람을 이겨내고 피는 꽃이다. 극 중 동백이 까불이라는 혹독한 겨울을 이겨내고 마침내 활짝 핀 것처럼 이 글의 필자들은 독자가 자신의 혹독한 겨울을 이겨내고 당신의 꽃을 활짝 피우길 응원하는 바이다.

참고문헌

문지훈, '디어 마이 프렌즈, 노인 아닌 어른들' + 노희경이 그리는 휴먼 드라마, <스타 데일리 뉴스>, 2016.05.04.

박영희, 드라마 <동백꽃 필무렵>에 나타난 언어특성 분석, 《연기예술연구》 20호, 한국연기예술학회, 2020.

방연주, 기적 선물한 '동백꽃 필 무렵', 더할 나위 없었다, <PD 저널>, 2019.11.25.

송혜진, 워떠? 환장하쥬?…느리지만 강한 충청도 사투리의 귀환, <조선일보>, 2019.11.27.

윤용아, TV 드라마 <동백꽃 필 무렵>의 성공 요인 분석 -대본과 그 장르를 중심으로, 《영상기술연구》 32호, 한국영상제작기술학회, 2020.

이다운, <동백꽃 필 무렵> 연구─로컬의 낭만과 추리서사의 전략적 병합, 《한국극예술연구》 67호, 한국극예술학회, 2020.

이지훈, 모두들 파란만장하잖아…인생 드라마, 모두가 주인공, <동아일보>, 2022.06.07.

부록

[1화]

시간	모티브	장르	갈등
1분 35초	구속 모티브	스릴러	호숫가에서 사건이 남
3분 5초	구속모티브	휴먼	동백이 등장씬으로 마을 사람들 모두를 비춤
55초	구속모티브	휴먼	동백이와 규태의 창문 갈등(남편이랑 얘기하겠다는 규태)
8분 44초	자유모티브	휴먼	용식이가 경찰이 된 배경을 보여줌
2분 30초	구속모티브	휴먼	동백이가 미혼모라는 것을 사람들이 알게 됨 갈등시작
3분48초	구속모티브	휴먼	옹산이 여성중심의 사회라는 것을 보여줌 , 까멜리아가 견제 받는 이유가 나타남
2분36초	구속모티브	휴먼	용식이가 옹산으로 좌천된 이유를 보여줌
1분 5초	자유모티브	휴먼	노규태 땅콩 사건 시작
47초	구속모티브	휴먼	필구의 성격과 엄마를 지키려는 마음을 보여줌
3분 40초	구속모티브	휴먼	종렬이네 집 상황이 나옴
15초	자유모티브	스릴러	집에가는 동백이와 필구를 쳐다보는 누군가의 시선
1분31초	구속모티브	스릴러	까불이가 다시 부각되면서 까불이가 메모를 남겼다는 사실을 알게 됨
2분 10초	자유모티브	스릴러	영심이 마늘밭에 가보라는 변 소장 새로운 곳에 가면 서점을 꼭 간다는 용식이
2분 54초	구속모티브	로맨스	용식이와 동백이의 첫만남, 용식이가 반함
38초	자유모티브	휴먼	동백이를 오해하는 용식
50초	자유모티브	휴먼	승엽이에게 좋아하는 사람이 생긴 것 같다고 말하는 용식
3분 9초	자유모티브	휴먼	동백이에게 언질을 하고 비꼬는 자영
2분 10초	자유모티브	휴먼	용식이에게 규태를 소개시켜주는 변 소장
1분 11초	자유모티브	휴먼	동백이에게 자식한테는 부끄럽지 말자는 옹심이
30초	자유모티브	휴먼	규태한테 주접떨지 말라는 향미
35초	자유모티브	휴먼	필구한테 안부끄럽다는 동백
2분9초	자유모티브	휴먼	동백이네에서 회식하는 경찰 사람들
3분 25초	자유모티브	휴먼	손님들 술을 뺏어먹는 향미
1분 52초	구속모티브	로맨스	동백이에게 도발하는 규태와 일침을 날리는 동백
3분 11초	구속모티브	로맨스 + 휴먼	동백이게 땅콩 값을 주려는 용식이가 규태의 지갑을 뺏음
1분 6초	구속모티브	로맨스 +스릴러	퇴근하는 동백이를 보는 누군가, 동백이에게 땅콩값을 주러온 용식
49초	구속모티브	스릴러	호숫가에서 시체를 확인하는 용식이

[2화]

시간	모티프	장르	갈등
55초	구속 모티프	스릴러	용식이 시체를 보고 울먹거린다, 까불이가 쓴 쪽지 발견
2분 45초	구속모티브	휴먼 + 로맨스	노규태가 고소장을 들고 용식이를 찾아감
40초	자유모티브	휴먼	동백이에게 필구 아빠가 누군지 묻는 향미
3분 24초	자유모티브	휴먼 + 로맨스	용식이에게 규태가 어떤 사람인지 설명해주는 변 소장
1분 28초	자유모티브	휴먼	필구에게 아빠에 대해 묻는 동백
2분 37초	구속모티브	휴먼 + 로맨스	억지로으로 규태에게 화해를 하자고 하는 용식 → 다시 용식이가 화가 남
1분 6초	자유모티브	휴먼	강종렬이 옹산에 온다고 대화하는 준기와 필구
2분 13초	자유모티브	휴먼	필구한테 밥을 먹이는 덕순, 며느리 보고 싶으면 간판을 바꾸라는 용식
5분 47초	자유모티브	휴먼	마을에서 일어나는 안좋은 일들을 다 동백이 탓으로 돌리는 사람들
1분 51초	자유모티브	휴먼	동백이 편을 들어주는 덕순
35초	자유모티브	로맨스	까멜리아 앞에 알짱거리는 용식
6분 30초	자유모티브	휴먼	어릴 때 모습과 비슷한 필구를 달래주는 용식
2분 10초	자유모티브	스릴러 + 휴먼	인터뷰를 준비하는변 소장과 고소장이 접수된 용식
1분	자유모티브	로맨스	종렬이 옹산에 왔다는 것을 알게 됨
30초	자유모티브	로맨스	동백과 종렬의 대화
2분 30초	자유모티브	휴먼	변호사에게 자문을 구하러 간 용식이 규태의 아내인 자영이 이 이야기를 듣고 고소될 일은 없을 거라고 함
3분	자유모티브	로맨스	종렬이 동백이의 대단한 첫 사랑, 과거 회상
3분	자유모티브	휴먼	옹심이에게 혼나는 향미와 동백 → 필구가 도와주러옴
2분 19초	구속모티브	휴먼	필구가 엄마를 계속 지켜줘야함
1분 11초	자유모티브	휴먼	필구에 대해 야구코치에게 물어보는 종렬
9분 11초	구속모티브	로맨스	용식이와 대화를 나누는 동백
45초	자유모티브	휴먼	필구에 대해 물어보는 종렬
3분 12초	구속모티브	로맨스	용식이의 손을 잡고 도망가려다 모두에게 들키는 동백과 용식
30초	구속모티브	로맨스 + 스릴러	벽에 '동백아 까불지마.'라고 쓰여 있음

[3화]

시간	모티프	장르	갈등
1분 50분	구속모티브	로맨스	용식이가 남편이 아니라는 걸 종렬, 모두가 오해하는 상황
1분 40초	자유모티브	휴먼 + 로맨스	옹심이가 동백이한테 뭐라고 함 → 용식을 보고 도망가는 동백
3분 54초	구속모티브	로맨스	동백이에게 간접적으로 고백하는 용식
1분 24초	자유모티브	휴먼 + 로맨스	덕순이 이 사실을 모르게하라는 옹심이
1분 20초	구속모티브	로맨스	용식이의 고백을 차는 동백
1분 7초	자유모티브	휴먼	향미한테 돈 갚자고 하는 동백 , 티비보면서 밥먹는 필구
1분 40초	자유모티브	로맨스 + 휴먼	규태에게 고소취하하라고 말하는 자영
2분 50초	자유모티브	휴먼	자영에게 까멜리아에 대해 말하는 찬숙과 재영
1분 18초	구속모티브	스릴러 + 휴먼	인터뷰하는 변 소장과 더 자극적인 걸 원하는 기자
2분 54초	자유모티브	휴먼	여태 자기에게만 땅콩을 안준 것을 알게 된 규태
24초	자유모티브	휴먼	까불이 사건을 위해 경찰청에 줄을 대보라는기자
1분 56초	자유모티브	휴먼	자영이 까멜리아에 등장해서 당황하는 규태
40초	자유모티브	스릴러	자신의 촉으로 까불이가 아직 옹산에 있다는 변 소장
5분 3초	구속모티브	로맨스 + 휴먼	규태가 까멜리아를 지적함, 용식과의 신경전
3분 42초	자유모티브	로맨스	향미가 동백이한테 용식이이야기를 함
4분 10초	구속모티브	로맨스 + 스릴러	동백이네 페인트 칠을 하다가 까불이의 글씨를 발견하고 변 소장과 공유함
2분 50초	자유모티브	로맨스 + 휴먼	다른 사람에게 동백이와의 관계를 털어놓으려고 하지만 이미 과거에 동백이에 대해 말하고 다닌 종렬
50초	자유모티브	휴먼 + 스릴러	까불이에 대해 말하는 용식과 용식이를 걱정하는 덕순
1분 30초	자유모티브	휴먼	동백이를 찾아온 기자
1분	자유모티브	휴먼	용식이에게 필구가 동백이 편을 들어달라고 함
9분	구속 모티브	휴먼 + 스릴러	기자를 쫓아내는 동백, 과거 까불이가 살인사건을 저질렀을 때 어떻게 됐는지 보여줌
5분 40초	자유모티브	휴먼	자신이 박복하지 않다는 동백
3분 54초	구속모티브	스릴러 + 휴먼	동백이에게 까불이 메세지를 보여주는 용식
40초	구속모티브	스릴러	까불이에게 땅콩을 주는 동백 + 글씨를 쓰는 까불이

<동백꽃 필 무렵>, 이제는 당신 꽃 필 무렵

〈파친코〉, OTT 오리지널 시리즈의 Purchasing Point

김민지·김서진·김예린·나누리·왕심원·윤세미

1. OTT 오리지널 시리즈와 PP(Purchasing Point)

'OTT(Over The Top) 춘추전국시대'라는 비유가 내포하듯 OTT 시장은 전례 없는 빠른 성장을 거듭하고 있다. OTT 플랫폼들이 외부적으로는 기존의 산업 형식을 뒤집고, 내부적으로는 OTT 간의 치열한 경쟁을 거치고 있다는 것은 더 이상 새로운 사실이 아니다. 그럼에도 향후 OTT 업계의 성장세는 계속될 것으로 보이며, 이러한 성장은 이제까지의 콘텐츠 향유 방식과는 다른 양상을 필연적으로 야기한다. 특히나 OTT는 기존의 IP들을 확보하여 제공하는 플랫폼과 콘텐츠 제작사의 성격을 동시에 가지는데 넷플릭스의 연이은 오리지널 시리즈 성공으로 후자의 중요성이 커지게 되었다. 오히려 오리지널 시리즈를 보기 위해 해당 OTT로 유입되는 경로의 고객층의 비중 또한 커지고 있는 실정이다. 따라서 OTT 오리지널 시리즈는 이제 해당 OTT만의 새로운 무기로서 시청자들을 강력하게 소구하는 역할을 한다. 특히나 거대 자본이 투입된 이른바 '대작'을 제작하고, 흥행시키기 위한 OTT 간의 치열한 경쟁이 계속되고 있다. Apple 사 또한 기존 사업과의 시너지 효과를 목적으로 2019년 11월, Apple TV+ 서비스를 출시했다. 그러나 Apple TV+는 타 OTT와는 차별화된 전략을 선택했다.

기존의 OTT 오리지널이 1) Licensing과 2) 오리지널 시리즈 제작을 동시에 활용하며 콘텐츠를 확보하고 있다면 Apple TV+는 오직 오리지널 시리즈만으로 콘텐츠 경쟁력을 확보하고 있다. 또한 1) 구독료라는 일반적인 OTT 진입장벽과 더불어 2) 폐쇄적인 OS라는 추가적인 진입장벽을 가지고 있다. 즉, 절대적으로 OTT 시장 내에서 유리한 위치를 선점하고 있지는 않다는 것이다. 이러한 관점에서 현재 OTT 플랫폼의 오리지널 시리즈, 특히 〈파친코〉는 타 OTT 오리지널 시리즈보다 훨씬 강력한 소구점을 지녀야 한다. 따라서 본격적인 스토리텔링 전략 규명에 앞서 이를 나타낼 수 있는 개념을 정의하기로 하였다. 이는 기존의 용어로는 Apple TV+의 〈파친코〉가 콘텐츠 업계에서 가지는 의의를 선명히 전달할 수 없으며, 본 연구가 단순한 작품 분석이 아닌 인사이트를 제공해야 하는 스토리텔링 전략 규명이라는 점에서 반드시 필요한 절차라고 판단하였다. 따라서 본고에서는 향후 OTT 오리지널 시리즈의 핵심 승패점이 될 PP(Purchasing Point) 개념을 제시하고, 〈파친코〉의 스토리텔링 전략을 이러한 PP 확보 차원에서 논의하고자 한다.

PP는 소구점을 뜻하는 마케팅 용어 USP(Unique Selling Point)에서 착안한 개념이다. USP가 '팔릴만한 점'을 뜻한다면 PP는 '살만한 점'을 뜻한다. 즉, Selling보다 Purchasing에 중점을 두는 개념으로 소구점과 非 배타적이지만 그보다 강화된 층위에서 OTT 시장 특성을 더욱 직관적으로 반영한다. 따라서 본고는 특정 OTT 플랫폼으로 시청자를 유도할만한 강력한 OTT 콘텐츠 소구점으로서 PP를 정의한다. 이러한 개념 정의는 공급자 위주에서 수요자 중심으로 변화한 콘텐츠 시장의 변화를 뚜렷하게 나타낸다. 즉, 단순히 콘텐츠를 선택하는 것을 넘어 이를 통해 플랫폼까지 선택할 수 있는 현재의 향유자 형태를 강조할 수 있다. 레거시 미디어에서는 개별 콘텐츠 구매가 채널 구매로 이어지지 않았다. 애초에 채널을 구매하는 행위가 성립될 수 없기 때문이다. 그러나

OTT 서비스는 플랫폼과 제작사의 기능을 병행하기 때문에 각각의 기능이 상호보완적인 관계에 놓여있다. 특히 Licensing으로만 콘텐츠를 확보할 때보다 OTT 오리지널 시리즈를 제작하게 되면서 개별 콘텐츠 각각의 경쟁력이 더욱 중요해졌다. 이와 같은 OTT에 적절한 전략 측정 도구로서 PP는 그 의의를 지닌다.

2. 연결성을 강조한 거대 서사 속 보통 사람들

1) 향유자의 안정적 유입을 위한 과감한 타겟팅

앞서 언급한 바와 같이 Apple TV+는 타 OTT에 비해 콘텐츠 경쟁력이 다소 불안정한 수준이다. 완성도 높은 오리지널 시리즈를 제작하는 것과는 별개로 기본적으로 시청자 유도 측면에서 기대만큼의 성과를 내지 못했다. 따라서 시청자를 강력히 소구할, 즉 Apple TV의 PP가 될 오리지널 시리즈를 제작해야 할 강력한 필요가 존재했다. 이에 따라 1,000억이라는 거액을 투자하면서 Apple TV+의 PP가 될 오리지널 시리즈를 제작하게 되었다. 실험적 시도보다 확실한 흥행이 요구되었고 안정적으로 시청자층을 유도해야만 했다. 이를 위해 <〈파친코〉는 식민지라는 미시 주제를 활용하여 확실한 타겟층을 확보하였고 이에 대한 Risk hedge 전략으로서 자기 보존이라는 거시 주제로의 통합을 통해 미시 주제 이외의 공감대를 확보했다.

〈파친코〉는 1) 식민지, 2) 디아스포라 3) 피지배 계층이라는 미시 주제에 대한 미시사적 접근을 통해 과감하지만 확실한 타겟팅에 성공할 수 있었다. 이는 다수가 공유하고 있는 역사적, 사회적 배경을 활용한 미시 주제를 선택했기 때문이다. 〈파친코〉는 일제강점기 속, 이민자의 생존 과정을 그렸다. 그렇기 때문에 앞서 제시한 세 가지 미시 주제가 모두 해당 될 수 있다. 특히나 이 주제들에 대한 미시사적이고 개인적인 접근을 통해 '한국-일본'이라는 특정 국가가 아닌 '식민지-지배국'이라는 상위 그룹으로 치환된다. 이 과정에서 일본의 식민지가 다수 포진했던 동아시아는 물론, 세계대전을 겪으며 식민지를 체험했던 국가들을 타겟팅할 수 있는 것이다. 특히 동아시아 지역은 현재 글로벌 콘텐츠 시장에서 주요 결전지이기에 이와 같은 과감한 타겟팅이 전략적 가치를 지닌다. 역사 영화, 그 중에서도 식민지를 배경으로 하면 일반적으로 다루는 지배국에 대한 저항, 독립 운동과 같이 이른 바 '국뽕' 유발 장면 등에 대하여 〈파친코〉는 아주 사적인 단위로 접근한다.

이에 대한 일례로 8화의 에피소드를 들 수 있다. 정치적 신념을 위해 조직에서 활동하던 '이삭'이 체포되는 사건이 발생하는데 이마저도 타 작품과의 차별성을 가진다. 바로 이에 대한 '선자'의 반응이다. '선자'는 남편이 하고 다녔던 정치 운동에 대한 설명을 듣고, 그 정치적 이념의 옳고 그름을 따지지 않는다. 당장의 자신들의 생계를 걱정한다. 보통의 역사 영화라면 주인공의 면모로는 적합하지 않은 부분이다. 그러나 〈파친코〉에서는 개인, 즉 보통 사람들의 이야기를 다루고 있기 때문에 독립 영웅이 아닌 주인공으로도 시청자 설득이 가능하다. 이러한 관점은 오히려 현 세대에 사는 우리에게 당시의 어려움을 더욱 잘 느끼게 한다. '내가 과연 저 시대에 태어났다면 독립 운동을 할 수 있었을까?'라는 아주 단순한 질문에 답을 내리기가 더욱 망설여진다. 이처럼 우리의 사회 안에는 '이삭'보다는 '선자'가 훨씬 많다. '이삭'의 신념은 노동자의 입장을 대변하는 저항의 목소리이다. 그렇기 때문에 〈파친코〉는 '이삭'이 잘못된 선택을 했다고 말하는 것이 아니다. 다만 모든 사람들이 그만큼 거대한 신념을 지니고 사는 것은 아니라는 것을 '선자'를 통해 일러주는 것이다. 이를 통해 현 세대에도 존재하는 많은 보통 사람들, 그리고 '非 식민지 체험국'들까지도 '선자'와 〈파친코〉에 공감할 수 있다. 한 가지 더 주목할 만한 점은 각각의 미시 주제가 연쇄적으로 연동하며 개별적으로 존재하지 않는다는 것이다. 즉, 〈파친코〉라는 작품 내에서 상호 간의 의미를 더욱 강하게 발생시킨다. 식민지였기에 디아스포라와 피지배 계층이 대거 발생했고, 디아스포라이기에 식민지와 피지배 계층의 고난이 더욱 심화되며, 피지배 계층이기에 식민지와 디아스포라 속에서도 다수의 위치를 차지할 수 있다. 따라서 타겟팅 시에도 다수의 경우가 하나의 주제에는 해당할 수 있다. 이를 도식화하면 아래와 같다.

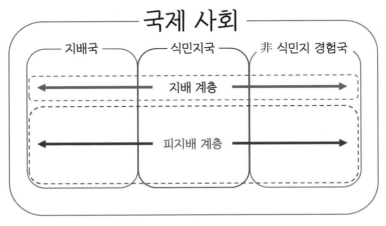

<그림 1> <파친코>의 타겟팅 모형

위의 그림과 같이 <파친코>는 상호 연쇄적으로 존재하는 미시 주제를 활용하여 과감한 타겟팅을 시도했다. 이를 통해 국제 사회 속에서 반드시 <파친코>에 몰입할 수밖에 없는 확실한 타겟층을 확보했다.

2) '연결성' 강조를 통한 거시 주제로의 통합: 끝나지 않은 식민지

결국 스토리텔링의 핵심이 향유자의 공감에 있다는 것은 새로운 이야기가 아니다. 특히 <파친코>와 같이 과거부터 현재까지 넓은 시간대를 가지고 있다면 향유자가 이야기를 이해하는 데서 끝나는 것이 아니라 자신의 이야기로 치환하여 생각할 수 있도록 몰입시키는 것이 핵심적이다. 즉 캐릭터와 향유자 간

K-DRAMA 스토리텔링, 모색과 조형의 힘

의 공유하는 공통의 고민과 이야기가 있어야 한다. 〈파친코〉는 이에 대해 1) 차별과 2) 자기 보존의 욕구라는 거시 주제를 제시한다. 앞서 언급한 세 가지의 미시 주제가 작품 내의 시간적 층위를 통해 캐릭터성을 강화하고, 확실한 향유자 층과의 시간적 층위 또한 일치시킨다면 거시 주제는 캐릭터와 향유자 간의 거리를 한층 더 좁힌다. 차별과 자기 보존은 비단 한 시간대에만 국한되지 않고 오랜 시간 인류에게 남겨진 보편적 주제이다. 즉, 작품 속 배경이 되는 1915년의 '양진'부터 1989년의 '솔로몬'이 겪고 있는 고민을 2022년, Apple TV+를 통해 〈파친코〉를 보고 있는 현대의 우리 또한 하고 있는 것이다. 이에 대한 증거로 Netflix의 〈오징어 게임〉, 봉준호 감독의 〈기생충〉의 흥행을 들 수 있다. 이같이 디아스포라뿐만이 아니라 차별받는 이들의 감정을 자극할 수 있도록 캐릭터들에게 추가적인 차별 서사를 부여했는데 이를 표로 정리하면 다음과 같다.

<표 1> 캐릭터 별 차별 계급

캐릭터	차별 계급
선자	이민자/여성
솔로몬	이민자/이주노동자/동양인
한수	이민자/빈민
이삭	이민자/노동자
한금자	이주노동자
하루키	동성애자

　특히 5화에만 등장하는 '하루키' 같은 캐릭터는 식민지나 디아스포라와는 큰 관련이 없으나 등장시켰다. 이는 곧 해당 캐릭터를 통해 주제 구현에 도움을 받겠다는 것인데 '하루키'에 대해 극 중에서 알 수 있는 것은 동성애자라는 사실이며 그 또한 차별받는 삶을 살았다는 것을 암시한다.
　〈파친코〉는 끊임없이 시청자를 향해 이것이 단순한 과거의 이야기에서 그치는 것이 아니라는 메시지를 던진다. 즉, 작품 내의 시간과 향유자의 시간을 일치시키는 것이다. 이러한 시간적 층위의 일치를 과거와 현재의 교차편집을 통해 강조하기도 한다. 교차편집은 〈파친코〉의 독특한 특징 중 하나이며 동시에 원작 소설과의 가장 큰 차이점이기도 하다.

결국 지배국으로부터는 해방되었으나, 식민지가 만들어낸 패러다임으로부터는 해방되지 않았음을, 어쩌면 오랜 시간 지속되어왔을 보이지 않는 식민지라는 비유를 통해 차별받는 이들의 자기 보존 욕구를 상징적으로 드러낸다. 이를 가장 효과적으로 드러낼 수 있기에 식민지라는 시간적 배경을 사용하였고 이를 '솔로몬'이라는 중심 캐릭터를 거쳐 향유자에게 전달하며 동시에 몰입할 수 있도록 한다. 즉, 〈파친코〉는 미시 주제, 미시 주제와 거시 주제, 중심 캐릭터('양진'-'선자'-'모자수'-'솔로몬') 간의 연동을 중심으로 강력한 몰입을 할 수 있는 서사적 장치를 마련했다. 실제로 이러한 전략은 거대 서사를 부담스럽지 않게 시청자에게 전달했으며 특수성을 가진 시대적 배경과 캐릭터 설정 속에서도 공감 지점을 최대로 확보할 수 있었다.

3. 주제 구현을 위한 거시 서사 활용: 각화의 시퀀스화

앞 장에서 설명했듯 〈파친코〉는 거시 주제와 미시 주제가 유기적으로 결합하며 4대에 걸친 가족 대서사극이다. 따라서 서사 외의 요소를 통해 이를 효과적으로 구현해야 했다. 이를 위해 〈파친코〉는 1화부터 8화까지의 미시 서사를 활용하여 화차 배치를 시퀀스 구조로 구성했다. 하나의 시즌에 속하는 전 화차를 시퀀스화함으로써 이를 그래프를 통해 증명하고 시청자에게 어떠한 효과를 주는지 알아보았다.

1) 거시 서사의 시퀀스화

<표 2> <파친코> 화차별 주요 사건 및 서사의 가치

회차	주요 사건	서사의 가치
1화	선자의 탄생과 선자 아버지의 죽음, 솔로몬의 일본행	관객이 극에 몰입하기 위해 필요한 캐릭터와 주변 상황 정보 제공
2화	청년 선자와 한수의 사랑, 솔로몬의 일본행 구체화	시대적 상황과 결합된 주 긴장 축 설정: 일제강점기 선자의 삶과 생존, 일본의 버블 경제 속 솔로몬의 출세욕
3화	청년 선자의 임신, 한수가 유부남인 걸 알게 됨, 이삭의 등장과 결혼 제안, 솔로몬 할머니와 한금자 방문 후 계약 성공	제기된 문제를 해결하기 위한 첫 시도, 당면한 문제는 일시적 해결: 이삭의 결혼 제안, 솔로몬 계약 성공 이후 그것으로 인하여 더 크고 심각한 문제 야기: 이민자 어려움 시작, 솔로몬 해고
4화	청년 선자와 한수의 갈등, 청년 선자의 결혼, 고향과 작별, 노년 선자의 고향 방문, 솔로몬의 계약 파기	첫 번째 극점으로 한국인의 한을 극적으로 연출: 솔로몬 춤, 노년 선자 울음, 여가수 자살
5화	청년 선자 일본 도착, 시계를 팔아 빚 갚음, 노년선자 아버지 묘 찾기, 특별 영주권자, 신복희 할머니 만남, 솔로몬 하루키상 만남, 해고 위기 및 계약 여파 처리	첫 번째 극점에서 새롭게 발생한 복잡한 상황들을 해결하기 위한 노력 (솔로몬)
6화	청년 선자 출산, 솔로몬 해고, 하나, 요시이-파친코, 노년 선자와 대화: 본격적인 차별에 대한 저항 시작 이삭 청년, 형과 대화: 정치적 자각 고심	주인공들은 주 긴장 축 해소를 위해 움직이고, 그로 인해 극적 의문에 대한 답 제공, 관객들에게 가능한 결말의 힌트 제공
7화	관동대지진 배경 속 청년 한수의 어려움: 조선인 학살 등	작품 전체 절정으로 일본에서의 조선인 차별 극적으로 연출
8화	이삭 체포, 선자 김치 장사 시작, 솔로몬 파친코 사업 이야기, 하나의 죽음	결말 내포, 불균형감이 긍정적이든 부정적이든 마침내 청산되는 지점

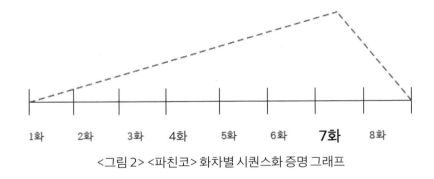

<그림 2> <파친코> 화차별 시퀀스화 증명 그래프

1화 2화 3화 4화 5화 6화 **7화** 8화

 각 화별로 주요 사건과 서사의 가치를 비교하여 이를 바탕으로 도식화한 결과, 다음과 같은 8시퀀스에 부합하는 그래프를 도출하였다. 이를 통해 <파친코>의 전체 서사 전개 구조는 4화와 7화를 각각 구성점(극적 전환점) 1과 2로 설정하여 8시퀀스를 화차별로 적용했음을 알 수 있다.

 <파친코>는 왜 화차의 시퀀스화를 선택했을까? 그 이유는 <파친코>의 거대하고 복잡한 서사에 있다. <파친코>는 선자의 부모인 '양진'과 '훈이'의 이야기부터 '선자'의 손자인 '솔로몬'까지 약 100년의 시간 속 4대에 걸친 이민자 가족의 삶을 폭넓게 다룬다. 캐릭터도 많고 사건도 다양한 <파친코>는 이야기의 주제를 따로 빼놓고 보더라도 이해하기 쉬운 작품은 아니다. 이렇게 거대하고 복잡한 서사에 복잡한 형식을 부여하게 되면 시청자들이 몰입하여 이해하기 힘들 것이다. 따라서 <파친코>는 시청자들에게 방대한 이야기를 보다 쉽게 전달하기 위한 방법으로 8시퀀스 구조를 택했다. 오랫동안 인정받은 8시퀀스를 화차별로 적용함으로써 화차가 하나의 거대한 시퀀스로 작용하며 작품 전체 구조에 안정감을 주어 시청자들의 몰입과 이해를 도왔다.

 2) 복잡성을 가진 캐릭터의 활용

 앞서 말했듯 <파친코>는 화차가 시퀀스화 되어 있는데, 시퀀스 구조 상 8개의 화차 중 일곱 번째 화차가 가장 극적으로 전개되어야 한다. <표 2>의 화차별 주요 사건 정리표를 통해 흐름을 비교해보면 1화에서 6화, 8화에서 유지해오던 흐름과 달리 7화에서 〈파친코〉의 주제를 가장 극적으로 보여줄 수 있는 새로운 소재를 선택했음을 알 수 있다. 7화는 한수의 과거 이야기를 중심으로 진행되는데, 그 배경으로 등장하는 새로운 소재가 바로 관동대지진이다.

> 관동대지진은 1923년 9월 1일 오전 11시 59분, 일본 도쿄를 중심으로 한 관동 지역 이래에 전도 7.9급의 초강력 지진으로 사망자, 행방불명자가 14만 명, 이재민 340만 명에 달하는 엄청난 재난이었다. 이러한 사회 불안 속에서 일본인들은 내부 결속을 다지기 위해 "조선인이 폭동을 일으킨다." "조선인이 방화하였다." "우물에 조선인이 독을 넣었다."는 등의 근거도 없는 낭설을 퍼뜨려 혐오를 조장하였고, 이것이 대규모의 조선인 학살로 이어지게 되었다.[1]

조선인 학살은 일제강점기 조선인 이민자의 차별을 가장 단적으로 보여주는 사건이다. 〈파친코〉는 관동대지진과 조선인 학살이라는 역사적 사건을 전체 서사 중 핵심 위치에 해당하는 7시퀀스에서 여과 없이 다룸으로써, 경계인으로서의 차별이라는 주제를 명확하게 드러내고 시청자의 분노와 몰입을 이끌어내었다.

7화는 '한수'의 단독 이야기로 진행되는데, 〈파친코〉의 1화부터 6화는 '한수'가 아닌 '선자'와 '솔로몬'을 중심으로 전개된다. 이전까지 비중 있게 다뤄지지 않은 캐릭터가 〈파친코〉의 클라이맥스, 7시퀀스에 중심 캐릭터로 서사를 이끌어 갈 수 있었던 이유가 무엇일까?

위에서 살펴봤던 주요 사건 정리 〈표 2〉를 다시 보면 1-8화까지 '선자'의 전체적인 흐름 속에서 '한수', '이삭', '솔로몬' 등 다른 캐릭터들 또한 각각 디아스포라의 아픔을 알려주고 있다는 것을 알 수 있다. '선자' 하나만의 이야기를 쫓아가는 것이 아니라 각 캐릭터들의 서사를 전개하고 그 모든 이야기들을 종합

---

1   네이버 지식백과 일본사, "관동 대지진과 조선인 학살 사건"(박석순 외 4인, 일본사, 미래엔, 2009.04.20., IV. 근현대사) https://terms.naver.com/entry.naver?cid=62089&docId=1008012&categoryId=62089

하면 〈파친코〉의 전체 주제가 드러난다는 특징이 있다. '한수'가 주인공이라서 핵심인 일곱 번째 시퀀스에 배치된 것이 아니라 디아스포라의 전형성이 캐릭터에 골고루 나눠졌기 때문에 주인공이 아닌 캐릭터가 그 부분에 배치되어도 경계인으로서의 차별이라는 주제가 효과적으로 전달될 수 있었다.

<표 3> 1-6화 한수 대사 정리

회차	재생 시간	대사
1화	51:36	첫 등장, 선자를 멀리서 지켜봄.
2화	03:39	"내 팔뚝으로 친다 했지. 생각 없이 혀 놀리는 애새끼 팔뚝으로 값을 매길 것 같아? 지가 뱉은 말은 지가 책임져야지."
	14:58	"왜 작은 놈들 못 잡게 하는지 알아? 다 커서 산란하기도 전에 쓸어 담으면 결국 나중에 피 보는 건 우리야."
	30:35	"이 나라가 이렇게 멋진 걸 잊고 있었네. 억세고, 또 강인하고."
	37:43	"꿈이 있냐고 물어본 것뿐이야. 나도 너만큼 가난하게 살았거든. 내가 더 가난했을걸. 믿을 진 모르겠지만. 그래도 난 꿈이 있었어. 그 꿈은 아무한테도 뺏기지 않았지."
	39:49	(미국을 가보니 어떻냐던 선자의 말에) "Everything, and nothing. 모든 것이 있고 아무것도 없지." (영어로)
	42:49	(동포애도 없냐는 선자의 말에) "없어. 너도 버려. 인간은 어딜 가도 다 썩어 있어."
	43:05	(한국엔 왜 왔냐는 선자의 말에) "어려서 빈손으로 떠난 땅, 성공해서 돌아와 보고 싶었어. 떠날 때 남긴 그림자가…혹시 아직 남아 있을까 해서. 허세일지도 모르지."
3화	15:00	"이건 사죄의 선물"(선자에게 시계 선물)
	17:11	"오사카에 처가 있어. 딸도 셋이고. 뭐 딱히 정이 있어서 한 건 아니지만 나도 필요해서 한 결혼이었어. 사업으로 득 볼 일 있어서 했단 얘기야, 애정은 없어."
	17:36	"너와 니 어머니 그리고 우리 아들은 세상 부러운 거 없이 살게 해 줄게. 집도 영도에서 제일 큰 걸로 사 줄게. 지연이네 집은 어때? 어차피 걔네 형편에 그 집 유지도 못 해."

	18:11	"너도 알잖아. 지금이 어떤 세상인지. 잠든 채 깨지 못하고 그대로 죽는 애들이 태반이고 계집애들은 국수 한 그릇에 순결을 파는 세상이야. 노인네들은 어린애들 굶을까 봐 입 하나라도 덜겠다고 길에 나와 객사하는 판이라고. 선자야 결혼은 그냥 형식적인 거야. 우리 같은 사람들은 살아남으려면 달리 방법이 없어."
4화	04:14	"남들 눈에 어떻게 비춰지는가는 중요한 겁니다. 그 첫인상이 평생 따라 다니니까. 겪어봐서 하는 말이에요.…보잘 것 없어보이죠. 맞지도 않는 옷을 뭐 하러 입는 겁니까? 과거에 매달려서 구질구질하게."
	30:47	(왜 보자고 한 건지 묻는 선자에게) "착각하지 말라고 말해 주려고. 그놈이 착해 빠져서 너랑 결혼해 주는 거 같애? 내 눈엔 아니야. 부실하고 허약해 딴 여자들한텐 못 가니까 만만한 너한테 간 거지."
	31:12	"난 훨씬 더 좋은 인생을 줄 생각이었어."
	31:38	"그럼 그 소문 떠들던 인간들이 거기 가면 어떻게 될진 얘기해줬어?…돈이 있다면야 그렇지. 돈이 없으면…거기서 조선인으로 산다는 게 어떤 건지 내 겪어 봐서 알아. 장담하는데 너도 고생하고 우리 아들도 고생할 거야."
5화	53:49	(상인: 그 여자가 시계 팔러 올 걸 어떻게 아셨어요?) "몽상가랑 결혼했 거든. 지보다 약한 놈이랑 결혼했으니 앞으로 대가를 톡톡히 치를 거야."
6화	52:25	"이제 나도 아들이 생겼어. 너는 실패한 걸 다른 여자는 성공했지. 이제 당신은 아내의 의무에서 해방됐어. 아주 기쁘겠군. 이 결혼이 당신에게 저주였다는 거 알아."(일본어로)

1-6화까지의 '한수'의 대사를 정리한 표를 보면, '한수'는 한국인인지 일본인인지 스스로를 규정짓지 않을 정도로 정체성이 희미해졌을 뿐만 아니라 돈만 좇는 냉혈한처럼 보인다.

'한수'는 과거에 산전수전을 다 겪은 인물로 그려지는데 1-6화까지 '한수'의 과거에 대한 이야기를 직접적으로 다루지 않아 시청자들로 하여금 '한수'의 과거에 대해 궁금증을 유발한다. 이러한 '한수'의 과거에 대한 부재는 '선자'와 '솔로몬'에 비해 서사가 쌓여있지 않았다는 말과 같다고 볼 수도 있다. 이와 같은 2가지 사실을 종합해보면, "'한수'는 시청자에게 과거에 대한 설명이 필요한 캐릭터였으며 서사가 쌓여있지 않아 새로운 소재와의 결합이 다른 캐릭터들에 비해 상대적으로 자연스럽게 느껴질 수 있는 캐릭터였다.”는 것을 알 수 있다. 따라서 〈파친코〉는 새로운 소재인 관동대지진이라는 배경과 복잡성을 가진 캐릭터인 ‘한수’를 거시 서사의 클라이맥스에 배치하여 거시 서사와 미시 서사의 유기적인 결합을 이뤄냈다.

　7화 전반부에서 ‘한수’는 아버지가 사랑했던 여성에게 사기를 당하고 오랜 기간 같이 일 해온 야쿠자 ‘료치’에게 버림받아 목숨이 위태로워지는 모습을 통해 돈 때문에 변하는 인간의 추악한 민낯을 마주한다. 이러한 부분에서 ‘한수’가 인간에 대한 믿음을 잃고 돈만 좇게 되는 냉혈한이 된 이유를 시청자들이 짐작할 수 있게 한다. 7화 후반부에선 관동대지진이 발생하고 조선인 학살 등과 같은 인간의 더 추악한 민낯을 마주하고 마지막 희망까지 잃어버린 한수의 모습이 그려지는데, 이러한 부분에서 마찬가지로 감정을 잃고 괴물이 되어버린 것처럼 보여지기도 했던 ‘한수’라는 캐릭터를 시청자들에게 이해시켰다. 또한 조선인의 고난을 가장 극적으로 표현한 소재인 관동대지진을 생존지상주의 방식으로 살고 있는 ‘한수’의 서사적 변환 포인트로 제시함으로써 관동대지진의 파급력을 효과적으로 전달하고 7시퀀스에서 강한 여운을 남겼다.

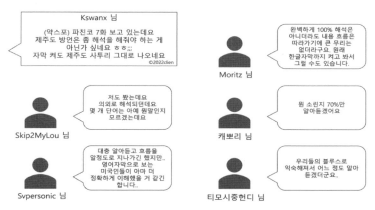

<그림 3> 〈파친코〉 7화 커뮤니티 반응 (CLIEN)

K-DRAMA 스토리텔링, 모색과 조형의 힘

서사가 쌓여있지 않아 새로운 소재와의 결합이 자연스럽다는 '한수'의 특성은 타 캐릭터들과 비교했을 때 상대적으로 그렇다는 이야기이지, 절대적으로 그렇다는 것은 아니다. 즉 아무리 새로운 소재와의 결합이 자연스러운 캐릭터를 선정했다하더라도 다른 화차와 연관성이 떨어진다는 것은 피해갈 수 없는 7화의 약점이다.

또한 〈파친코〉는 1화부터 6화까지 대부분 부산 사투리와, 영어, 일본어를 사용하는데 7화에서 익숙하지 않은 제주 방언이 처음으로 사용된다. 작중 새로운 언어를 사용할 때는 이전부터 꾸준히 노출시켜 시청자들로 하여금 익숙하게 하는 학습효과가 중요한데, 〈파친코〉의 7화는 이러한 학습효과가 전혀 이루어지지 않은 채 내용이 전개된다. 실제 커뮤니티의 7화 반응을 살펴보면 7화의 전반적인 내용이 이해가 되지 않는다는 반응들이 많다.

〈파친코〉는 화차의 시퀀스화를 통해 시청자의 이해와 몰입을 유도했다. 그러나 7시퀀스, 즉 7화와 다른 화차 간 연결성 부족과 제주 방언에 대한 언어 학습 효과 부재로 시청자의 몰입을 방해했다고 볼 수 있고 이로 인해 7화에서 서사 전체 구조의 안정감 또한 떨어진 바 있다. 그렇지만 거대하고 복잡한 서사를 화차의 시퀀스화를 통해 구조화한 것은 분명히 시청자의 이해와 몰입에 도움이 되었고 대서사시를 다루는 콘텐츠 전체 서사 구조에 안정적인 방향성을 제시한다는 점에서 의미가 있다.

4. 시청자 Lock-in을 위한 파편화된 전형성

이번 장에서는 〈표 4〉에서 보듯 캐릭터의 전형성이 파편화되어 있음을 확인하고, 이것을 이용해 시청자들의 몰입과 공감의 지역을 확보하려 했음을 알 수 있다. 디아스포라나 시청자의 공감이 파편화된 전형성과 어떻게 연결되어 있을까?

1) 분배된 전형성이 중심캐릭터 간 동위소적 관계 구축

<표 4> 중심 캐릭터별 키워드와 전형성

캐릭터	키워드	전형성
선자	이민 2세대, 현실적, 과정 중시, 억척스럽고 강인함, 가족애, 헌신적, 탈정치적	한국 근현대사의 어머니
한수	이민 2세대, 현실적, 결과 중시, 계획적, 정략결혼, 개인적, 그 어디에도 속하지 않은	이념, 민족보다 실리를 앞세운 현실적 판단과 생존이 급선무인 이민 1세대+타락한 지도자
이삭	이민 2세대, 이상주의자, 전도사, 선역, 평등, 사회주의자	공동체의 발전을 도모하는 지도자
솔로몬	이민 4세대, 이상주의자, 자본주의, 출세욕, 멀티 페르소나, 정체성 방황	성공에 대한 욕망, 정체성에 대한 고민을 가진 현대인

a. 선자, 솔로몬, 한수, 이삭의 전형성

"'선자'는 작품의 전반적인 서사를 끌고 나가는 캐릭터로서 불행이 결코 비켜가는 법이 없던 한 여성의 생을 통해 한국 근현대사 비극을 통시적으로 조명함으로써 끝내 무너지지 않으려 발버둥을 치는 생명력을 가진 인간의 전형성"[2], 즉 한국 근현대사 어머니의 전형성을 보여준다.

'오사카에서 선자는 여자의 인생이 고생의 연속일 수 있지만, 자신의 선택에 대한 책임감과 가족에 대한 사랑으로 삶을 긍정하고자 한다. 이삭의 형 백요셉(Back Yoseb)의 승인을 얻은 후, 순자는 가족의 생계를 위해 노상에서 김치 장사를 시작한다. 김치 냄새가 난다는 상인들의 눈총에 밀려 지독한 고기 냄새가 코를 찌르는

---

2   오경민, 이 땅의 모든 '선자'에게 바치는 이야기, 드라마 '파친코', 〈경향신문〉, 2022.03.22.

푸줏간 옆에 자리를 잡은 후 '김치 사이소. 오이시이 데스. 오이시이.'라고 외치는데, 그녀는 자신의 목소리에 부산 영도의 시장 아주머니들의 활기와 생명력이 깃들여있음을 느낀다. 이처럼 선자는 국적, 인종, 성별, 계급 등 이미 결정된 사실들에 순응하는 것이 아니라 자신의 선택을 통해 "결정론의 그물코 속에 행동을 삽입함으로써"(Sartre, Being and Nothingness 619) 스스로 만들어가는 삶을 긍정한다. 이는 알베르 카뮈(Albert Camus)가 그의 수필집 『시시포스의 신화(The Myth of Sisyphos)』에서 커다란 돌을 산으로 끌어올리는 "시시포스는 행복하다."(111)라고 결론지으며 그를 삶의 부조리 속에서도 매 순간 다시 시작하려는 선택으로 삶의 의미를 만들어가는 긍정적인 인물로 묘사한 것과 유사하다.[3]

'한수'는 아버지가 사랑했던 여성에게 사기를 당하고 오랜 기간 같이 일 해온 야쿠자 '료치'에게 버림받아 목숨이 위태로워지는 상황을 목격하고 돈에 휘둘리는 인간의 추악한 민낯을 마주한다. 그 뒤 인간에 대한 믿음을 잃고 돈만 좇는 냉혈한의 모습을 통해 타락한 지도자의 전형성을 보여준다.

'이삭'은 자신이 속한 교회에 다니는 여성의 말을 듣고 그의 아들인 청년에게 주의를 주러 갔을 때의 대화를 통해 자신의 정치적 위치를 고심하게 된다. 이후 '이삭'은 자신이 하고 싶고 추구하고 싶은 미래를 그리며 사회운동을 하였고 이를 통해 공동체의 발전을 도모하는 지도자의 전형성을 보여준다.

'솔로몬'은 한국인과 일본인 사이, 애매모호한 경계인의 신분으로서 정체성에 대해 고민하는 모습을 보인다. 이는 성공에 대한 욕망을 충족시키려는 욕구의 작용으로 보이며, 그런 '솔로몬'의 모습은 자본주의 사회 속 전형적인 현대인의 모습을 대변한다.

한편 '선자'와 '한수'에게 "이민 1세대의 전형적인 모습인 이념, 민족보다 실

---

3   손영희, 디아스포라 문학의 경계 넘기: 이민진의 『파친코』를 기준으로, 《미래영어영문학회 2019년도 가을 연합학술대회 발표논문집》, 미래영어영문학회, 2019, p. 79.

리를 앞세운 현실적 판단과 생존이 급선무인"[4] 모습이 강하게 드러난다면, '이삭'은 개인보다는 정치적 이념과 민족을 우선시하는 모습을 보인다. '선자'를 예로 들어보자, '선자'는 언제나 자신의 가족을 우선시한다. '이삭'의 형인 '요셉'이 진 빚을 갚아야 하는 상황에도 망설임 없이 자신이 가져왔던 시계를 파는 모습을 확인할 수 있다. 또한 '이삭'이 사회주의 운동으로 체포되었을 때에도 그의 동료들에게 "그라믄... 그라믄 우리는 우짜라고예? 남정네들이 그짝 꿈만 좇고 있으믄, 밥상에 묵을 거는 누가 올리고 한겨울에 얼라들 옷은 어데가 구해 입힙니꺼? 그분이나 그짝이나 우리들 생각은 한 번이라도 하긴 한 겁니꺼?"라고 말하며 탈정치적이고 가족을 챙기는 모습을 보였다. 그러나 '이삭'은 가족을 돌보기보다 사회적 개변을 꿈꾸며 사회주의 운동을 도모하다 체포되기까지 하는 모습을 보인다. 이를 통해 전형성 파편화가 다양하게 이루어졌음을 알 수 있다.

b. 네 명의 캐릭터가 가진 전형성이 선자를 중심으로 하나의 주제로 결집

다양한 세대를 대변하는 네 명의 캐릭터가 가진 전형성이 식민지와 디아스포라 속의 차별과 아픔이라는 하나의 주제로 결집되고, 이것이 현대까지 와서도 아직 끝나지 않았음을 보여준다. 이것은 '솔로몬'의 작중 행적으로 알 수 있는데, 2화에서 '솔로몬'은 친구에게 "네 아버지가 그랬다면서 한국인은 개가 기른 것 같다고. 안 그러면 왜 그릇을 들고 먹지 않고 얼굴을 처박고 먹겠냐고."라는 말을 하고, 4화에서 '한금자'는 '솔로몬'에게 "일본 사람들은 우리를 바퀴벌레라고 불렀지. 땅 속에 다시 처박아야 된다면서. 잘 생각해 봐. 그게 너한테 하는 얘기니까."라며 이야기한다. 이를 통해 〈파친코〉는 여전히 경계인에 대한 차별이 만연하다는 것을 명시하고 있다.

이러한 차별 속에서 강한 생명력을 가진 '선자'의 전형성이 차별과 그에 대한 자기 보존의 욕망이라는 주제의 핵심 가치로 표현된다. 이 핵심 가치를 중심으

---

4   오경민, 앞의 기사.

로 '한수', '이삭', '솔로몬'이 가진 각각의 전형성이 결집되어 〈파친코〉의 주제의식을 강조한다.

2) 중심캐릭터 간 동위소적 관계 구축과 그 효과

그레마스의 견해를 빌려오면, 동위소(isotopie)는 일정한 영역 또는 장(場)을 전제로 동일성과 유사성의 성질을 가진 것으로서 "하나의 메시지에 상정된 의미 작용의 총체성"(김성도, 2002, 116)을 설명하기 위한 것이다. 따라서 본고에서는 같은 텍스트 내에서 중심캐릭터와 동일하거나 유사한 갈등을 주변캐릭터에게서 발견하는 경우를 캐릭터 간의 동위소적 관계라고 부르기로 한다.[5]

다양한 세대를 대변하는 네 명의 캐릭터가 가진 갈등이 식민지와 디아스포라 속의 차별이라는 하나의 주제로 결집되는 것을 통해 동위소적 관계임을 알 수 있다. 〈파친코〉는 이를 효율적으로 사용해 서사가 풍부해지고 시청자의 공감대를 확장시키는 효과를 얻었다.

네 명의 중심 캐릭터가 각자 거대서사의 전형성을 나눠 가지게 되면서 네 명 모두 의미 있는 서사를 배정받았다. 이로 인해 각 회차별 이야기 전개가 흥미로워졌고, 작품 전체의 서사가 풍부해졌다. 원작 소설과의 비교를 통해 살펴보자면, 중심 캐릭터로 소개된 네 명의 캐릭터들은 원작에서의 비중이나 임팩트가 드라마에서보다 월등히 적다. '선자'는 강인하고 억척스러운 여성이 아닌 수동적인 모습으로 나온다. '한수'는 관동대지진 사건이 언급되지 않고, '이삭'과 '솔로몬'은 중심캐릭터라 할 수 없을 정도의 분량이다. 그러나 드라마에서는 이 네 명의 캐릭터들에게 각자 전형성을 부여함으로써 작품 전체 서사의 완성도를 높이고 서사가 풍부해졌다.

---

5   박기수, 픽사 애니메이션 스토리텔링 전략 연구: 캐릭터를 중심으로, 《한국언어문화》 제39집, 한국언어문화학회, 2009, pp.225-226.

또한 파편화된 전형성을 가진 캐릭터들이 여러 세대를 대변하고, 그만큼 다양한 나라와 세대의 시청자들의 공감대를 자극하였다. "캐릭터야말로 스토리의 주체고 이야기를 이끌어 가는 데 중요한 역할을 하기 때문에 시청자들이 캐릭터에 대한 흥미를 잃지 않도록 하는 것이 중요하다.[6] 따라서 〈파친코〉는 전형성의 파편화를 통해 소위 '골라먹기'가 가능하도록 하였는데, 이것을 이용하여 시청자들을 작품 안으로 끌어들이고 공감 지점을 확장시켜 몰입의 정도를 높일 수 있었다.

이러한 파편화된 전형성을 종합하는 것은 시청자의 몫이며, 시청자가 직접 종합하는 과정에서 선자의 서사 흐름을 통해 다른 캐릭터 한명 한명의 작은 서사를 비추며 연결할 수 있다. 그러나 서사는 단순히 나열하는 것에서 그치는 것이 아니라 1화부터 8화까지 유기적으로 연결되기 때문에 작품 전체를 처음부터 끝까지 다 봐야 한다. 따라서 캐릭터 전형성의 파편화는 애초에 향유자의 적극적 개입, 의식 활동이 요구된다고 할 수 있다. 또한 파편화된 전형성이 시청자들의 공감을 이끌어내어 이를 종합했을 때 디아스포라의 차별과 아픔이라는 〈파친코〉의 주제의식을 성공적으로 구현, 전달해내어 Purchasing Point 확보에 큰 기여를 했음을 알 수 있다.

5. 몰입을 위한 교차편집: 빠른 전개

1) 빠른 전개의 필요성

a. 빠른 전개의 필요성: 파친코라서?

중심 캐릭터들에게 〈파친코〉가 다루는 시대의 전형성이 파편화되면서, 다뤄

---

6   권재웅, 스토리텔링 내부의 캐릭터 변용에 관한 연구: "목란시"와 〈뮬란〉의 사례 비교분석, 《만화애니메이션 연구》 25호, 한국만화애니메이션학회, 2011, p.3.

야 할 서사의 양은 늘어났다. 분명 〈파친코〉는 '선자'를 중심으로 한 이야기가 맞다. 그러나 '선자'의 기나긴 60년의 세월의 흐름 속에서, 〈파친코〉의 파편화 된 캐릭터들의 이야기는 하나의 중심 주제로 결집하게 된다. 그렇게 드라마를 끝까지 본 우리에게 능동적인 해석을 요구하게 되며, 드라마의 주제를 전달하 는 것이다. 따라서 이와 같은 구조를 위해서는 60년 세월의 오랜 이야기와, 그 속에서 등장하는 이들 모두를 한 명씩 조명해주어야 했기에 〈파친코〉는 다뤄 야할 물리적인 내용의 양이 어마어마할 수밖에 없었다.

따라서 〈파친코〉는 빠른 전개라는 방식을 택했다. 실제로 유사한 화차의 타 OTT 오리지널 드라마인 〈스위트 홈〉과 비교를 해 보면 〈파친코〉의 전개가 유 독 빠름을 알 수 있다. 〈스위트 홈〉의 경우 각 회 당 50분, 10회의 드라마로 작중 시간은 여름에서 겨울, 약 반년의 시간을 담고 있다.[7] 반면에 〈파친코〉는 각 회 당 60분, 8회의 드라마로 작중 시간은 1928년에서 1989년, 약 60년이라는 세 월을 담는다. 따라서 두말할 것도 없이 〈파친코〉는 빠른 전개에 해당하는 드라 마가 맞다. 아무래도 이런 방대한 양의 이야기를 담으려면, 느긋하게 흘러가는 전개 속도로는 절대 시청자의 마음을 끌어오기도, 제작 시 비용과 기간을 감당 할 수 없기 때문이다.

b. 빠른 전개의 필요성: OTT 오리지널 드라마라서?

이러한 빠른 전개는 OTT 오리지널 드라마들의 공통점이라고 볼 수 있다. 드 라마에서 중요하게 고려해야 하는 것 중 하나는 '어떻게 하면 시청자들이 다음 편을 계속 챙겨볼까?' 하는 문제의식이다. 이러한 드라마의 특성상 소위 지루 한 구간은 치명적이다. 따라서 속도감 있는 서사의 전개는 영상을 시청하는 동 안 한 순간도 긴장과 몰입을 놓치지 않도록 하는 좋은 전략이 된다. 이에 OTT

---

[7]   〈스위트 홈〉의 1화에는 햇빛 아래에서 땀을 흘리며 아파트 앞을 가꾸는 경비 아저씨가 등 장하고, 10화에는 눈이 오는 것으로 보아 작중 시간을 약 반년이라고 추측했다.

플랫폼은 분량과 심의 면에서 일반 TV 방영용 드라마에 비해 자유도가 높기 때문에 다양하고 도전적인 구성과 전개 속도, 분량의 조절이 가능했고, 빠른 전개를 보다 적극적으로 활용할 수 있는 환경이 되었다는 것이다.

<표 5> TV 방영용 일반 드라마와 OTT 오리지널 드라마의 분량 차이 비교표

TV 방영용 일반 드라마		OTT 오리지널 드라마	
<미스터션샤인>	24회 (약 75분)	<파친코>	8회 (약 60분)
<달의 연인: 보보경심 려>	20회 (약 60분)	<오징어게임>	9회 (약 60분)
<슬기로운 의사생활>	12회 (약 90분)	<마이네임>	8회 (약 50분)
<스물다섯 스물하나>	16회 (약 75분)	<지옥>	6회 (약 50분)

몰아치는 전개로 시청자들로 하여금 흥미진진한 이야기를 즐기고 몰입하도록 만드는 것이 빠른 전개의 첫 번째 필요성이라면, 두 번째 이유는 OTT 오리지널 시리즈들의 '대작경쟁'에 있다. OTT사의 자체 콘텐츠의 발전은 유입과 락인에 있어 중요한 열쇠이고, 이때 각각 자사가 오리지널 드라마에 투자 할 수 있는 예산이 정해져 있으니 이것을 소위 소수의 대작에 집중 투자한다는 의미이다. 큰 예시로 1,000억의 제작비라는 타이틀을 가진 애플 TV의 대작, 〈파친코〉를 제시할 수 있다. OTT 플랫폼 측은 이런 오리지널 대작들을 사람들을 유입시키고 락인시키는 도구로서 사용한다. 즉, 우리가 서두에서 논했던 "Purchasing Point"의 궁극적인 목적이기도 하다. 이런 개념으로써의 OTT 플랫폼의 '대작'은 대개 짧은 편의 구성을 공통점으로 들 수 있는데, 이는 분명 장편으로 진행되는 드라마보다 더 압축적이고 농도 짙은 한 편 한 편을 즐길 수 있다는 장점이 있다. 12~20회 분량에 들일 돈을 6~8회에 들이며 작품의 퀄리티 상승을 노리고 있으므로, 이 짧은 분량 안에서 거대한 이야기들을 다루려면 빠른 전개는 어찌 됐건 필수 요소가 된다는 의미이다.

2) 빠른 전개의 형태이자 보완: 교차 편집

이러한 빠른 전개는 물론 시청자의 몰입을 위한 장치로서 쓰였으나, 자칫하면 오히려 시청자들이 작중 인물의 감정과 판단을 따라가지 못한다거나, 이야기의 흐름을 이해하지 못해 몰입이 저하될 수 있다는 단점이 있다. 따라서 〈파친코〉는 그러한 부작용을 철저히 보완하는 장치를 마련했다는 것이 전략의 포인트이다. 〈파친코〉의 주제는 어떻게 보면 우리와 직접 맞닿아있는 이야기가 아니기에 공감하기 쉽지 않고, 심지어 이야기의 진행 속도는 매우 빠르며, 그 안에서 다뤄내는 서사의 양은 방대하기에 시청자의 몰입을 끌어내기 어려운 상태다. 그러나 교차 편집을 통해 현대와 과거의 합을 통한 문제의식의 연결성을 강조하기도 하고, 과거와 현대의 정서를 따라감에 있어 시청자들의 입장을 대변해 주는 솔로몬의 모습 역시 함께할 수 있고, 방대한 이야기를 단축해주는 플롯 재배치의 역할도 하고, 풍부한 감정 표현과 주제 전달의 도구가 되기도 한다. 따라서 과거와 현대를 오가는 교차 편집을 〈파친코〉만의 핵심적인 몰입의 도구로 제시하는 것이다. 해당 파트는 빠른 전개에서 비롯된 교차 편집의 기능을 중점적으로 연구하였다.

3) 교차 편집의 구현

a. 풍부한 감정의 표현과 고조

이러한 두 시간대의 교차편집은 빠른 서사의 전개와 같이 양날의 검이 될 수 있으나, 〈파친코〉에서는 시청자의 몰입을 유도하는 적절한 장치로 작용된다. 왜냐하면, 〈파친코〉에서 함께 흘러가는 시간 사이를 관통하는 교차지점들에는 연관성들이 존재하기 때문이다. 이에 〈파친코〉의 교차 편집은 다음과 같은 두 가지 유형으로 구분할 수 있다.

<표 6> 교차 편집의 유형

유형	기능
① 대비	(같은 소재이나, 그 차이점에 주목하여) 비교되는 두 장면의 차이점을 통해 두 상황의 감정, 극적 분위기를 부각시킴.
② (상호) 보완	(두 장면의 공통점에 주목하여) 동일하거나 서로를 보충 설명하는 구조, 일방적 또는 쌍방향적인 감정, 극적 분위기를 부각시킴.

이를테면, 3화 00:00~5:26의 밥을 짓는 장면의 경우, 과거 가마솥에 밥을 짓는 청년 '선자'와 현대 전기밥솥에 밥을 짓는 노년 '선자'의 모습이 교차된다. 과거와 현재의 밥을 짓는 모습의 대비는 〈파친코〉의 독특한 편집의 정체성을 대표하는 장면이라고도 할 수 있는데, 이러한 연출은 단순히 한 시대의 밥을 짓는 모습만을 보여주는 것으로는 느낄 수 없는 풍부한 전달력과 표현력에 힘을 싣는다.

이처럼 두 시간대의 교차 지점들은 비슷하거나 연관 있는 소재를 통해 연결된다. 그리고 (동일한 소재 아래 대비를 시키든, 보완을 시키든 상관없이) 이 연관성은 두 시간대가 상호작용이라도 하는 듯 시너지를 발휘한다. 두 시간대의 교차가 자아내는 절묘한 작용은, 관객에게 어느 한 시간대의 시점만으론 느낄 수 없는 독특하고 강렬한 감정을 전달하게 되고, 이는 곧 몰입의 포인트라고 할 수 있다.

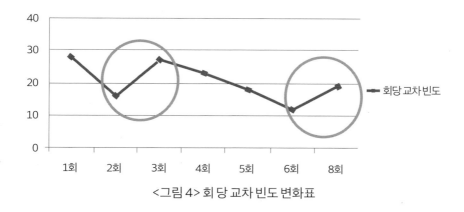

<그림 4> 회 당 교차 빈도 변화표

이러한 맥락에서 회당 구간별 교차 빈도 변화표를 살펴보면, 확실히 과거와 현재의 교차를 갈등의 고조시에 보다 더 풍부한 표현으로 전달되도록 설계되었음을 확인 할 수 있다. 작품 내 서사가 매우 극단적인 〈파친코〉는, 우리의 시선으로 보자면 '선자'가 겪는 모든 일들이 우열을 가릴 수 없이 충격과 고통의 연속으로 여겨질 수 있으나, 그 중에서도 '선자'의 입장에서 그녀 인생에 커다란 사건이 발생하는 지점이 있다. 그리고 그 지점을 기준으로 회당 교차 빈도는 상대적으로 상승하게 되는데, '선자'의 임신(2-3화), '이삭'의 체포(6-8화)가 그 예시이다. 갈등의 부각과 감정의 고조를 통해 시청자의 몰입을 유도하는 〈파친코〉의 전략인 것이다.

이러한 교차 지점의 배치 구조를 더 자세하게 살펴보자. 다음 표는 회당 구간별로 교차 빈도를 정리한 자료이다.

<표 7> 회당 구간별 교차 빈도 표

회차/구간	0~10	10~20	20~30	30~40	40~50	50~60	총계
1회	21	3	1	1	2	0	28
2회	1	1	1	2	11	0	16
3회	12	2	3	3	6	1	27
4회	0	0	6	2	4	11	23
5회	4	2	4	2	4	2	18
6회	0	3	5	2	1	1	12
7회	0	0	0	0	0	0	0
8회	2	2	3	6	6	0	19

해당 표로 알 수 있는 사실 첫 번째는 드라마의 전반부(1~4화)의 총 교차 빈도 평균치는 약 23.5회, 후반부(5~8화)의 교차 평균치는 12.25회로, 드라마의

전반부의 교차 빈도가 높은 것으로 볼 수 있다. 또한 전반부(1~4화)는 화차 내부의 교차지점이 일정 구간에 몰려있고, 후반부(5~8화)는 화차 내부의 교차지점이 전반부에 비해 상대적으로 고르게 퍼져있음을 알 수 있다.

모든 드라마의 전반부 화차에서는 '시청자들을 계속 잡고 있도록' 몰입시키는 것이 중요하다. 따라서 〈파친코〉 역시 몰입의 장치인 교차편집을 이에 따라 배치하였다고 본다. 몰입의 장치인 교차 편집을 전반부(1~4화)에 후반부(5~8화)보다 더 많이 배치했다는 것이 그 근거이다. 또한 전반부(1~4화)는 후반부(5~8화)에 비해 각 화차 내부의 교차지점이 일정 구간에 몰려 있다는 점과, 해당 구간이 감정이 가장 고조되는 지점과 일치한다는 것으로 보아, 극적인 연출을 상대적으로 많이 사용했음을 알 수 있다. 물론 모든 교차지점은 스토리 강조와 분위기 고조를 위해 사용한다고 해도 과언이 아니나, 전반부(1~4화)의 배치 형태로 보아 특히 더 감정적인 어필을 하도록 배치했다고 본다. 즉, 이것이 곧 다음 편과 후반부(5~8화)까지 시청하도록 만드는 매력적인 소구점으로 작용하는 것이다.

전반부(1~4회)의 교차지점이 몰려있는 지점과, 해당 구간이 감정이 가장 고조되는 지점과 일치한다는 주장에 대한 예시로 4화를 들 수 있다. 하단의 자료는 4화 내부에서 교차 빈도와 갈등 그래프를 비교 대조할 수 있는 그림이다. 자세히 보면, 교차빈도가 가장 높은 지점으로 갈수록 갈등의 깊이와 감정이 점점 고조됨을 알 수 있다. (그래프의 세로축의 숫자는 화면 교차의 횟수이며, 가로축은 약 10분 단위로 끊은 서사의 전개이다. 갈등 그래프의 정도와 좌측 세로축의 수치는 무관하다.) 그렇게 교차 빈도의 밀도가 최고치에 달하면, 갈등에 의한 감정도 절정에 이른다. 따라서 전반부(1~4화)를 교차 편집의 빈도와 배치를 통해 시청자의 감정의 물꼬를 톡 터뜨려주는 '강렬한 한 방'을 구성하고, 이는 시청자가 극 속으로 쉽게 몰입하도록 돕는 장치로 기능하게 되는 것이다.

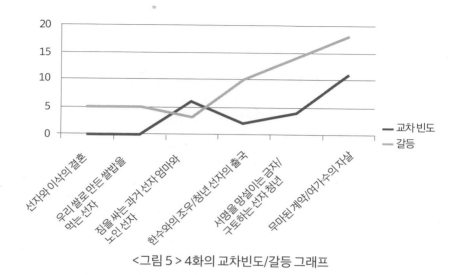

<그림 5 > 4화의 교차빈도/갈등 그래프

그래프 범례: 교차 빈도 / 갈등

b. 각 회당 주제 의식의 부각

교차 편집이 온전히 몰입의 도구가 될 수 있는 두 번째 이유는, 풍부한 감정적 전달에서 더 나아가, 주제를 부각시키고 있기 때문이다. 앞서 말한 것처럼 〈파친코〉의 교차 지점은 아무렇게나 연결지은 것이 아니라, 그 사이에 연관성이 존재한다. 이때 연관성 있는 두 시대의 모습을 나열하며, 이를 통해 극의 분위기를 끌어 올려 절정에 도달하고, 시청자에게 강한 인상과 감정을 줌과 동시에 해당 편의 주제성을 부각시킨다. 가장 감정적으로 몰입했을 때 주제를 던진다는 것이다. 따라서 모든 장면은 아니지만, 회당 이러한 '핵심 교차 지점(주제를 드러내는 교차지점)'이 하나씩은 존재하고, 이러한 구조로 인해 산만해지지 않고 자연스러운 흐름에 따라 집중할 수 있게 되는 것이다.

아래의 자료는 회당 핵심 교차 지점을 전부 모아 본 자료이다. 교차 편집이 적용되지 않은 7화를 제외하고, 각 화의 핵심 주제의식이 드러나는 지점에 교차 편집이 배치되어 그 주제를 부각시키고 있음을 알 수 있다.

<표 8> 회당 핵심 교차 지점 정리 표

화	유형	내용	주제
1화	대비	천황과 선자 아버지의 죽음	일본 사회의 천황에 대한 인식, 식민지 시대의 조선인의 비극
2화	보완 (일방향적)	솔로몬과 하나, 한수와 선자의 관계	식민지 시대의 젊은이들의 현실
3화	대비	임신한 청년 선자와 손자에게 이해받지 못하는 노년 선자	식민지 경험에 대한 세대 간 이해 문제 제시
4화	보완 (쌍방향적)	자살하는 여가수와 조상의 한을 이해하기 시작한 솔로몬	식민지 시대의 조선인의 한 표현
5화	대비	부산으로 돌아오는 노년 선자와 오사카로 떠나는 청년 선자	이민자에게 있어 고향과 새로운 터전에 대한 인상, 떠남과 돌아옴에 대한 정서
6화	보완 (쌍방향적)	차별에 맞서는 한 청년과 하나의 호소	일본 사회에 오래전부터 있어왔던 차별에 저항
7화		한수의 과거와 관동대지진	관동대지진: 일본의 일방적 혐오에서 비롯된 한인 이주민의 처참한 피해사실
8화	보완 (쌍방향적)	차별에 저항하던 이삭과 하나의 죽음	시대를 막론한 일본 사회의 차별과 피해자들, 남은 이들의 슬픔

전체적인 주제의 흐름으로 봤을 때, 〈파친코〉 1~4회를 전반부, 5~8회를 후반부로 나눌 수 있는데, 이때 전반부는 시청자의 쉬운 몰입과 공감을 불러일으키기 위해 식민지인으로서의 인물의 아픔에 집중한다. 보통의 일제강점기 배경을 다루는 타 작품과 비슷한 도입으로, 1~4화는 그들을 〈파친코〉로 유입시키고 락인 하려는 내용적 전략이다. 4화 동안 쌓아올린 감정을 4화 마지막 부분에서[8] 터뜨리고, 시청자들로 하여금 강렬한 인상을 주어 4회쯤 보면 나머지 편을 보지 않을 수 없기 마련이다. 이후 후반부에서는 〈파친코〉가 말하고자 하는 두 번째 주제가 드러나기 시작한다. 주인공인 '선자'가 오사카로 이주하며, 이민자로

---

8   〈파친코〉 4화 52:21~58:05.

서의 인물의 아픔에 집중하는 것이다. 후반부의 이야기에 몰입하다보면, 전반부의 내용이 단순히 식민지 아픔에 대한 내용이 아닌, 다양한 형태의 사회적 차별에 저항하는 인물들의 모습을 보여주기 위한 기반이 되었다는 것을 알 수 있다. 이렇게 교차 편집을 통해 핵심 주제 의식을 전하고, 그 과정에 있어 몰입을 극대화하려는 〈파친코〉의 철저한 설계가 돋보인다.

4) 교차 편집의 보완: 탄력적인 서사 전개

빠른 전개의 형태임과 동시에 보완 장치로 교차 편집을 제시했다면, 또 다시 교차 편집의 보완 장치로 탄력적인 서사 전개를 들 수 있다. 물론 빠른 전개를 보완하고 시청자들을 몰입시키기는 메인 장치는 교차 편집이 맞으나, 교차 편집도 약간의 부작용이 없다고 할 순 없다. 이를테면, 5화의 '솔로몬'이 혼란 속에 '하루키'를 만나는 장면이 이에 해당한다.[9] 해당 장면은 물론 과거와 현재, 두 시간이 반복되어 교차되는 것은 맞지만, 동시에 현재 시점이 '솔로몬'의 시점과 '선자'의 시점 두 부분으로 나누어져 교차된다. 그러니까, 1. 과거 '선자'와 '경희'가 시계를 파는 모습, 2. 현대의 '하루키'를 우연히 만나고 대화하는 모습, 3. 현대의 '선자'가 '복희'와 조우하여 대화하는 모습, 3가지 시점을 교차하게 되는 것이다. 이때 시청자인 우리는 해당 장면에서 다소 산만하다는 느낌을 받게 된다. 심지어 '하루키'에 대한 아무런 설명도 없이 해당 장면과 교차되니, 시청자의 입장으로선 더욱 의문일 수밖에 없다. (해당 장면은 동성애자인 '하루키'가 억지로 끼워 맞추며 살았던 주류 사회를 벗어나 진정한 자신의 모습으로 살아가는 정체성 실현에 대한 장면인데, 이러한 점은 추후 원작 설정을 찾아보며 알게 된 사실이다.) 그럼에도 교차 편집이 온전한 몰입의 장치로서 기능할 수 있었던 이유는, 서사의 전체적 전개는 빠르지만 또 특정장면은 길게 늘여 시청자로 하여금 집중하도록 만드는 탄력적인 전개 방식이 있었기 때문이다.

---

9   〈파친코〉 4화 34:00~ .

<表 9> 4화의 구간별 서사 진행 상황과 작중 시간의 흐름 비교

	작중 시간: 약 3~4일			작중 시간: 약 10~20분		
1989년 도쿄			(23:19) 한국으로 갈 짐을 싸는 선자	(37:18) 한금자가 땅 계약을 하러 옴	(46:24) 계약서를 앞에 두고 한금자와 대화	(56:26) 서명을 그만 두고 자리에서 일어나는 한금자
1928년 조선	(9:11) 선자와 이삭의 결혼	(16:00) 선자가 엄마와 마지막 식사	(22:30) 선자의 짐을 싸는 어머니	(31:05) 한수와의 조우, 선자의 출국	(45:54) 배 안에서 고생하는 선자와 여가수의 노래	(55:26) 노래하던 여가수의 자살

해당 주장에 대한 근거로 4화의 타임라인을 자세히 보면, 전반의 약 30분은 실제 작중 시간 3~4일 동안의 내용을 담고 있고, 후반의 약 30분은 '한금자'가 계약을 하러 간 작중 시간 약 10~20분을 담고 있음을 볼 수 있다. 이처럼 시청자가 빠르게 넘어갈 장면은 빠른 전개와 교차 편집을 통해 속도감 있게 지나가 주고, 집중해서 보아야 할 장면(특히 주제를 드러내는 장면 위주)은 탄력적인 전개 속도의 조절을 통해, 길게 늘여 집중하고 몰입하도록 섬세한 강약조절에 성공했다고 본다.

6. 변화한 향유자들을 확보하기 위한 전환 전략

Apple TV+의 오리지널 시리즈인 〈파친코〉는, 제작 과정에서 해당 작품 제작 이유에 있어 강력한 설득력이 있어야 한다. 우리는 이를 원작의 특징과 전환 시의 강점에 있다고 판단하였다. 현 OTT 환경에서 어떻게 파친코가 많은 인기를 얻었는지 시청 환경을 분석해보고, 이 환경에 기반해 Purchasing Point를 확보하기 위한 〈파친코〉의 전환 의도까지 도출해낼 것이다.

1) OTT 플랫폼 상에서의 향유 경향

OTT 등장 이전, 향유자들은 편성표 시간에 맞추어 텔레비전 앞에서 프로그램 방영이 되기만을 기다렸다. 현재 향유자들은 OTT 플랫폼을 이용해 시공간의 제약을 받지 않고 몰아보기(binge-watching)를 하게 되었다. 동시에 해당 산업에서는 시청자가 집안일 등 다른 작업을 하며 무의식적으로 시청하는 형태인 '멀티태스킹(multitasking)' 형태의 시청 경향도 등장했다. 이에 따라 무의식에도 향유자를 영상 속으로 이끌어야 한다. 따라서, 강한 서사와 캐릭터는 더욱 중요해졌다. 이들은 타 송출 매체에 비해 OTT에서 향유자들의 시선을 끌고 자연스레 정주행을 이끌어나가기 때문이다. 다음 내용에서 이를 확인할 수 있다.

OTT에서 시청자에게 캐릭터가 중요한 사례는 드라마 〈멜로가 체질〉[10]에서 확인해볼 수 있다. 이는 시청자로부터 방영 당시 진입장벽을 느낀다는 의견 속 1.8%의 저조한 최고시청률을 기록했다. 하지만 OTT 플랫폼 상에서도 시청 가능해지며 넷플릭스 Top 10과 네이버 시리즈 19위를 기록했다. 인기 원인은 〈멜로가 체질〉의 캐릭터들의 강한 개성에 있었다. 특히, 진주는 "그래 꽃길은 사실 비포장도로야. 할 수 있다! 할 수 있다! 할 수 있는데 죽을 수 있다."라고 하며 희망을 품지만 현실을 드러냈다. 5화에서도 "안아주는 건 위로고, 문제해결을 원하면 돈을 써야지."라며 대사 속에서 강한 개성을 보여주었다. 이와 같이, 각 캐릭터들은 거침없는 입담을 보여주며 현 20·30대의 애환을 해소해주었다. 동시에, 해당 드라마는 캐릭터들에 의한 서사가 완성되어 향유자들에게 많은 사랑을 받아 매니아층을 형성하기도 하였다.

이외에도 커뮤니티 사이에서 정주행 추천 드라마 또는 인생 드라마로 〈미생〉, 〈스카이캐슬〉, 〈부부의 세계〉, 〈응답하라 1998〉, 〈달의 연인: 보보경심 려〉가 언급된다. 이들의 공통점은 강력한 캐릭터를 보유하고 있다는 것이다. 〈달의 연인: 보보경심 려〉의 매니아층들은 출연 캐릭터를 이용한 2차 콘텐츠를 창출

---

10   2019.08.09. ~ 2019.09.28. JTBC에서 방영된 16부작 드라마.

해내기도 하며, 서사 속 세계관까지 스며든 모습을 보였다. 즉, 현 OTT 내에서는 몰아보기와 멀티태스킹이 효과적인 콘텐츠가 인기를 끌고 있으며, 이 같은 맥락에서 캐릭터성 강화는 OTT 플랫폼 내에서의 흥행에 큰 요인으로 작용한다.

2) OTT 환경에 최적화된 원천 IP

"《파친코》에는 작가 자신이 미국에서 이민자로서 겪었던 감정과 성공한 삶을 살기 위해 했던 진솔한 노력이 잘 녹아 있다. 현실감 있고 민감한 이야기를 거시적인 배경과 굵은 플롯 구조로 풀어나간 《파친코》는 그렇기 때문에 대단한 흡입력을 가질 수밖에 없다. 미국 대표 매체 [NPR]은 "생생하고 흡입력 높은 《파친코》는 역사가 지우려고 하는 모습을 풍부하게 드러내고 있다."고 평하며 소설이라 믿기 힘들만큼 현실적인 면모를 지녔다고 호평했다.[11]"

<표 10> 소설 드라마 간 전환 차별점

차별성	소설	드라마
플롯 구성	1910~1989 간극 인과적 서술	유사한 서사 - 세대 간 교차
캐릭터 설명 방식	■ 외양과 행위: 독자 인지에 의존 ■ 선자 서사가 중심 ■ 캐릭터 < 서사	■ 외양 등장 ■ 심리: 향유자의 판단 ■ 캐릭터마다의 서사 ■ 캐릭터 > 서사
관동 대지진	X	한수의 서사 전개 과정에서 등장. 조선인 차별 강조 → 주제 의식 부각
회중시계	선자의 시계를 산 상인이 한수에게 그 시계를 되팔려다 한수 자신이 선자에게 준 시계임을 깨달음	한수는 선자가 시계를 팔러 올 것을 인지하고 있었다는 식으로 나타남
한수의 서포트	지속적으로 선자&노아 지원	뚜렷한 과정이 드러나지 않음, 그러나 노아에게 조언을 해주는 캐릭터로 등장
오프닝 시퀀스	X	희극인 듯하나, 현실은 비극임을 전달 → 서사의 비극성 증폭

---

11 네이버 책 파친코 1 (교보문고 제공 서평).

〈파친코〉는 OTT 환경에 적합하게 드러내기 이전, 위 인용된 서평과 같이 원천 IP에서부터 부각을 드러낸다. 원작 소설《파친코》[12]는 2017년 뉴욕타임즈 베스트셀러에 등재된 원천 IP다. 즉, 이는 영상 텍스트 전환 전부터 탄탄한 서사와 대중성을 확보하였음을 파악할 수 있다. 나아가 원작을 영상 텍스트로 전환하는 과정에서 소설 자체의 한계를 보완했기 때문에 더욱 경제적이다.

〈파친코〉는 기존 서사 또한 발전시켜 소설과의 차별성을 두었다. 〈표 10〉을 보면 알 수 있듯이, 〈파친코〉는 원작과의 플롯 구조부터 다르다. 소설에서는 1910년부터 1989년까지의 서사를 인과적으로 서술했지만, 드라마에서는 해당 서사를 인과적으로 다루기에 간극이 커 표현하기 힘들다. 그래서 드라마는 유사한 서사를 연결해 세대 간 교차편집으로 구현했다. 캐릭터를 설명하는 방식 또한 다른데, 원작은 캐릭터보다 서사에 더 큰 비중을 두며, 타 캐릭터들을 다루기보다 '선자'를 중심으로 서사를 진행한다. 캐릭터의 외양과 행위를 독자의 인지 속에서 구현해내야 한다는 점 때문에 핵심 캐릭터를 중심으로 다루었다. 그러나 드라마는 외양을 등장시켜 향유자는 그들 외양을 이미 인지한 상태로 내적 심리 판단까지 도달하며, OTT에서 송출되기 때문에 캐릭터에 더 집중한 것을 파악할 수 있다. 또한, 원작 서사 속에서도 변경된 부분이 있다. 이들 중에 관동 대지진은 원작에서 서술되지 않았던 소재이다. 이 사건은 드라마 속 '한수'의 서사 전개 과정에서 등장하였으며, 사건의 서사로부터 조선인 차별을 강조하는 등 주제 의식을 부각시켰다. 오프닝 시퀀스는 영상으로 전환했을 때 구현 가능한 차별 포인트다. 오프닝 시퀀스에서, 각 캐릭터들은 파친코 매장 가운데로 번갈아 가며 행복한 표정으로 춤을 춘다. 이는 향유자에게 밝은 이미지인 듯 유도하면서, 본격적으로 전개될 이야기의 비극성을 부각시킨다.

소설 속 캐릭터의 정서와 모습은 그저 인쇄된 텍스트만으로 이미지를 구현하지만, 시청자들은 〈파친코〉에서 구체화된 캐릭터를 파악할 수 있게 되었

---

12 이민진,《Pachinko》, Grand Central Pub, 2017, p.496.

다. 특히, 〈파친코〉의 캐릭터는 일반적인 영상화 과정에서의 입체성과 더불어 OTT환경에서의 강한 캐릭터성을 구현했다는 것이 중요하다. 또한 8화 내에서 효율적으로 파편화된 전형성을 드러내야하기 때문에, 원작보다도 개성이 뚜렷하고 매력적인 캐릭터들을 등장시키고 있다.

<표11> 캐릭터별 원작 및 드라마 비교

캐릭터	원작 - 소설	드라마
선자	전형적인 어머니. 주어진 현실을 불가피하게 수용할 수밖에 없는 수동적인 여인의 모습.	당차고 야무진 여인. 강인한 어머니.
경희	가장 기구한 여성. 드라마 속 선자에게 나타났던 야무진 모습.	여리고 따뜻한 캐릭터. 노년 선자가 보살피며 4대 모습이 등장한 지 얼마 되지 않아 죽음.
솔로몬	적은 비중. 영국 기업 트레비스에 입사. 일본인 상사의 배신으로 부당해고 당한 후, 아버지를 찾아가 파친코를 운영하겠다고 제의.	출세욕이 강한 캐릭터. 미국 시플리 은행 승진을 위한 수단: 일본 지사 부사장.
한금자	이름 없이 사건에 관련한 인물로 언급.	창작 캐릭터. 솔로몬과 땅에 관해 지속적으로 갈등.
이삭	신사참배 때 기도문을 외웠다는 죄목으로 수감. 2년 간 고문 끝에 귀가 후 사망.	사회주의자로 변모 후 수감.
한수 아버지	한수의 유년 시절 죽음을 암시.	관동 대지진 전까지 한수와 함께 등장. 관동 대지진 시기에 사망.
복희&동희	선자가 영영 만나지 못하고 그리워하는 관계.	복희 - 노년 선자와 재회. 동희 - 유년 시절을 제외하고 등장하지 않음. 드라마 속에서 '위안부' 징용으로 인한 죽음 우회적으로 표현.

위 〈표11〉은 등장 캐릭터 위주로 원작과 드라마를 비교해 본 표이다. '선자'는 기존대로라면 현실을 불가피하게 수용하는 수동적인 여인 또는 전형적인

어머니의 모습을 보여준다. 하지만 전환 과정에서 당차고 야무진 캐릭터, 일제 강점기 시대 강인한 어머니의 모습으로 변화되었다. 전환에서 가장 많은 설정이 변화한 것은 '솔로몬'이라 할 수 있다. '솔로몬'은 소설 속에서 주연으로서 많은 비중을 차지하지 않았으며, 영국 기업 트레비스에 입사한 설정으로 등장한다. 소설에서는 상사와의 배신으로 부당해고를 당한 후 아버지에게 파친코 운영을 제의한다. 〈파친코〉는 그의 소속을 바꾸고 출세욕이 강한 캐릭터로 설정했다. 그래서 미국 시플리 본사의 승진을 위한 수단으로 일본 지사의 부사장을 맡았다. '복희'와 '동희'도 서사가 강화되었다. 그들은 본래 선자가 영영 만나지 못하고 그리워하는 관계이지만, '복희'는 노년 '선자'와 재회, '동희'는 일본군 '위안부' 징용으로 인한 죽음을 우회적으로 표현하는 등 서사를 부여했다. 또한, 소설에서 묘사되지 않았던 캐릭터들이 등장하기도 하는데, 대표적으로 '한금자'가 있다. '한금자'는 이름 없이 사건에 관한 캐릭터로 언급되지만, 영상화되면서 이름이 부여되며 '솔로몬'과 땅 매매 건에 관하여 갈등하는 캐릭터로 변화한다. 이와 같이, 비중이 적었던 캐릭터들도 서사와 설정 또한 변경하여 이들은 모두 개성이 뚜렷하고 매력적인 캐릭터로 강화되었다. 그 덕에 〈파친코〉는 파편화된 전형성까지 나타낼 수 있었으며, 향유자들로 하여금 몰입과 공감이 가능해지게 하면서 Purchasing Point를 확보하였다.

이러한 캐릭터들은 각자의 개성을 지니고 있으나, 캐릭터들은 영상을 통해 더욱 입체적으로 탄생한다. 영상화는 그들의 매력과 향유자의 공감을 증폭시켜준다. 특히 〈파친코〉는 파편화된 전형성 속에서 향유자에게 몰입을 유도하는 것을 하나의 방식으로 사용했다. 각 화마다 강화된 캐릭터의 영상 구현 방법들을 간추려보았다.

<표 12> 회차별 주요 장면 및 구현방법

회차	장면	구현방법
1	솔로몬: 미국 본사. 연봉 협상 과정	줌인, 빠른 비트, 색감
	선자: 바다 한 가운데. 아버지의 죽음 이후	푸른 색감, 초점 잃은 동공 클로즈업 쇼트
2	선자: 배. 한수와의 대화	바스트 컷, 클로즈업 쇼트, 시점 쇼트
3	선자: 한수에게 배신감을 느끼고 귀가, 양진에게 임신 고백	클로즈업 쇼트, 비
4	솔로몬: 계약 파기 직후	바스트 컷, 솔로몬에서 자연스레 흔들리는 물컵으로 초점 이동
5	솔로몬: 계약 파기 후 호텔에서 전화 수신	유리창에 솔로몬 모습 반사 - 빛 분산.
6	솔로몬(전): 하나로부터 절도하라는 지시받음. 걸린 후 이성을 잃은 솔로몬	클로즈업 쇼트, 달리 인, 핸드헬드
	솔로몬(후): 병실에서 하나의 이야기 듣고 혼란이 가중되는 솔로몬 이후 퇴사	클로즈업 쇼트, 동공, 물에 반사된 모습
7	한수: 피난 과정에서 찻집 방문, 수레 안으로 은신하며 학살당하는 조선인들 응시.	점원 따라 시선 이동. 불안정한 시선 처리, 클로즈업 쇼트 속 불안정한 한수의 시선
8	선자: 김치 판매 위한 자리 확보 과정, 텃세 받는 선자	시점 쇼트, 동공, 표정. 핸드헬드로 복잡하고 힘든 분위기 전달, 웨이스트 쇼트부터 클로즈업 쇼트까지 선자의 상황을 부각. 표정에 집중하도록 함.
	솔로몬: 병실에서 하나의 이야기를 듣고 혼란스러움에 빠짐	클로즈업 쇼트 - 흔들리는 동공, 익스트림 클로즈업 쇼트로 꽉 쥔 손을 통해 의지 실행을 암묵적으로 전달. 섬뜩한 분위기의 배경 음악으로 감정 고조

〈표 12〉를 통한 〈파친코〉 속 영상 전환의 특징은 대체적으로 핸드헬드 움직임과 시점 쇼트를 사용한 뒤, 클로즈업 쇼트를 이용한 표정 부각을 자주 했다는 것이다. 위 구현은 향유자가 파편화된 전형성을 잘 이해하도록 시점을 조성해

주기도 하였다.

　캐릭터의 개성 증대의 방면에서 보면, 3화에서 '선자'와 '한수'가 충돌하는 장면은 '선자'의 캐릭터성이 더욱 부각된 장면이다. '한수'가 대사를 진행할 때, 카메라는 '한수'가 아닌 '선자'의 얼굴을 중심으로 비춰 경멸하는 표정을 부각시킨다. 동시에 비 설정을 통해 비의 상징성에 맞는 '선자'의 감정을 간접적으로도 표출한다. 3화 내에서 '선자'가 임신 사실을 '양진'에게 통보할 때도 클로즈업 쇼트의 사이즈로 표정을 드러내며, '선자'의 불안정한 내면을 표현한다. 이처럼 발화 주체보다 주인공의 감정에 초점을 두어 향유자가 '선자'의 내면에 몰입할 수 있도록 조성했으며, 불안정했던 내면에도 주저앉지 않은 채 악착같이 극복했다는 캐릭터의 매력이 증대되었다. 그러나 이들 중 4화에서 유리잔을 이용해 '솔로몬'의 심리 상태를 직접적으로 대변하는 장면은 캐릭터의 감정이 투명하게 드러났지만, 향유자의 적극적인 참여 기회와 몰입을 저해했다는 한계가 있다.

3) 시청자를 대변하는 캐릭터, 솔로몬

　영상 텍스트 속에서 시청자를 대변하는 매개체는 캐릭터이며 이들은 자연스레 낯선 이야기 속에서 향유자들의 공감을 돕는다. 특히나 원천 IP를 변환시킨 〈파친코〉의 특성상 소설과 달리 시청자에게 제한된 회차와 재생 시간 내 몰입과 감동을 전달해야 하기 때문에 시청자의 적극적인 참여가 중요하다. 이를 위해 인물의 서사를 극단적으로 변환하며 시청자의 시점이 자연스럽게 이입하도록 만들어야 하는데, 〈파친코〉는 이러한 기능을 주인공이 아닌 중심 캐릭터인 '솔로몬'에게 부여함과 동시에 그 비중을 확대하였다.

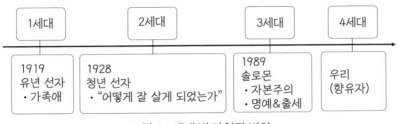

<그림 6> 세대 별 가치관 변화

그 이유는 '솔로몬'은 파친코 속 등장하는 4대 주요 캐릭터 중 향유자들과 가장 밀접한 상황에 처한 캐릭터기 때문이다. 〈그림 6〉은 '선자'와 '솔로몬'의 일대기 중 각자가 생각하는 가치관을 표현한 시계열이다. 이러한 표는 '솔로몬'이 우리와 가까이 있는 세대임을 나타내며 현재 우리의 환경과 유사하다고 볼 수 있다. 원작에서는 '선자'를 중심으로 전개가 되어 '솔로몬'은 그저 주연에 불과했다. 하지만 드라마는 '솔로몬'에게 외국계 은행 직원의 신분을 부여하여 당대 버블경제 시대까지 연상되게끔 하면서, 더욱 자본주의적이고 사회적인 상황에 노출시켰다. 이로써 우리는 '솔로몬'과의 유사성을 느낄 수 있는 것이다. 뿐만 아니라 '솔로몬'의 감정선에 향유자를 유입시켜 타 캐릭터들의 감정 전달을 돕는다는 것을 아래 표에서 확인할 수 있다.

<표 13> 회차별 솔로몬의 사건과 혼란

회차	장면
1	미국 승진 제약 일본 지사 발령 일본 지사의 부사장 승진 후 눈초리
2	한금자 집 방문 땅 매매 제의 하나 전화
3	경희 죽음 애도(상황파악X) 한금자-선자-솔로몬 식사 하나 전화

K-DRAMA 스토리텔링, 모색과 조형의 힘

4	계약 직전 자신만만한 모습 한금자의 계약 파기
5	계약의 여파 잔존 하루키 재회 후 깨달음
6	하나와의 기억 하나 재회 솔로몬 퇴사 요시이 마모루와 만남
7	-
8	하나가 전하는 이야기 아버지와 마찰 하나 죽음 배웅

'솔로몬'은 다른 캐릭터들과도 가치관의 차이를 체험하며, 시청자가 전개 과정 속 핵심인 혼란을 따라가도록 유도한다. 〈표 13〉은 회차 별 '솔로몬'의 주요 사건과 혼란을 나타낸 표이다. 7화를 제외하고, 1화부터 8화까지 '솔로몬'은 혼란을 겪고 있다. 전개 과정 속 세대 차이와 사회 진출, 달라진 추억의 현재들은 그의 혼란스러운 감정을 기반으로 전개되기도 한다. 이는 서사를 수용하는 향유자와 콘텐츠 간의 심리적 거리가 좁혀지며, 향유자들은 '솔로몬'으로 하여금 이 소재들에 이입될 수 있게 된다. 나아가 오랜 세대의 낯선 이야기를 가깝게 느끼도록 해주는 연결점 역할을 하기도 한다. 궁극적으로 〈파친코〉는 우리에게 1세대의 아픔이 종료되고 극복되는 것이 아닌, 세대를 거치며 다른 형태로 지속되고 있음을 전달하면서 Purchasing Point를 확보하였다.

7. <파친코>의 Purchasing Point

〈파친코〉는 방대한 양과 복합적 주제 전략으로 인한 거대 서사이다. 이러한 거대 서사에 몰입할 수 있도록 작품과 향유자를 연결함으로써 PP를 확보할 수 있었다. 1) 거대 서사 속 보통 사람들의 이야기를 통해 〈파친코〉만의 주제의식을 우리의 이야기와 연결지어 공감층을 확보했다. 2) 주제 구현을 위한 회차의 시퀀스화를 통해 앞서 논한 주제를 시청자들이 받아들이기 쉽게 구조화 하였고, 3) 시청자 락인을 위한 파편화된 전형성을 통해 향유자의 적극적인 참여를 유도하였다. 또한 4) 몰입을 위한 교차편집을 통해 이 방대한 이야기 속에 시청자들을 확실히 끌어들였고, 5) Purchasing Point 확보를 위한 전환을 통해 〈파친코〉가 Apple TV+의 PP로 자리매김 할 수 있도록 하였다. 이와 같은 세부 전략을 규명함으로써, 〈파친코〉가 PP를 확보하는 데 성공하였음을 확인하였다. 실험적 시도보다 확실한 흥행이 요구되었던 〈파친코〉는 거대 서사를 끌어오는 대신 다소 보수적인 전략을 사용하였다. 따라서 완전히 새로운 스토리텔링 전략을 취하지 않을 수 있다. 그러나 앞서 언급했듯 본고에서 〈파친코〉가 OTT 후발주자인 Apple TV+의 경쟁력 확보에 중요한 역할을 했기에, 단순 소구가 아닌 Purchasing point를 확보하는 차원에서의 전략을 갖추고 있다는 사실을 상정한다. 따라서 〈파친코〉의 이러한 스토리텔링 전략이 OTT 오리지널 시리즈 제작, 특히 대작 경쟁 속에서 차별화된 경쟁력을 갖게 되었다는 것에 큰 의의를 지님을 밝힌다.

참고문헌

권재웅, 스토리텔링 내부의 캐릭터 변용에 관한 연구: "목란시"와 <뮬란>의 사례 비교분석, 《만화애니메이션 연구》 25호, 한국만화애니메이션학회, 2011.

네이버 지식백과 일본사, "관동 대지진과 조선인 학살 사건"(박석순 외 4인, 일본사, 미래엔, 2009. 04.20., IV. 근현대사). https://terms.naver.com/entry.naver?cid=62089&docId=1008012&categoryId=62089

ㅁㅁ, 소해 잘 만났겠지 그러겠지(2021. 11.25) (https://gall.dcinside.com/board/view/?id=bobobo&no=273588&s_type=search_subject_memo&s_keyword=소해+잘&page=1)

박기수, 픽사 애니메이션 스토리텔링 전략 연구: 캐릭터를 중심으로, 《한국언어문화》 제39집, 한국언어문화학회, 2009.

손영희, 디아스포라 문학의 경계 넘기: 이민진의 『파친코』를 기준으로, 《미래영어영문학회 2019년도 가을 연합학술대회 발표논문집》, 미래영어영문학회, 2019.

송은경(2020.03.31.), '멜로가 체질', 역주행이 체질?…종영 후가 더 인기있는 기현상, <연합뉴스> (https://www.yna.co.kr/view/AKR20200331063800005?input=1195m)

ㅇㅇ, 소쳐돌이(2022.02.23.) (https://gall.dcinside.com/board/view/?id=bobobo&no=273906&s_type=search_subject_memo&s_keyword=소쳐돌이&page=1)

오경민(2022.03.23), 이 땅의 모든 '선자'에게 바치는 이야기, 드라마 '파친코', <경향신문> (https://www.khan.co.kr/culture/culture-general/article/202203231341001)

오태영, 경계 위의 존재들 – 이민진의 『파친코』를 통해 본 재일조선인의 존재 방식, 《학회지》 현대소설연구 제82호, 한국현대소설학회, 2021.

이민진, 《Pachinko》, Grand Central Pub, 2017.

《파친코 1》, 네이버 책(서평참조)(https://book.naver.com/bookdb/book_detail.nhn?bid=13428208)

BBC 코리아(2022.04.), 넷플릭스 가입자가 10여년 만에 처음으로 감소했다, <BBC 코리아> (https://www.bbc.com/korean/international-61138674)

kswanx, (약스포) 파친코 7화 보고 있는데요(2022.04.22.) (https://www.clien.net/service/board/park/17202070)

〈스물다섯 스물하나〉, 응원과 위로의 20대 연대기

심예은·주정면·송재빈·현지은·요은택

1. 청춘의 초상, 나희도

'나희도'라는 캐릭터는 가히 〈스물다섯 스물하나〉의 가장 중요한 요소라고 정할 수 있다. '나희도'만이 가지는 가장 독특한 점은 바로 비현실적인 성격이다. 이 비현실적인 성격 때문에, '나희도'만 할 수 있는 행동들은 〈스물다섯 스물하나〉의 색다름을 만들어내고 이 드라마를 지속해서 볼 수 밖에 없도록 만든다. 김태리는 경향신문 인터뷰에서 '나희도'를 "애써 말을 만들어내지 않아도 너무나 빛나는 아이"라고 말했다.[1] 나희도는 밝고, 순수하고, 단단하고, 구김살 없고, 자격지심이 없는 비현실적이고 완벽한 아이로 그려진다. 이런 캐릭터가 드라마 속에서 어떻게 드러나는지 살펴보자.

먼저 나희도의 캐릭터성은 1화에서 집중적으로 드러나는데, 다른 화에 비해 나희도라는 캐릭터의 독특함이 1화에서 상당히 많이 등장하는 이유를 살펴보자.

---

1   오경민, '스물다섯 스물하나' 김태리 "나희도는 빛나는 아이…행복한 순간 드릴 수 있어 행복해", 〈경향신문〉 2022.04.04.

① 일진에게 시비 걸기
② 패싸움에 끼어들기
③ 나이트 가기

그 예로, 극 중 '나희도'가 전학 가기 위해 선택한 방법들이 있다. 이 장면들은 1화에서 등장하는 극적 재미를 위해 의도적으로 강조한 부분들이다. 이들의 공통점을 보면, 극적 재미를 극대화하기 위한 '일탈'의 전형적인 예로서, 코믹한 연출을 통하여 유튜브 등의 짧은 클립으로 2차 생산되기 쉬운 장면들이다. 비슷한 사례로 영화 〈써니〉의 말싸움 장면이 있다. 영화 〈써니〉에서 가장 재밌는 내용을 하나 떠올리자면, 대부분 '욕배틀' 장면을 가장 먼저 떠올릴 것이다. 〈써니〉의 가장 극적인 연출을 위해 사용되었던 욕배틀 장면이 〈스물다섯 스물하나〉에서는 나희도가 전학 가기 위해 시도하는 코믹한 일탈로 그려진다. 〈스물다섯 스물하나〉의 가장 강력한 장점 중 하나인 '나희도'라는 캐릭터를 전면에 내세워 시청자들이 지속해서 시청해야 할 가치를 증명하기 위해 집중적으로 1화에 배치되었음을 확인할 수 있다. 이처럼 나희도라는 캐릭터가 작품 안에서 어떻게 구현되는지 더 자세히 살펴보자.

내용적 측면에서 보면, 나희도는 예측 불가능하고, 솔직하고, 순수한 모습을 보인다. 그동안 겪었던 스토리들을 바탕으로 어느 정도 캐릭터의 반응이 예측 가능하다. 그러나 나희도의 예측 불가능한 성격은 우리의 예상을 그대로 벗어난 행동을 만들어냈다. 이러한 구조는 시청자들이 '웃음'을 자아내게 하는데, 이는 드라마를 지속적으로 보게 하는 가장 큰 요인이 된다. 무겁고, 교훈이 담긴 이야기는 물론 사람의 심금을 울리게 하는 효과가 있지만, 그만큼 시청자는 준비된 자세를 취하게 된다. 그에 비해 웃으면서 볼 수 있는 코미디는 시청자들을 유입하기에 쉽다는 것이다. 하재근 대중문화 평론가는 "최근 무게감 있는 장르물 흥행의 반작용으로 로맨스물이 다시 인기를 얻었다."라고 말하고, 공희정[2]

2   남수현, 막장 드라마에 질렸나, 다시 '순한 맛' 로맨스 열풍, 〈중앙일보〉, 2022.03.31. (https://www.joongang.co.kr/article/25059724#home)

드라마평론가도 "사람들이 장르물의 높은 완성도에 환호하긴 하지만, 꾸준히 몰입하다 보면 피로가 쌓인다. 진지한 주제 대신 감성을 쫓아가는 말랑말랑한 로맨스물은 이런 피로도를 풀어주는 역할을 한다."라고 말했다.[3] 이처럼 '웃음'을 유발하는 나희도의 성격은 〈스물다섯 스물하나〉의 스토리텔링 전략의 가장 큰 강점이다.

<표 1> 드라마 〈스물다섯 스물하나〉의 각 화에 나타난 나희도의 예측 불가능한 행동

화	던져진 상황	예측	나희도의 행동
1화	백이진이 신문을 던져서 오줌 누는 소년 동상이 깨져서 나희도가 화냄	배상하라고 따질 것이라고 예상	화만 냄. 배상하라고 하지 않고 그냥 화가 나서 화를 냈다고 말함.
1화	만화책방 vip인 나희도의 풀하우스 11권을 미리 빼놓지 않아서 넘어가려고 했던 동상 깬 보상 값을 요구함	돈으로 보상하라고 따짐	풀하우스 11권이면 되겠다고 말함.
1화	펜싱부를 들어가기 위해 전학을 가야 하는 상황	엄마나 선생님께 이야기하고 공식 절차를 밟을 것이라고 예상	강제전학을 가기 위해 일진들에게 일부러 시비를 걸고, 패싸움 장소에 찾아가고, 나이트에 방문함
1화	유림이가 비오는데 우산이 없는 상황	우산을 직접 전해줄 것이라고 예상	옥상에서 우산을 떨어뜨리고 자신의 정체는 숨김
1화	엄마랑 싸워서 풀하우스가 찢어짐	만화책방에 사실대로 말하고 사과할 것이라고 예상	종이에 손수 그림을 그려서 붙여서 몰래 냄(그림도 못 그리고 맞춤법도 틀림)
2화	내가 진짜 재밌는 거 소개시켜 줄게	멋있는 경치가 보이는 자신만의 로맨틱한 장소를 데려갈 것이라고 예상	수도꼭지를 반대로 돌려 물장난을 침

---

3   남수현, 순하고 뻔한데 끌린다…K드라마에 부는 로맨스 드라마 열풍, 〈중앙일보〉, 2022.03.27. (https://www.joongang.co.kr/amparticle/25058617)

3화	풀하우스 12권을 못 빌려서 화내자 백이진이 주면 직권남용이라고 함	수용하고 돌아설 것	직권이 무슨 말인지 못 알아들어서 적반하장으로 화냄
4화	선배들에게 혼나고 문을 박차고 체육관에 들어감	선배들과 싸우러 들어갈 것이라고 예상	선배들에게 90도로 사과함
6화	나 아는 사람이랑 셋이 밥 먹으러 갈래?	친구나 선생님 등 소개시켜줄 것이라고 예상	알콩, 달콩 남자친구를 데려옴
8화	백이진이 자신의 인터넷 친구라고 착각함	좋아해, 사귀자 등의 평범한 고백멘트 예상	널 가져야겠어라는 고백멘트
10화	상추를 씻음	물로 씻을 것이라 예상	상추를 세제로 씻음
10화	밥을 지음	모르면 물어보거나, 똑 부러지게 할 것	꽉 채운 밥그릇으로 일인분을 계량
11화	나희도와 백이진의 딱밤 내기	나희도가 살살 적당히 때릴 것이라고 예상	진짜 돌을 들고 때리러 감
12화	프랑스인이 호텔에서 짐가방을 잃어버렸는데 통역이 안 되는 상황	나희도는 어쩔 줄 모르고 다른 사람에게 도움을 요청할 것이라고 예상	나희도가 프랑스어를 유창하게 하며 문제를 해결함
13화	나희도가 키스하려는 줄 알고 백이진이 호빵을 먹음	그냥 화낼 줄 알았음	나머지 호빵도 백이진이 입에 욱여넣고 화내면서 뛰어감
14화	유림이가 기자들에 둘러싸여 체육관에 갇힘	몰래 꺼내줄 것이라고 예상	허수아비를 만들어서 기자들을 속이고 따돌린다

　　나희도의 예측 불가능한 성격에서 탄생하는 '웃음 명장면'들은 사람들에게 회자되며 나비효과를 불러왔는데, 바로 '시청자 반응의 선순환 구조'를 탄생시켰다.

진짜 1회 접점부터 골때리는 커플이네

첫만남
오줌누는고자소년

두번째만남
코딱지

존나건들이고싶음

물에 흠뻑 젖어도 마냥 좋은 열여덟 초
긍정 소녀 나희도와
그런 희도에게서 웃음을 되찾는 스물둘
의 백이진

<그림 1> 트위터 속 시청자 반응 캡쳐

　거시 콘텐츠, 즉 드라마 〈스물다섯 스물하나〉를 시청하고 나서 자신이 느낀 재밌는 장면들을 SNS에 업로드하는 시청자들이 늘어났다. 시청자들이 재밌는 장면들을 업로드한 게시물에 달린 댓글들은 '구전효과'를 불러일으키고, 사람들은 〈스물다섯 스물하나〉에 대해 흥미를 가지게 된다. 이 기대는 〈스물다섯 스물하나〉 드라마 시청으로 이어진다.

　주로 나희도의 예측 불가능한 성격으로 인해 웃음을 자아낸 장면들을 공유하고자 업로드 한 게시물들이다. 이렇게 나희도의 예측 불가능한 성격 자체가 주는 즐거움을 더 느끼고 싶은 시청자들은 나희도를 포함해 다른 캐릭터들을 성격화하여 2차 콘텐츠를 만들어냈다.

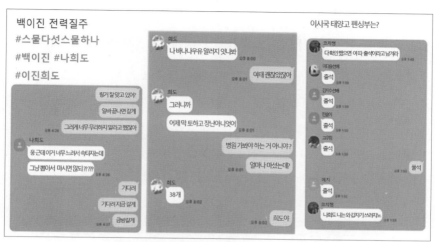

<그림 2> 시청자들이 만들어낸 카카오톡 콘텐츠

이렇게 등장하는 각 캐릭터를 성격화한 후에 새로운 2차 창작물을 만들어냈다. 아이돌을 성격화한 후, 새로운 내용을 만들어내는 '팬픽'처럼, 〈스물다섯 스물하나〉의 '팬픽'은 카카오톡 콘텐츠로 드러나기도 했다. 이 카카오톡 콘텐츠는 트위터에서 업로드되었고, 약 8,000회 이상 공유될 정도로 많은 사람의 인기를 얻었으며, 공감을 불러낸 2차 콘텐츠가 되었다. 즉, 나희도의 유일한 성격은 이 드라마의 독특함, 곧 성공 요인임을 증명하는 사례이다.

나희도역 김태리는 많은 대사를 하이톤으로 이어나간다. 김태리의 전 작품 〈미스터 선샤인〉의 목소리와 상당히 대조되는 밝고, 크고, 높은 목소리이다. 앞선 인터뷰에서 김태리는 "나희도의 텐션이 너무 높은 것은 아닐까 걱정도 되었지만, 톤을 낮추는 나희도는 상상이 안가서 그냥 하고 싶은 대로 표현했다."[4]고 말했다. '나희도'라는 캐릭터에 대해 많은 이들이 높은 텐션과 명랑한 목소리를

---

4   김가영, '스물다섯 스물하나', 김태리이니까 가능했던 나희도 [인터뷰]①, 〈이데일리〉,
    2022.04.04. (https://www.edaily.co.kr/news/read?newsId=0112504663229840&
    mediaCodeNo=258)

떠올린다. 이런 나희도의 통통튀는 목소리는 앞에서 언급한 예측불가능한 성격과 매우 잘 어우러져 재미있는 장면을 극대화하는 요소로 사용되었다. 실제로 유튜브에 '김태리의 필모마다 다른 발성 듣기'[5]라는 제목의 영상이 업로드되었는데, '나희도를 처음 봤을 때의 충격을 잊을 수가 없다. 미스터 선샤인의 김태리와 같은 사람이라는 것이 믿기지가 않았다.'라는 댓글에 동의하는 대댓글이 많이 작성됐다. 이처럼 김태리가 만들어낸 통통튀는 목소리는 '나희도'의 매력을 증가시키는 커다란 역할로 작용했음을 볼 수 있다.

<그림 3> 펜싱 훈련 후 쉬고 있는 나희도의 모습

또 하나 주목할 것은 나희도의 걸음걸이, 팔뚝, 표정, 그리고 옷차림과 같은 비언어적 표현이다. 나희도는 절대 조신하게 걷지 않는다. 시원시원하고, 솔직한 성격과 어울리게 성큼성큼 걸어 다닌다. 표정도 마찬가지다. 슬픈 표정, 힘든 표정, 기쁜 표정이 모두 다소 과장되게 드러난다. 표현을 숨기지 않고, 당시의 기분을 스스로 즐기며 최대한 크게 표현한다. 〈그림 3〉에서 보듯, 꾸밈없는 자

---

5   Pear T, 스물다섯 스물하나 김태리 필모마다 다른 발성 듣기, 2022.03.12, 동영상, 3분38초. (youtube.com/watch?v=J9fEg24XG6g)

세와 당시의 기분이 그대로 드러나는 표정, 성큼성큼 걷는 걸음걸이 등이 모여 모두 나희도의 솔직하고 털털한 성격을 표현한다.

또한, 나희도의 팔뚝은 오른쪽이 왼쪽에 비해 크다. 펜싱을 한 손으로만 하기 때문인데, 김태리는 이러한 몸의 변화까지 '나희도'를 구성하기를 바랐다. 실제로 김태리가 5-6개월 간 펜싱 훈련을 하며 만들어낸 몸의 변화는 '나희도'가 실존 인물인 듯한 느낌을 더해주었다.

<그림 4> 수학여행을 앞둔 나희도와 친구들

또 한 가지 매력 포인트는 바로 '스타일링'이다. <그림 4>에서 보듯, 나희도는 1998년의 인물이긴 하지만, 전혀 이질감이 느껴지지 않는다. 왜냐하면, 2022년의 트랜디한 스타일로 재탄생시켰기 때문이다. 먼저, 나희도의 머리엔 항상 그것이 있다. 바로 '곱창밴드'라고 불리는 헤어 스크런치이다. 나희도가 백이진에게 고백을 할 때도, 국가대표로 발탁되는 순간에도 언제나 나희도 머리엔

곱창밴드가 있었다. 90년대 유행했던 헤어 액세서리이지만 다시 열풍이 불어 요즘에도 잘 사용하는 액세서리 중 하나이다. 또한, 수학여행을 앞두고 들뜬 나희도의 패션에도 지금의 트렌드가 숨어 있다. 나희도의 크롭 톱과 커트 코베인 (Kurt Cobain)을 떠오르게 하는 둥근 프레임의 선글라스는 '레트로'라는 이름으로 다시 유행하는 아이템들이다. Y2K 패션이라 불리는 2000년대 스타일이 패션계를 강타한 지금, 나희도의 스타일은 이질감 없이 팬들이 따라하고 싶어질 만큼 트랜디하다.

2. 하이브리드 장르를 활용한 익숙함과 낯설음의 결합

1) 공간적 하이브리드

하이브리드 장르란, 여러 장르가 복합적으로 결합된 장르를 의미한다. 단 하나의 장르가 아닌 둘 이상의 장르가 혼합되며 매우 다양한 양상을 띤다. 액션과 멜로의 등장부터, SF와 드라마, 스릴러와 로맨스처럼 장르의 무한한 변주를 주어 보는 사람들이 익숙한 듯 새로움을 느끼게 하는 장치로 작용되고 있다. 단 하나의 장르를 선택해 보여줄 수 있는 내용엔 한계가 분명하기 때문이다. 그 예로 오직 '로맨스 장르'만을 담으려면 주인공의 사랑까지의 과정, 즉 장르의 관습을 그대로 따른 진부한 전개밖에 이어지지 못한다. 그러나 장르를 추가하면 주인공의 사랑까지 나아가는 과정에서 여러 변주를 줄 수 있기 때문에 더 다양한 모습을 연출할 수 있다. 이를 통해 넓은 분야의 다양한 소재를 스토리로 엮어내고 그 안에 다시 여러 가지 이야기를 숨겨 관객이 영화를 보면서 끊임없이 자극을 받을 수 있도록 해야 한다. 그래서 〈스물다섯 스물하나〉는 로맨스, 스포츠, 우정이라는 세 장르를 결합한 하이브리드성을 통해 시청자들에게 '익숙한 콘텐츠 이면에서 찾아오는 새로움'을 선사한다.

하이브리드 장르의 장점은 보편적으로 흘러가는 스토리에 여러 장르를 조합해 다양한 에피소드와 캐릭터의 다면적인 양상을 보여줄 수 있다는 점이다. 또한, 다양한 장르에서 나오는 예측 불가능한 스토리 과정 및 결말을 통해 시청자들에게 보는 즐거움을 선사할 수 있다. 하지만 여러 장르가 섞였다는 것은 자칫하면 보는 사람들에게 혼란을 줄 수 있고, 각각의 장르가 이질적으로 움직여 결국 보여주고자 하는 것이 무엇인지 헷갈릴 수 있다. 그래서 〈스물다섯 스물하나〉는 이 단점을 보완하기 위한 장치로 '나희도의 성장'을 매개체로 삼았다. 즉, 드라마 전체의 목적을 '나희도의 성장'에 초점을 맞추고, 각 장르를 나희도의 성장을 보여주기 위한 도구로 사용했다는 것이다.

〈스물다섯 스물하나〉의 하이브리드성은 스포츠, 로맨스, 우정, 이렇게 세 개의 장르로 구성되어 있다. 만약 각 장르 하나만으로 이 드라마가 구성되어 있었다면 어땠을까?

먼저, 스포츠 장르였다면 금메달을 따기 위한 노력을 보여준 뒤 금메달을 땀과 동시에 드라마는 끝이 났을 것이다. '금메달을 쟁취하는 주인공'이 스포츠 드라마가 보여주고자 하는 목표이기 때문이다. 하지만 〈스물다섯 스물하나〉는 단순히 금메달을 따는 것에만 초점을 맞추지 않았다. 금메달을 딴 이후에도 계속해서 갱신되는 주인공의 목표와 꾸준히 마주치는 시련을 통해 '나희도의 성장'을 담고자 했다.

또한, 로맨스 장르였다면 두 연인 간의 연애 전 단계, 연애, 연애의 위기(헤어짐), 재결합으로 가는 구성을 선택했을 것이다. 하지만 〈스물다섯 스물하나〉는 이 진부한 방식에서 탈피해 진정한 사랑을 선택함으로써 사랑의 끝, 이별을 통한 '나희도의 성장'을 그려냈다.

마지막으로, 우정이 중점적인 장르였다면 나희도와 유림의 라이벌 관계에 초점을 맞췄을 것이다. 라이벌 대상 유림이를 악인으로 만들어 견원지간으로 그려내는 것이 주 목적이었을 것이다. 하지만 〈스물다섯 스물하나〉는 경쟁자이지만 누구보다 서로를 이해하며 보듬어주는 사이, 서로를 발전시키는 우정을 통해 '나희도의 성장'을 그려냈다.

기존 하나의 장르로 국한되어 성장 과정을 그린 대표적인 예들이 있다. 스키점프 국가 대표가 되기 위한 선수들의 성장 과정을 다룬 스포츠물 〈국가 대표〉, 연인 간의 관계를 통해 주체적인 삶을 살게 된 최웅과 최웅을 통해 주체적인 삶이 무엇인지를 깨닫게 된 연수의 성장을 그린 로맨스물 〈그해 우리는〉, 가족에게만 메어있던 중년 나미가 일상에서 벗어나 추억 속의 친구들을 찾아 떠나는 성장을 다룬 우정물 〈써니〉. 이 작품들처럼 하나의 장르만 사용하지 않고도 혼란스럽지 않을 수 있었던 이유. '나희도의 성장'이 모든 장르가 달려가는 목표가 되었기 때문이다. 그래서 〈스물다섯 스물하나〉가 하나로 귀결되기 어려울 수 있는 장벽을 뛰어넘고, 다양한 장르를 잘 융합할 수 있었다.

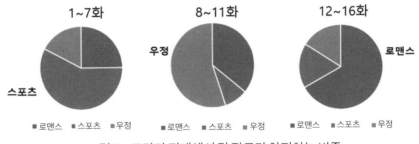

<그림 5> 드라마 전개에서 각 장르가 차지하는 비중

드라마 전개의 초반 부분(1~7화)까지는 나희도의 꿈(스포츠) 서사 중심으로, 중반 부분(8~11화)은 나희도와 고유림의 우정의 서사, 후반 부분(12~16화)까지는 나희도와 백이진의 로맨스 서사를 중심으로 전개했다. 여러 장르가 섞였어도 초·중·후반 각각에 중점적으로 다루는 비중이 달랐다. 이 다양한 장르를 융합한 접착제는 주 플롯이 '나희도'였다는 점에 있었다. 회차마다 무분별하게 장르들이 튀어나오는 것이 아닌, 나희도를 중심으로 나희도의 꿈에 대한

K-DRAMA 스토리텔링, 모색과 조형의 힘

가치관을 설명한다. 1화부터 7화까지 스포츠 장르가 중점적으로 진행되다, 나희도의 금메달 달성을 계기로 8화부터는 우정의 관계가 중점적으로 등장한다. 그리고 백이진과 나희도가 사귀게 되면서 12화부터는 로맨스가 중점적으로 등장한다. 나희도의 인생에서 커다란 변화점이 생김과 동시에, 장르의 변화가 시작된다. 이를 통해 하이브리드 장르를 사용하더라도 중점으로 두는 비중의 차이를 통해 혼란스러울 수 있다는 단점을 보완할 수 있다는 것을 알았다. 한 화 내에 여러 장르가 들어있더라도, 전체 서사 구조 상에서 비중의 차이를 두었더니 혼란스러움을 예방할 수 있었다. 나희도의 생애를 따라 자연스럽게 흘러가는 장르의 차이는 우리의 삶에서도 찾아볼 수 있다. 예를 들면 고등학생까지는 학업의 성장, 대학생은 청춘의 성장, 직장인이 되면 사회생활의 성장을 겪는 것처럼, 한 사람의 삶에서 나타나는 굴곡을 기준으로 변화를 나누는 것은 장르의 혼합을 나타내기에 적합한 구조이다.

<표 2> 화별 펜싱선수로서 나희도의 꿈(스포츠)의 성장 과정

	던져진 상황	나희도의 행동
1화	펜싱을 사랑하는 나희도 VS 재능이 없으니 그만두라는 엄마	나희도의 꿈에 대한 가치관
	시대가 나희도의 꿈을 빼앗음(펜싱부 해체) → 나희도의 행동: 강제전학 시도	나희도의 꿈에 대한 절실함과 추진력
2화	태양고로 전학 온 나희도	1차 목표 달성
3화	시대가 나희도를 도움(평가전 2명 결원)→양찬미 코치에게 새벽, 주말 훈련 봐달라고 하는 나희도	기회가 생긴 나희도는 직접 코치에게 적극적인 도움 요청
4화	야간훈련을 반대하는 선배들에 대한 작은 반란	경기운영을 키운 나희도
5화	국가 대표 선발전에서 우승한 나희도, 선수촌 입성	2차 목표 달성
6화	경주 아시안 게임에서 결승전까지 올라간 나희도	

7화	아시안게임 첫 금메달을 받은 나희도는 '훔친 금메달'로 오명을 쓰게됨.	3차 목표를 달성하지만 대립 생김
8화	-	-
9화	-	-
10화	-	-
11화	유림이가 두렵지 않은 나희도	나희도는 다른 사람들보다는 나 자신을 더 생각함.
13화	전국 펜싱대회 개인전에서는 32강에서 지지만, 단체전에서 우승하는 태양고(나희도)	친애하는 '우리'를 위해 싸우는 나희도
14화	-	-
15화	'최강의 라이벌 고유림'과 마드리드 올림픽 결승전에서 금메달 따는 나희도	4차 목표 달성
16화	선수생활 은퇴하는 나희도	end

'펜싱', 많고 많은 스포츠 장르 중에서도 펜싱을 선정한 이유는 과연 무엇일까? '펜싱'은 〈스물다섯 스물하나〉의 혼합된 장르 속에서 '단순함'의 역할을 수행함으로써 하이브리드 장르의 복잡함을 해결했다. 나희도라는 캐릭터를 중심으로 펼쳐지는 복잡한 스토리 전개는 '펜싱'이라는 중심에서 뻗어나갔다. 펜싱은 철망으로 된 마스크를 쓰고 검을 쥔 두 명의 경기자가, 마루 위에서 찌르거나 베어 득점을 얻는 방식이다. 길지 않은 경기 시간과 경기 도중 사용하는 주요 펜싱 용어들이 많지 않다는 것은 1시간 가량의 짧은 러닝타임에서 시청자들의 쉬운 몰입을 이끌었다. 이처럼 1:1 라이벌 구도에 경기의 흐름을 파악하기 쉽고, 주 플롯은 스포츠 경기 내용이 아니어도 이해할 수 있는 스포츠 종목을 원했던 〈스물다섯 스물하나〉는 해결점으로 펜싱을 선택했다.

스포츠와 라이벌은 뗄 수 없는 관계이다. 작가는 펜싱이라는 스포츠 소재를 선택한 뒤, 관계의 중요 포인트 지점에 활용했다. 먼저 유림과 나희도의 냉랭한 관계를 이어나가다가 최고점의 대립으로 활용한 경주 아시안 게임 '동시타'. 그리고 나희도와 백이진 관계의 첫 번째 변화(4화 백이진의 고백 : 누구도 자신(나희도)을 응원하지 않았는데 처음으로 자신을 믿고 응원해주는 사람(백이진)이 생김, 그리고 백이진 또한 나희도를 보며 힘든 상황 속 위로와 자극을 받음.)를 펜싱에서 나타나는 상대방을 찔렀을 때 들어오는 불(초록불, 빨간불)로 표현했다. 이 두 색깔의 불빛 중 백이진이 나희도의 칼을 잡아 자신을 찌름으로써 초록불이 켜지도록 만들었는데, 이 장면이 상징하는 것은 '그린라이트'이다. 이렇게 펜싱은 내용 전개 구조에서 두 인물 간의 서사 접점을 만들어냈다. 이처럼 펜싱이라는 소재를 사용해 이를 중점으로 나희도의 꿈, 우정, 로맨스가 펼쳐나가는 것을 볼 수 있다

<표 3> 화별 나희도와 유림의 관계 변화: 우정

1화	우상의 존재 유림을 좋아하는 나희도-> 자신은 비에 젖어도 유림에게 멀리서 우산을 주는 나희도	유림의 열렬한 팬 나희도
2화	어린 시절 회상으로 나희도에게 완패했던 유림은 나희도가 두려워 나희도를 싫어함.	유림과 나희도의 옛날 서사
3화	계속되는 유림이의 못된 말들로 상처받은 나희도, 결국 유림에게 크게 실망하고 미워함 ->(BUT) 둘은 정신적 버팀목 랜선친구였음.	유림은 나희도를 싫어함. 하지만 반전 포인트로 정신적 지주였던 pc통신 친구
4화	-	-
5화	선수촌에서 룸메가 된 나희도, 유림. 하지만 둘의 관계는 여전히 한랭전선	냉랭한 관계 지속
6화	나희도와의 연습경기에서 계속 져 화가나는 유림	냉랭한 관계 지속
7화	경주 아시안 게임에서 동시타로 금메달을 인정하지 않는 유림->선수촌에서 잠시 쫓겨난 둘	최고점 대립

8화	유림이가 고층 다이빙에서 뛰어내리는 것을 목격한 나희도는 미워했던 감정이 유림의 아픔을 가늠하게 됨	유림이가 그동안 짊어온 짐들을 간접적으로 목격하는 나희도
	pc통신 친구 유림, 나희도는 직접 만나기로 함 -> 유림은 나희도가 라이더37임을 알고 피함.	유일한 pc통신이 이 둘의 관계변화의 터닝포인트
9화	유림이 뒷담화하는 애들을 혼내주는 나희도 -> 유림은 나희도에게 솔직하게 고백함 -> 유림과 나희도의 관계 변화	둘도 없는 친구가되는 나희도, 유림
	유림 엄마가 나희도를 안아주며 아시안게임에서 마녀사냥한 나희도를 위로해줌->유림 엄마의 포옹에 서러웠던 감정이 다 날아갔다며 유림에게 말해주는 나희도->유림은 마음으로 갚는 빚이 있다는 것을 알게 됨.	나희도를 통한 유림이의 변화
10화	5명이서 영원할 것 같은 수학여행의 추억을 보냄 ->(BUT) 중년 나희도는 영원한 것은 없다며 기억 못함	영원한 건 없다는 드라마의 하나의 큰 메시지
11화	유림은 왜 나희도를 그동안 미워했는지 고백하며 지금도 두려운 대상이라고 고백함.	어린 시절 나희도에게 눌렸던 기가 아직 존재하는 유림
12화	-	-
13화	-	-
14화	체육관에 들이닥친 기자들에게서 구해주는 나희도, 귀화하기 싫다며 솔직하게 털어놓는 유림,	가장 힘들 때 나희도를 찾는 유림
15화	나희도와 메일을 주고 받던 유림은 나희도의 메일에 답장을 하지 않게 됨, 나희도와의 올림픽 경기 끝내 부둥켜 움	경쟁자이지만 누구보다 깊은 우정을 지닌 둘
16화	나희도의 은퇴 인터뷰: 가장 영광스러웠던 순간은 고유림 선수와의 라이벌이었다는 것, 유림과 나희도는 서로의 영광이었음을 고백	유림에게 '우리'의 시대였다고 말하는 나희도

 나희도가 자신의 꿈을 향해 걸어갈 수 있었던 원동력은 '고유림'이었다. 스포츠 장르의 관습적 구도인 '라이벌'이라는 경쟁 구도만 가져가지 않았다. 라이벌

에 더해 우상, pc통신 친구라는 관계까지 설정하며 단조로울 수 있는 스포츠 장르를 이 둘의 관계성을 통해 입체적으로 그려냈다. 1화에서는 주인공 나희도가 우상 고유림을 따라 펜싱부에 가입하고 싶어 전학을 시도하는 모습을 담았다. 그러나 2화에서는 우상이었던 고유림과의 사이가 틀어지면서 둘의 사이는 나희도가 원하던 '우상과의 설레는 관계'로 형성되지 못했다. 게다가 3화에서는 냉랭한 사이의 나희도와 고유림이 pc통신으로 소통하는 일명 '소울메이트'가 서로였다는 사실을 시청자들에게만 공개한다. 이를 통해 시청자들은 계속해서 변화하는 둘의 관계를 지켜보며 자연스레 하이브리드 장르에 녹아들고, 그 둘의 관계성을 응원하게 된다.

<표 4> 화별 나희도와 백이진의 관계 변화: 로맨스

1화	강제전학의 수단으로 나이트에 온 나희도를 꾸짖는 백이진, 하지만 나희도의 강제전학을 가기 위한 펜싱의 절실함을 보며 자신을 돌아보는 백이진	도전하는 나희도를 보며 동기를 얻는 백이진
2화	알바 면접 떨어지고 채권자들이 찾아와 힘든 백이진→나희도의 응원으로 터지는 마음을 표현한 분수씬	관계정의: 행복을 추구하는 사이
3화	불합격한 백이진을 응원하고 일으키는 나희도	백이진을 일으키는 나희도
4화	그린라이트를 키는 백이진	나희도를 응원하는 백이진, 그리고 자신도 잘해내고 싶은 욕심을 느끼는 백이진.
5화	사라진 백이진에게 어디에 있든 자신의 응원이 닿도록 한다는 나희도	말없이 사라진 백이진을 원망하지 않고 응원하는 나희도, 응원이 닿아 서울로 올라오는 백이진.
6화	사랑과 이별을 알고 싶었던 나희도는 남자친구 생김 펜싱 칼 찾으러 간 나희도 연착된 기차로 인해 픽업하는 백이진	이별을 알고 싶은 나희도(결말의 복선)
		취재원과 기자 거리 조절 실패
7화	나희도, 백이진에게 질투심이라는 감정을 느낌	진정한 사랑의 감정을 서서히 느끼는 나희도

	나희도의 억울함을 풀기 위해 심판 인터뷰를 따라 공항까지 찾아간 백이진	취재원과 기자 거리 조절 실패(백이진은 기자로서 한 도리라고 생각함)
8화	백이진을 좋아하는 감정을 느끼는 나희도→백이진에게 열등감을 느끼는 나희도→인절미가 백이진이라는 점에 좋아하는 감정에 대한 자격이 충분함을 느낀 나희도는 '널 가져야겠어' 고백함	어른 백이진에게 질투를 느끼지만 이는 곧 좋아하는 감정으로 연결됨.
9화	백이진, 나희도 관계 변화: 노란장미 사건으로 고백한 나희도→둘의 관계를 무지개로 표현하는 나희도	서로의 마음을 알게된 둘의 관계 재 정리 : 지인, 친구, 연인 어떤 관계도 아니여서 무지개라고 관계 정의함
	다큐방송을 만들면서 나희도를 보호하는 백이진, 그러다 선배 pd와의 마찰로 선배에게 언성을 높이게 된 사건→심판 인터뷰 따라 나희도여서 달려갔다고 고백하는 백이진, 나희도가 아니었어도 갔어야 함을 깨닫는 백이진→나희도의 감정이 사랑임을 느끼며 나희도에게 말하는 백이진	기자와 취재원의 거리 조절 실패를 깨닫는 백이진
10화	-	-
11화	-	-
12화	-	-
13화	자신의 기자신분으로 나희도를 어떤 식으로든 실망시킬 것 같아서 스무살 나희도의 고백을 피하는 백이진→그럼에도 불구하고 어떠한 사랑도 다 해보겠다는 백이진	불가근 불가원의 장벽을 넘어보는 백이진 나희도
14화	유림이의 귀화 단독 보도 기사에 화를 내는 나희도	백이진-나희도 갈등1 백이진을 이해 못하는 나희도
15화	터널에서 죄책감을 느끼고 있는 백이진을 보며 힘듦을 공유하자는 나희도	백이진-나희도 화해1
	백이진의 사고현장 취재를 보며 이해하고 응원하는 나희도	다시 나희도의 응원
16화	백이진에게 자신의 응원이 닿지 않는다는 것을 알게 된 나희도	헤어지는 나희도, 백이진

K-DRAMA 스토리텔링, 모색과 조형의 힘

나희도와 백이진의 관계는 스포츠로 이어진 로맨스 서사를 담고 있다. 그러나, 스포츠물의 관습적인 사랑(그간 여타 스포츠물에서 자주 보였던 라이벌 구도에서 진전되는 애정 서사)이 아닌, 펜싱이라는 공통소재에서 출발해 서로를 성장시키는 사랑을 그려냈다. 나희도에게 백이진은 엄마도 응원해주지 않는 응원을 해주는 존재이다. 백이진의 사랑은 그간 사이가 안 좋았던 엄마로 인해 혼자 커오며 외로움이 컸던 나희도의 빈자리를 채워주며 나희도가 성장할 수 있도록 도와준다. 백이진에게 나희도의 존재는 IMF로 완전히 집안이 몰락한 자신의 삶에서 가뭄의 단비같은 존재로, 백이진이 다시 삶을 일어나게 만든 원동력이었다. 둘의 애틋한 사랑은 서로를 지지하며 일으키기도 하지만, 아픈 이별의 과정을 겪으며 성장하기 때문에 둘의 성장 플롯이 귀결될 수 있었다.

<표 5> 화별 나희도 외 인물 관련 에피소드

1화	시대→백이진	IMF로 집안이 망한 백이진, 시대한테 꿈도 가족도 돈도 다 빼앗김
	재경vs찬미	나희도 엄마(재경)와 양찬미 선수의 관계 갈등 서사 예고(복선)
	나희도vs재경	아빠가 돌아가신 뒤 쭉 엄마와 대화하고 싶지 않은 사람이라고 말하는 나희도(엄마와의 관계 어긋남의 예고)
2화	-	-
3화	백이진-동생	백이진의 동생 이현을 향한 마음: 든든한 보호자가 되어줄 것임
4화	유림이네	화목한 유림이네 가족
5화	백이진-동생 간의 갈등으로 행동변화	계속 찾아오는 채권자들에 의해 엄마 고향으로 도망친 백이진과 이현.(<->나희도는 꿈에 한발짝씩 가까워지고 있음) 백이진은 동생(이현)과의 갈등(생선가게에서 일하는 형 백이진을 부끄러워하는 이현)을 통해 동생을 위해 엄마한테 왔다고 생각한 백이진은 자기가 힘들어서 이현을 핑계로 도망친 것을 깨닫게 됨→서울로 가게 됨.

6화		수습기자가 된 백이진
7화	펜싱에 대한 가치관	가족을 위한 펜싱을 하는 유림(<->)나를 위한 펜싱을 하는 나희도)
8화	수습 기자 일을 하면서 실수하는 신입 백이진	노트북 오류로 실수하는 백이진
	가난함의 굴레에서 벗어나지 못하는 유림	보증금을 잘못 쓴 유림 엄마->힘들 때 고층 다이빙에서 뛰어내리는 유림
9화	일찍 철든 유림이가 나희도를 통해 알아간 부모님의 마음	유림은 한 푼이라도 아껴야 하는 상황에서 유림이의 웃는 모습을 보려고 핸드폰을 사온 엄마 마음을 이해하지 못함→나희도를 통해 마음으로 갚는 빚이 있다는 것을 알게 됨→엄마에게 핸드폰 선물 고맙다고 말하는 유림
	백이진의 일에 대한 소신	자신의 일을 좋아서 잘하고 싶은 백이진
10화	힘든 백이진의 사회생활→더 단단해진 소신	넉살 좋은 척하는 선배 뒤에서 갈굼과 학교폭력을 가벼운 농담거리로 여기는 상사 밑에서 백이진은 힘들어함→자신 때문에 학력이 모자란 사람에게 기회가 없어지면 안 되니 더 열심히 해야 한다고 고백함
	학교 체벌금지에 대한 에피소드	승완이는 자신의 해적방송을 통해 학교폭력에 대한 소신을 밝힘
11화	백이진의 일에 대한 가치관	나희도 엄마의 냉철하고 이성적인 프로정신을 보고 반한 백이진은 '저 사람처럼 되고 싶다'라고 처음으로 생각함.(나희도에겐 상처였지만 백이진에게는 꿈이 됨)
	나희도&재경	아빠가 만든 옛 의자로 나희도와 엄마의 갈등 → 솔직한 마음을 털어내며 오래 쌓아왔던 갈등이 풀림. 엄마를 이해가 된 나희도
12화	예지 에피소드(새로운 출발1)	그동안 해왔던 운동을 포기하고 다른 길을 찾으려는 예지→양찬미 코치가 쉽게 그만두지 못하게 함→끝까지 최선을 다하고(8강 진출) 깔끔히 포기함
	승완 에피소드(새로운 출발2)	폭력교사에게 사과하느니 차라리 자퇴를 택한 승완

	백이진의 성장	그동안의 실수를 바탕으로 만일의 상황을 대비해 기사 보도 대본을 다 외운 백이진
13화	재경 VS 찬미	재경과 찬미의 서사: 기자와 취재원의 거리조절 실패로 인한 우정의 비극
14화	유림의 귀화	교통사고를 낸 아빠로 더 힘들어진 유림이네 가족, 유림의 귀화 결정→친구들과의 우정 확인
	백이진의 성장	백이진은 개인감정을 배제하고 유림의 귀화를 단독보도함
15화	일에 대한 신념이 생긴 백이진	계속되는 사고현장 취재를 하면서 일일이 아파하고 공감할 것이라는 백이진
16화	진정한 기자로 가기 위한 백이진의 선택	백이진은 9·11테러 사건을 취재하면서 작은 움직임으로 세상을 변화시킬 수 있다는 믿음을 갖게 됨→특파원 지원
1화→ 16화	민채의 성장	발레를 그만두고 싶어했던 민채→발레를 다시 시작하며 자신의 꿈과 이야기를 써내려가려는 민채

위의 표는 주 서사와 큰 관련은 없어도 등장하는 사소한 에피소드들을 담고 있다. 이 에피소드들은 주 서사로 향하는 복선들을 담고 있기에 많은 이야기를 담으려는 하이브리드 장르에서 각 장르 간의 연결성을 부여한다. 시청자들은 여러 장르와 스토리가 복합적으로 전개되는 과정에서 주 서사들을 연결시키는 작은 에피소드들을 통해 자연스럽게 하이브리드 장르를 받아들이게 된다. 5화에서 등장하는 백이진과 동생 백이현의 첫 갈등은 백이진의 서울행을 결심하는 계기이다. 이로 인해 나희도와 잠깐의 이별이 발생하면서 둘의 관계에 변화가 일어나고, 이 이별은 후에 일어날 둘의 결별에 영향을 미친 복선으로 사용된다. 이렇게 치밀하게 설정된 작은 에피소드와 주 서사의 연결성은 시청자들의 혼란을 막고 자연스럽게 감독의 의도를 따라 시청자들이 몰입할 수 있게 한다.

2) 장르적 하이브리드

〈스물다섯 스물하나〉의 하이브리드 장르적 특성은 공간의 성격화와 함께 드러난다. 한 공간에서 여러 가지 장르가 나타나는 것이 아닌, 공간마다 중심이 되는 서사를 놓고 그를 중심으로 전개된다. 공간의 성격화는 플롯의 전개 과정에서 캐릭터의 성격 구현과 갈등을 첨예화할 수 있도록 공간을 특정 성격으로 부각시키는 것을 의미한다. 아래 표를 참고해서 각 장소가 어떤 성격으로 구현되었는지 살펴보자.

<표 6> 장소별 주요 장르와 등장 빈도

장소	주요 모티브	주요 내용	총 등장 시간
과거 나희도의 집	가족	나희도의 엄마와 나희도가 갈등하는 곳	2시간 31분
백이진의 집	우정/로맨스	나희도와 친구들이 만나는 공간→나희도와 백이진이 사랑을 나누는 장소	1시간 31분
태양고 체육관	스포츠	동경의 대상 유림이의 세계로 가려했던 나희도→전학→나희도가 국가대표가 되기 위해 노력의 장소: 나희도와 유림이가 우정과 땀을 흘리는 장소	1시간 18분
방송국 (백이진의 직장)	직장	■ 백이진이 자신의 직업에 대한 가치관이 성장하는 공간 ■ (뉴욕) 백이진이 방황을 느끼며 희망을 잃었다가 기자의 신념이 생기는 공감	1시간 1분
삼촌네 집 (바다)	성장/우정	(삼촌집) 백이진의 도피처→5명이 우정을 키우는 장소	37분
터널	로맨스	■ 행복을 추구하는 사이로 백이진과 나희도의 관계 정의(호감) ■ 너의 힘듦을 나눠 갖겠다(사랑) ■ 너의 응원이 나에게 닿지 않았다(이별)	27분
슈퍼	로맨스	백이진과 나희도가 서로 응원과 사랑을 키워가는 장소	21분
현재 나희도의 집	성장	민채의 도피처→엄마 나희도의 일기장 발견하며 훔쳐보는 공간→민채가 다시 도전하게 만드는 장소	11분

K-DRAMA 스토리텔링, 모색과 조형의 힘

과거 나희도의 집은 나희도의 엄마(신재경)와 나희도가 갈등하는 곳이다. 이 곳에서는 가족에 대한 서사가 두드러지게 나타난다는 것을 알 수 있다. 엄마(신재경)의 가치관은 가족보다 일을 더 중시하는 것이다. 따라서 딸에게 무심하고 남편의 장례식에 오지 않는 행동으로 이어진다. 하지만 딸 나희도는 일보다 가족을 더 중시하는 가치관이다. 이로 인해 자신과 정반대인 엄마를 이해조차 하지 않으려는 행동으로 이어진다. 과거 나희도의 집에서는 나희도와 나희도 엄마의 두 가치관의 대립이 분명하게 드러나며, 이에 따른 나희도의 감정 변화가 중점적으로 나타나는 장소이다.

백이진의 집은 우정과 로맨스 서사가 두드러지게 나타난다. 나희도, 백이진, 유림, 지웅, 승완(이하 태양고 5인)이 한 자리에 모인 첫 번째 공간으로서 백이진의 집은 우정의 서사를 나타내는 장소가 된다. 백이진의 집에서 태양고 5인은 성인이 되어 술을 마시거나 이야기를 나누며 우정을 쌓아가게 된다.

그러나 백이진의 집에서 우정과 관련된 서사만 나타나는 것이 아니다. 백이진의 집에서 나희도와 백이진은 처음으로 키스를 하게 된다. 그리고 백이진이 술에 취해 나희도와 진지한 대화를 나누는 공간 또한 백이진의 집이다. 백이진의 집은 태양고 5인의 우정을 그려낸 공간이자 나희도와 백이진의 로맨스가 시작되는 공간으로 나타난다. 나희도와 백이진의 첫키스가 시작된 장소이니만큼, 만약 백이진의 집을 방문한다면, 사람들은 둘의 첫키스 장면을 자연스럽게 머리에 그리게 된다.

태양고 체육관은 스포츠 서사가 두드러지게 나타난다. 나희도가 태양고로 전학가기 전에는 매주 유림이를 보기 위해 찾아간 장소였으며, 나희도의 태양고 전학이 이루어진 뒤에는 나희도가 펜싱선수로서 성장하는 공간이 되었다. 나희도와 유림이의 펜싱 선수로서의 서사가 두드러지게 나타나는 곳이며, 후에 유림과 나희도가 둘도 없는 친구가 된 이후 기자들에게 둘러싸여 곤란에 처한 유림을 나희도가 도와주는 공간이 된다. 태양고 체육관은 유림을 향한 나희도의 존경이 담겨있는 곳이며 둘의 사이가 좋을 때와 나쁠 때 모두 유림과의 서사가 크게 나타나는 공간이다.

방송국에서는 백이진이 기자로서 일하는 모습이 중점적으로 나타난다. 대학 졸업을 하지 못한 백이진은 취직에 어려움을 겪게 된다. 그 때 때마침 방송국에서 고등학교 졸업생 대상 채용을 결정하게 되고 백이진은 운 좋게 기자로서 생활할 수 있게 된다. 백이진은 기자생활을 하며 자신의 일에 대해 열정적으로 임한다. 기자로서의 원칙인 불가근 불가원을 지키고자 노력하는 모습 또한 기자로서의 백이진의 노력이라 할 수 있다. 나희도와 유림의 다큐멘터리 촬영 중 감독의 무리한 요구 때문에 나희도가 부상을 입었을 때 백이진은 감독에게 화를 낸다. 그 일을 계기로 감독에게 심한 욕설을 들은 백이진은 자신의 기자로서 생활을 지키기 위해 분노를 참는다. 방송국에서는 이처럼 백이진의 성숙과 성장에 대한 서사가 이어진다.

백이진의 외삼촌 댁(바다)에서는 초반에는 성장에 대한 서사가 두드러지다가 우정에 관한 서사가 드러난다. 드라마의 초반에서는 백이진이 동생과의 갈등을 통해 성장하는 모습이 나타난다. 백이진은 동생이 자신을 아는 척하지 않다는 것을 알고 말다툼을 했는데 백이진은 동생을 위해 외삼촌 댁까지 왔는데 아는 척도 하지 않는다고 말하였지만 외삼촌 댁으로 간 것은 자신을 위해서가 아니라 형 자신 때문 아니냐는 동생의 말에서 백이진이 결국 동생을 핑계로 자신을 위해서 도망쳤다는 것을 깨닫고 새로운 일상을 시작한다.

이처럼 외삼촌의 집에서는 성장 서사가 두드러지지만, 바다에서는 또 다른 부분에서 공간에 의미가 부여된다. 바다라는 장소는 태양고 5인이 나희도와 유림의 다큐멘터리 촬영을 위하여 수학여행을 간 곳이다. 그들은 바다에서 물장난을 치고 고기를 구워먹으며 청춘의 추억을 쌓는다. 시청자로 하여금 아름답다고 느껴질 만큼 바다에서의 장면은 부드러운 색감과 만화적인 연출로 담아내며 청춘의 느낌을 전달했다. 그 와중에 나희도와 백이진은 이어폰을 서로 한

개 씩 꽂으며 로맨스적이고 낭만적인 장면을 연출한다. 바다라는 공간은 청춘이 형상화된 공간이자 나희도와 백이진의 로맨스가 나타난다.

터널은 이 드라마에서 가장 중요한 공간이라고 할 수 있다. 2화에서 나희도와 백이진이 물장난을 치고 경비에게 들킨 후에 도망친 장소이자 '스물다섯 스물하나'라는 노래가 배경음악으로 사용되며 시적인 자막과 함께 나희도와 백이진이 서로를 바라본다. 나희도와 백이진의 본격적인 서사가 시작된 장소라는 의미이다. 그리고 그들이 서로 모진 말을 내뱉으며 이별하는 장소 또한 터널이다. 백이진을 기다리다 지친 나희도는 백이진을 몰아붙이고 그런 나희도를 이해하지 못하는 백이진은 나희도에게 변명하며 화를 낸다. 그들의 서사가 시작된 장소가 터널이었고 그들의 서사가 마무리되는 장소 또한 터널이었다. 또한, 후에 나이를 먹은 나희도가 과거를 회상하며 백이진과 좋은 마무리를 맺는 장소 또한 터널이다. 이로 인해 드라마를 몰입하여 감명 깊게 본 시청자들의 가장 많이 찾아가는 장소는 터널이 되었다.

이처럼 각 공간은 주인공들의 서사가 진행되는 중요 장소로써 성격화되었음을 확인했다. 그러나 한 공간에서 한 장르의 성격만 나타나는 것이 아니라 여러 장르가 복합되어 진행되는 것을 볼 수 있다. 이는 공간적 하이브리드의 특성을 의미한다. 한 공간에서 여러 의미가 나타나는 것은 크게 두 가지 효과를 가진다. 하나는 한정된 장소에서 효과적으로 하이브리드 장르를 구현할 수 있다는 것이다. 다른 하나는 장소에서 드러나는 감정의 변화를 통해 시청자들에게 새로움을 전달한다는 점이다. '나희도의 집'에서는 나희도의 스포츠적 도전, 엄마와의 갈등, 백이진과의 사랑, 친구들과의 우정이 모두 드러난다. 이 장소가 가지는 여러 성격은 시청자들에게 같은 장소가 계속해서 등장함에도 지루하지 않게 만든다. 만약 나희도가 집에서 고유림과 pc통신하는 장면만 등장했다면 나희도의 집은 '늦은 밤 pc통신으로 친구와의 감정 교감이 이루어지는 장소'라고 성격화되었을 것이다. 그러나 한 장소에서 여러 성격이 드러나기 때문에 같은 장소에서 또 다른 내용이 벌어지면서 장소를 매번 낯설게 만든다.

즉, 장르적 하이브리드와 공간적 하이브리드의 특성이 모두 나타나면서 익숙함과 낯설음의 결합을 볼 수 있었다. 익숙한 각 장르가 서로 섞이면서 나타나는 새로움은 시청자들이 드라마를 지속해서 시청해야 할 가치를 부여했다. 전체적인 전개의 커다란 줄기로 '펜싱'이라는 소재가 작용함으로써 하이브리드 장르의 복잡함을 해결했다. 나희도의 펜싱선수로서의 성장이 커다란 줄기이고, 유림과의 라이벌 구도, 스포츠선수라는 직업 때문에 겪는 애인과의 갈등이 가지로 뻗어나가며 시청자들이 혼란스러워하지 않도록 이끌었다. 또한, 공간에서 드러나는 여러 성격은 시청자들로 하여금 계속해서 낯설음을 주어 긴 드라마 전개가 진부하게 느껴지지 않도록 만들었다.

3. 응원과 위로의 연대기

1) 시대적 공통점을 통한 연대의 환기

드라마 〈스물다섯 스물하나〉에서는 시대상이 중요한 장치로 사용된다. 97년 외환위기라는 외부의 충격에서 노동시장에 막 진입한 청년층이 겪어야 했던 구직난 등의 내부적인 좌절을 보여주고 있기 때문이다. 그러면 여기서 드는 한 가지 의문점은, 굳이 왜 이 코로나 위기인 시점에서 이 드라마의 배경을 97년 외환위기로 설정했느냐는 것이다. 제작자의 의도를 추측하자면 97년 외환위기와 현재의 코로나 상황이 청년층에게 가하는 충격이 유사하다고 판단한 때문일 것이다. 97년의 시대적 상황을 빌려서 2022년 코로나로 인한 청년층의 좌절을 보여주고 그에 대한 위로와 응원의 메시지를 보내고자 했다고 생각한다.

예를 들면 1화에서 어린 나희도가 코치에게 "꿈을 빼앗은 것은 내가 아니라 시대야."라고 말하는 점, 그리고 건실한 중소기업 사장의 아들이었던 백이진이

한 순간에 몰락하여 승환의 하숙집으로 들어가는 등 97년 외환위기로 인한 청년들의 좌절을 보여준다. 이렇게 1997년 외환위기 때문에 나희도의 꿈이 좌절된 장면을 통해 코로나 때문에 꿈이 좌절되는 청년들을 상기시켰고, 백이진의 집안이 몰락하는 장면에서 자영업자나 소상공인들이 코로나 때문에 문을 닫고 그로 인해 자식들마저 경제적 이유로 꿈을 포기하게 되는 현실을 그린다.

하지만 한편으로는 그런 시대에 꿈을 빼앗긴 나희도에게 2화에서 백이진이 나희도에게 "넌 좀 뻔해. 잘 할게 보여. 넌 모르겠지만. 두고 봐!"라고 말하거나 5화에서 집안이 몰락한 백이진에게 나희도가 "그 단단한 마음은 이미 우리의 편이야. 그러니 우리 힘들 때는 마음껏 좌절하고 실컷 슬퍼하자. 그리고 함께 일어나자."라는 등 위로와 응원을 보여준다. 2화에 백이진이 나희도에게 말하는 장면에서 코로나로 꿈이 좌절되는 청년들에게 간접적으로 잘할게 보여라고 간접적으로 응원을 한다. 5화에서 나희도가 백이진에게 말하는 장면에서는 마음껏 좌절하자고 말하면서 시청자들에게 좌절해도 괜찮고 다시 일어나면 된다는 대사는 시청자에게 전하는 위로처럼 보인다. 드라마에서 보여주는 것은 결국 시청자들에게 전하고자 하는 메시지다.

97년 외환위기는 외환위기 직후 청년 실업률이 올라가는 것을 알 수 있지만 코로나 시기에는 코로나 때문에 청년 실업률이 올라갔다는 직접적인 연관성이 나타나지 않았다. 하지만 코로나 이후로 청년들이 느끼는 체감 청년 실업률이 늘었다는 것을 알 수 있다. 따라서 제작자들은 과거의 97년 외환위기 시대와 2022년 코로나 시기에 청년들이 겪고 있는 어려움이 유사하다는 전제 하에 97년 외환위기에 놓은 백이진과 나희도가 서로를 응원하는 서사를 구성하여 간접적으로 현재를 사는 시청자들에게 응원과 위로의 메시지를 전했다.

2) 대사의 울림을 활용한 공감의 확장

드라마 〈스물다섯 스물하나〉는 수많은 명대사로 시청자들에게 감동을 선사했다. tvn의 공식 유튜브 채널에서는 '1998년의 청춘이 2022년의 청춘을 위로하는, 〈스물다섯 스물하나〉 어록'이라는 제목의 영상을 업로드했다.[6] 이 영상은 각 화마다 주인공들이 서로에게 응원과 위로를 건네는 내용의 대사들을 모았다. 또한, 드라마를 보고 난 후 시청자들은 각자 크게 와닿은 대사들을 정리하여 네이버 블로그에 명대사 모음집을 작성했다. 이로 인해 네이버의 데이터랩[7]으로 '스물다섯 스물하나 명대사'의 검색어가 방영 기간 중에 최다 검색량 100을 차지하는 등 〈스물다섯 스물하나〉의 대사를 통해 시청자들의 많은 공감이 일어났음을 확인할 수 있었다.

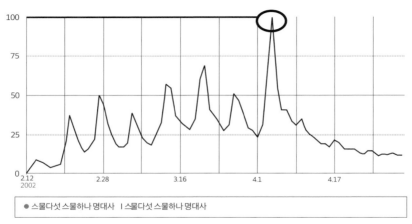

<그림 6> '스물다섯 스물하나 명대사' 검색어

각 화마다 등장한 수많은 명대사 중 각 화의 명장면과 연결된 대사를 분석해 보았다.

---

6   tvn drama, "[1-8화 명대사 모음] 1998년의 청춘이 2022년의 청춘을 위로하는, {스물다섯 스물하나} 어록", 2022.03.11, 동영상, 15분33초. (https://www.youtube.com/watch?v=ocY0S4fQ7XE)
7   그래프는 네이버에서 해당 검색어가 검색된 횟수를 일별/주별/월별 각각 합산하여 조회 기간 내 최다 검색량을 100으로 설정하여 상대적인 변화를 나타냄.

<표 7> <스물다섯 스물하나>의 명대사 모음

	중심 내용	대사
1화	자신의 펜싱을 사랑하는 나희도는 포기하지 않고, 계속 자신의 꿈을 향해 다가간다.	난 맨날 잃은 것에 대해서만 생각해. 근데 넌 얻을 것에 대해서 생각하더라. 나도 이젠 그렇게 해보고 싶어.
2화	백이진에게 알 수 없는 미묘한 감정을 느끼는 나희도	달려서인지 들떠서인지 아리송한 숨이 찼다. 바람이 불어와 초록의 잎사귀들이 몸을 비볐다. 여름의 한가운데였다.
3화	시대가 꿈을 포기하지 않은 나희도를 돕는다. 꿈꿀 줄 아는 나희도는 코치님께 새벽, 주말 훈련을 부탁한다.	넌 쫌 뻔해. 잘 할게 보여. 넌 모르겠지만. 두고봐!
4화	경기운영 능력을 키우는 나희도, 호탕하고 재기 발랄하지만, 펜싱에 대한 진지한 모습을 보이는 나희도	■ 지는 게 두렵지 않고, 실패하는 걸 겁내지 않아하는 그 단단한 마음을 모두 갖고 싶어 한다고. 뺏어 오고 싶을 정도로 탐나. 그래서 나도 약해질 때면 니가 보고 싶은 거겠지? ■ 니가 노력하면 나도 노력하고 싶어져. 니가 해내면 나도 해내고 싶어져. 너는 너 말고도 다른 사람을 자라게 해.
5화	결국 국가 대표 선발전에서 우승한 나희도.	넌 쫌 뻔해. 잘 할게 보여. 넌 모르겠지만. 그리고 나를 믿는 너를 믿어.
6화	수습기자가 된 백이진	도망은 여기까지예요. 처음부터 다시 시작할래요.
7화	재능없다고 말한 전 코치님한테 그만두지 않겠다고 고함지르던 나희도는 결국 광주 아시안 월드컵에서 금메달을 딴다.	실력은 비탈이 아니라 계단처럼 늘어. 그리고 사람들은 보통 여기, 여기에서 포기하고 싶어지지. 이 모퉁이만 돌아나가면 엄청난 성장기가 기다리고 있을텐데 그걸 몰라 왜?
8화	백이진을 pc통신 인절미라고 착각하며 고백하는 나희도	수많은 밤을 이야기 했던 우리의 이야기들. 그게 너라면 나는 자격이 충분하다. 나 널 가져야겠어.
9화	썸이라는 단어가 없던 시절, 나희도의 개척정신을 알 수 있는 대사	우리가 어떤 관계인지 우리만 알잖아. 그러니까 우리가 정의하면 돼. 설명할 수 있는 단어는 없지만, 까짓것 우리가 만들면 되는 거 아닌가.

10화	인간관계 속 사회생활이 힘들지만 포커페이스를 하는 백이진	실패가 아니라 그냥 시련이에요.
11화	현재의 꿈을 사랑하는 백이진	꿈은 글쎄요, 꿈대로 살지 않는다고 실패한 인생도 아닌 것 같고, 꿈꾸는 대로 산다고 성공한 인생도 아닌 것 같습니다. 그냥 저는 지금 저한테 주어진 일을 잘 해내고 싶습니다. 그게 지금 현재 제 꿈입니다.
12화	지쳐있는 학생들에게 수능이 끝이 아님을 알려주는 백이진	못해도 되고, 실패해도 괜찮은 세상을 우린 아직 배운 적이 없는 거 같습니다. 그래도 할 수 있는 만큼은 해봅시다. 최선을 다해봅시다. 다만 바랍니다. 실패하더라도 다시 일어설 수 있는 단단한 마음은 이미 우리 편이기를.
13화	나희도와의 사랑에 방황할 것이라는 것을 알지만 직진해보겠다는 백이진	이런 사랑도 해보자.
14화	-	-
15화	중년의 나희도가 <스물다섯 스물하나>가 전해주는 큰 메시지를 전달	사랑과 우정이 전부였던 시절. 그런 시절은 인생에서 아주 잠깐이다. 민채도 뜨겁게 겪어봤으면 좋겠다. 요란한 우정과 치열한 사랑을. 긴 인생을 빛나게 하는 건 그런 짧은 순간이니깐.
16화	헤어지는 백이진과 나희도, 둘의 그동안의 관계를 설명해주는 대사	■ 너는 존재만으로도 나를 위로하던 사람이었어. 혼자 큰 나를, 외롭던 나를 따뜻하게 안아준 사람이었어. ■ 너는 내가 가장 힘들 때 날 일으킨 사람이었어. 니가 없으면 여기까지 오지 못했을거야.

작가는 의도적으로 '명대사'라고 불리는 대사들을 기획했다. 캐릭터들의 일상적인 다른 대화와는 달리, 위 표에 등장하는 대사들은 추상적인 말들이 자주 등장하는 인위적인 말에 가깝다. 일상적인 대사들은 주로 서사를 쌓기 위해 사용된다. 그러나 일상적 대화 사이에 끼어있는 명대사들은 오히려 추상적인 단어를 사용해 인위적으로 느껴지게 만든 작가의 의도이다. 6화의 '실력은 비탈

이 아니라 계단처럼 늘어.', 12화의 '실패하더라도 다시 일어설 수 있는 단단한 마음은 우리의 편이기를'과 같은 대사들이 그 예이다. 이유는 무엇일까? 바로 작가가 등장인물을 통해 시청자들에게 전달하고자 하는 메시지를 확실하게 드러내기 위해서이다. 작가는 시청자에게 응원과 위로의 메시지를 전하고자 했다. 등장인물 서사의 큰 틀과 명대사가 자연스럽게 맞물려 전달됐기 때문에 시청자들은 명대사에 이질감을 느끼기보단 큰 공감으로 받아들였다. 오히려 일상적인 잔잔한 대화 사이에 등장하는 묵직한 울림을 주는 대사들은 시청자들의 가슴을 움직여 공감의 확장을 만들어낸 것이다. 이는 방황하거나 지친 청춘들, 잠시 휴식이 필요한 청춘들, 현실과 타협하게 된 청춘들에게 던지는 응원의 메시지의 형태로 나타나며 현재의 청춘들에게 다시 일어서며 나아갈 수 있도록 작은 동기를 주기도 하였다. 혹은 직접적인 형태로 드러나기도 한다. 15화의 "사랑과 우정이 전부였던 시절. 그런 시절은 인생에서 아주 잠깐이다. 민채도 뜨겁게 겪어봤으면 좋겠다. 요란한 우정과 치열한 사랑을. 긴 인생을 빛나게 하는 건 그런 짧은 순간이니깐."이라는 대사를 보자. 극 중 '김민채'는 향유자를 대변하는 캐릭터로 기능한다. 김민채에게 직접적으로 전하는 메시지는 시청자들에게 전하고자 하는 바를 강하게 드러내는 부분이기도 하다.

3) 향유자를 대변하는 캐릭터, 김민채

'민채'라는 캐릭터는 드라마 전개 과정에서 여러 가지 다양한 모습으로 나타난다. 극중에서 '민채'는 시청자를 대변하는 하나의 새로운 인물로 기능한다.

드라마 전개 과정 중 6화에서 나희도가 백이진과 헤어진 후 반년 만에 만났을 때 백이진에게 3일 된 남자친구를 소개해 줄 때 민채가 "남자친구? 이게 반년만에 만나서 할 소리야?"라고 하면서 일기장을 다시 읽는다. 또한, 나희도가 경주 아시안 게임에 늦을 것 같아서 백이진이랑 나희도가 차에 같이 탔을 때, 백이진이 나희도가 이별했다는 것을 들었을 때 민채가 "뭐 사귄지 얼마나 됐다고 헤어져?!!"라고 하는 등 민채의 반응은 나희도와 백이진이 로맨스 서사에 대한 시청자 반응을 대변해주고 있다. 또한, 민채가 과몰입까지 하는데 처음 3화에서는 자신의 엄마를 18세의 나희도로 착각하다가 13화가 되면서 키스한 나희도와 백이진 사이에서 어린 나희도를 위로하고 백이진을 꾸짖는 장면이 나온다. 이처럼 민채가 극 내부에 존재하지만 시청자의 의견을 대변하는 극 밖의 인물이기도 하다.

이렇게 민채가 시청자들을 대변하면서 얻는 효과는 무엇일까? 바로 시청자의 반응을 작가가 원하는 대로 유도할 수 있다는 것이다. 시청자들은 드라마 내용을 본 후 자신의 경험에 비추어 반응을 하는데, 자신의 개인적 감정을 이입하는 것이 아니라 극이 진행하고자 하는 방향으로 유도하기 위한 것이다. 또한 시청자가 드라마를 보며 드는 생각, 하고 싶은 말을 민채가 직접적으로 대사로 말해주거나 감정을 표현해줌으로써 시청자는 새로운 카타르시스를 느끼게 된다.

드라마 〈스물다섯 스물하나〉에서 민채의 가치관은 처음과 마지막을 보면 완전히 변화한다. 이는 민채가 곧 시청자를 대변한다는 점에서 민채의 성장이 곧 시청자의 성장을 표현한다고 할 수 있다. 1화 초반부에서는 민채는 발레 대회에서 발레를 하지도 않고 포기한다. 하지만 나희도의 일기장을 보며 민채의 가치관이 점차 변화하게 되고 발레에 대한 자신의 생각을 고려하여 발레를 다시 시작하게 된다. 민채가 3화에서 엄마에게 왜 펜싱을 그만두지 않았냐고 물어봤을 때 '재미있어서'라는 대답을 듣는다. 또, 7화에서 나희도는 실력은 계단처럼 늘어 발레가 좋은지 칭찬받는 게 좋은지 생각하라는 말을 하면서 민채가 생각하게 만든다. 결국 16화, 자신도 발레 때문에 울고 웃고 싶다고, 자신의 일기장을 써내려가고 싶다고 말하는 장면은 민채가 성장했다는 것을 보여준다.

즉, 민채는 꿈이 없이 허황된 마음으로 발레를 시작했지만 엄마의 일기장을 통해 엄마의 노력을 보게 되고 발레에 새롭게 도전한다. 이처럼 민채가 변화된

K-DRAMA 스토리텔링, 모색과 조형의 힘

모습은 초기에 민채에게 감정이입했던 시청자가 함께 성장했다고 느끼게 한다. 이는 자아 성장에 대한 욕구를 자극시켜 시청자들이 각자 개인의 경험을 반추하며 변화된 자신을 마주하게 한다.

4. 예고된 새드엔딩의 극적 긴장

〈스물다섯 스물하나〉는 나희도와 백이진이 결국 이별하는 새드엔딩으로 서사가 마무리된다. 〈스물다섯 스물하나〉는 사전제작 드라마로, 미리 새드엔딩에 대한 모든 설정과 복선을 정해놓았다는 뜻이다. 새드엔딩은 서사가 마무리된 이후에도 시청자들에게 먹먹함과 애틋함을 자아낼 수 있다는 장점이 있다. 하지만, 드라마가 종영된 이후 시청자들의 반응은 의도대로 흘러가지 못했다. 그 이유가 무엇일까? 가장 큰 이유로는 그간 촘촘히 쌓아놨던 남주혁과 김태리의 캐릭터가 '이별'이라는 결말때문에 파괴되었음을 꼽을 수 있다.

어떠한 고난에도 자신만의 방법을 찾아내는 굳세던 나희도는 연락이 안 돼 지친다는 이유로 너무나도 쉽게 이별을 말하는 아이가 됐고, 영원히 사랑하자며 불가근 불가원 원칙을 지키기 위하여 스포츠부에서 사회부로 이직하며 기자로서의 자신과 희도의 연인으로서의 자신의 균형을 맞추고자 노력하던 백이진은 뉴욕 특파원 지원으로 한순간에 기자로서의 자신만을 추구하는 야망가로 바뀌었다. 특히 여자친구와 어떠한 상의도 없이 뉴욕 특파원을 지원한 백이진의 행동, 열병 같았던 첫사랑을 떠나보내고 얼마 되지 않아 결혼하게 된 나희도의 선택 등은 그간 보여준 캐릭터들의 성격과 전혀 어울리지 않는 행동이다.

또한, 1화에서 13화까지 나희도와 백이진의 달달한 관계가 지속되었다. 1화의 첫 만남부터 시작해서 2화에서의 동화적 장면, 3화에서의 이진의 아버지를 찾아주려 노력하는 희도의 모습이 등장했다. 4화 중 체육관에서 보여준 그린라이트 신, 5화에서 보여준 서로의 녹음을 들으며 위로를 주고 받는 모습, 6화에서 시합에 늦을 뻔한 희도를 구해주는 이진, 7화에서 희도를 위하여 심판을 설득해 인터뷰를 따내는 이진의 노력, 8화에서 본인의 솔직한 감정을 "널 가져야겠어, 백이진."이라며 털어놓는 나희도의 당돌함도 볼 수 있다. 9화에서는 희도에게 이진이 고백하며, 10화 중에 바닷가에서 희도와 이진의 관계가 깊어지고 11화에서는 문방구에서 뽑기를 하며 둘만의 추억을 만들고, 12화에서는 희도가 이진에게 키스를 하며 13화에서는 백이진이 나희도에게 키스를 하며 둘의 관계는 매우 깊어졌다.

총 16부작인 〈스물다섯 스물하나〉에서 나희도와 백이진은 13화라는 큰 분량을 그들만의 서사로 쌓아나가고 관계를 발전시키는 데 사용한다. 그러나 14화의 마지막 부분에 등장하는 나희도의 결혼을 축하하는 백이진의 모습은 이 드라마가 새드엔딩으로 끝날 것을 다시 한 번 더 상기시킨다. 이때까지의 서사는 1화부터 13화까지 희도를 중심으로 이진과의 로맨스, 유림과의 라이벌, 지웅, 승완과의 우정, 재경과의 가족적 서사가 한 가지 흐름으로 이어지는 자연스럽고 통일된 구조였다.

그러나 15, 16화에 이런 흐름이 급작스럽게 무너지며 빠른 속도로 둘의 관계는 이별을 향해 달려간다. 이에 시청자들은 당황하며, 원하지 않는 그림을 마주한다. 하지만 사실 이 새드엔딩은 〈스물다섯 스물하나〉를 보는 모두가 예상한 결말이었다. 첫 화부터 이들의 새드엔딩은 이미 예고되었기 때문이다. 새드엔딩은 작가가 철저히 계산한 완벽히 의도된 결말이었다. 행복한 장면들 사이에 등장하는 작가가 복선으로 설정해둔 장면들을 보는 시청자들의 반응은 인터넷에서 매우 활발하게 나타났다. 1차적으로 이 드라마를 시청한 이들은 위에 언급된 스토리텔링 전략을 통하여 드라마에 몰입하게 된다. 그리고 몰입하게 된 이들은 거시콘텐츠인 드라마를 시청하는 것에서 그치지 않고 그들만의 새로운 콘텐츠를 생산하게 된다.

<그림 7> 복선을 추리하는 시청자들

1화는 나희도의 딸 '김민채'가 등장하며 시작된다. 만약 나희도와 백이진의 해피엔딩으로 드라마가 마무리된다면 나희도의 딸 이름은 김민채가 아닌 '백'민채로 설정되었어야 한다. 그러나 사람들은 이에 대해 온전히 받아들이지 않고 자신들만의 상상력을 더해 새로운 이야기를 만들어내면서 이야기에 개입하고 몰입하게 된다. 예를 들면, 백이진이 2001년 9월에 일어난 9·11테러에서 사망하게 되고 희도와 이진이 사별한다는 예측이나, 김민채 역할을 연기한 배우인 최명빈이 고유림을 닮았다는 이유로 민채가 고유림의 딸이라고 예측하는 글을 인터넷에 올려 다른 사람들과 공유하기도 했다. 이렇게 인터넷에서 공유되는 활발한 반응들은 드라마 시청 이후 추가적으로 나타나는 2차적 반응 단계로서, 〈스물다섯 스물하나〉를 시청하는 사람들의 커뮤니티를 구성하며 드라마 시청의 가치를 높이는 데 작용했다. 단순히 시청만 하던 향유자들은 직접적으로 콘텐츠를 제작하며 이 드라마에 대한 애정도와 몰입도가 증가하게 된다.

그러나 이진과 희도의 본격적인 로맨스가 시작되는 부분에서 민채가 이진을 못 알아보는 장면이 나오며 시청자들의 이런 추측이 무색하게끔 새드엔딩의 확실한 장면이 등장한다. 또한 나희도와 백이진이 연애를 시작하며 시청자들의 기대치를 증가시켰지만 드라마의 후반부인 14화의 마지막 장면에 백이진이 나희도의 결혼을 뒤늦게 축하해주는 장면을 보여주며 또다시 이별에 대한 복선이 등장한다. 작가는 이렇게 이별에 대한 복선을 노출시키며 시청자에게 나희도와 백이진의 이별에 대해 지속적으로 언급했다.

그래서 이렇게 엔딩을 미리 예고하고 복선을 장치하는 이유가 무엇일까? 바로 극적 긴장감을 유지하게 함으로써 시청자들이 드라마를 지속적으로 시청하게 만든다. 1화부터 13화까지 길게 유지되는 나희도와 백이진의 알콩달콩한 부분은 로맨스 장르를 시청하면서 오는 단편적인 설렘과 즐거움을 주지만, 이는 자칫하다가 예상 가능한 진부한 스토리가 될 수 있다. 다음 스토리가 예측 가능해지면, 시청자들은 흥미를 잃고 시청을 중단할 수 있다. 그렇기에 이 긴 과정에서 중간중간 새드엔딩을 암시하는 듯한 내용이 등장하면서 시청자들에게 극적 긴장을 유발한다. 분명하게 행복한 부분에서도 새드엔딩에 관한 내용이 불쑥 등장하기 때문에 시청자들은 긴장감을 놓지 못하고 계속해서 시청하게 되는 것이다. 이는 전체적인 드라마 전개를 시청자들이 탄력있게 따라오게 만드는 치밀한 스토리텔링 전략임을 확인할 수 있다.

5. 결론

〈스물다섯 스물하나〉는 4가지의 스토리텔링 전략을 구성하여 응원과 위로의 20대 연대를 새로운 방법으로 전달했다. 가장 큰 장점은 '나희도'라는 캐릭터의 독특함에서 탄생했다. 예측 불가능하고, 통통 튀는 나희도는 시청자들에게 낯설고 새로움을 주면서도 동시에 함께 성장하는 기분을 느끼게 하는 존재

K-DRAMA 스토리텔링, 모색과 조형의 힘

였다. 나희도와 펜싱이라는 소재의 결합은 다양한 장르가 융합된 하이브리드 장르를 선택했음에도 서사의 중심에 서서 혼란스럽지 않고 차분히 드라마가 전개될 수 있도록 도왔다. 스포츠에서 출발해, 고유림과 나희도의 우정, 엄마와 나희도의 갈등, 백이진과 나희도의 사랑까지 이 모든 플롯은 '성장'이라는 키워드로 귀결된다. 하이브리드 장르를 통해 구현되는 IMF 외환위기 시대의 '나희도의 성장' 서사는 코로나19를 겪는 시청자들에게 응원과 위로를 전달하며 명대사의 형태를 통해 공감의 확장을 일으켰다. 유쾌하고 행복한 장면이 아닌 '새드엔딩'으로 전달하는 묵직한 위로는 이 드라마의 특별함을 드러낸다. 나희도는 펜싱 선수로서의 시련, 우상이었던 친구와의 시련, 엄마와의 갈등에서 시련을 겪지만, 가장 의지하는 관계였던 백이진과의 이별이 있었기에 '나희도의 성장'이라는 플롯이 완전히 귀결될 수 있었다. 1~13화의 로맨스를 그리다가, 14~16화에서 이별과 성장을 압축적으로 그려내려다 보니 생략된 부분도 많았고 시청자들의 입장에서는 급하고 답답한 결별로 다가오기도 했다. 하지만, IMF를 겪는 청춘이라는 시대상과 연관지어 봤을 때 갑작스러운 이별조차 〈스물다섯과 스물하나〉의 사랑에서 나타나는 자연스러운 현상으로 받아들여질 수 있다. 이는 코로나19 시대의 우리에게도 비슷하게 다가왔다. 두 청춘의 이별과 그로부터 겪는 아픔뿐만 아니라 비슷한 시대적 상황까지 맞물리며 나희도와의 깊은 연대가 이뤄질 수 있었다. 결론적으로, 익숙함 속에서 계속해서 변주를 주어 탄생시킨 낯설음과 새로움이 담긴 〈스물다섯 스물하나〉의 스토리텔링 전략은 이 시대에 응원과 위로의 연대 기회를 제공했다는 시사점을 가진다.

참고문헌

국지은, 자우림, '스물다섯 스물하나'인 이유는?, <아주경제>, 2013.10.15. (https://www.ajunews.com/view/20131014000831)

김가영, '스물다섯 스물하나', 김태리이니까 가능했던 나희도 [인터뷰]①, <이데일리>, 2022.04.04. (https://www.edaily.co.kr/news/read?newsId=01125046632292840&mediaCodeNo=258)

김성현, '스물다섯 스물하나' 김태리, 시청자 울리고 웃기는 명장면·명대사, <YTN> 2022.03.04. (https://www.ytn.co.kr/_ln/0117_202203040919585801)

김순천, '스물다섯 스물하나'가 청춘을 위로하는 방법, <오마이뉴스>, 2022.03.18. (https://n.news.naver.com/entertain/article/047/0002346260)

김예랑, 김태리 "네, 당신을 행복하게 했다면 됐습니다 [인터뷰+]", <한국 경제>, 2022.04.04. (https://sports.chosun.com/news/ntype.htm?id=2022040401000212800001300&ServiceDate=20220403)

김지영, "하이브리드 장르 영화 인기", <매일 경제>, 2010.10.04. (https://www.mk.co.kr/news/culture/view/2010/10/534453/)

남녀생활백서, 요즘 썸대신 쓴다는 단어(feat.2521), <페이스북 페이지>, 2022.03.14. (https://m.facebook.com/1450196721927895/posts/3444412482506299/)

남수현, "막장 드라마에 질렸나, 다시 '순한 맛' 로맨스 열풍", <중앙일보>, 2022.03.31. (https://www.joongang.co.kr/article/25059724#home)

남수현, "순하고 뻔한데 끌린다…K드라마에 부는 로맨스 드라마 열풍", <중앙일보>, 2022.03.27. (https://www.joongang.co.kr/amparticle/25058617)

네이버 블로그(ddorhee_life.log), 똘희, "결말 논란으로 난리난 드라마 [스물다섯, 스물하나] 결말에 대한 생각-충분히 납득 가능했으나, 아쉬운 건 사실", 2022.04.07. (https://m.blog.naver.com/PostList.naver?blogId=missser)

송서희, '스물다섯, 스물하나' 김태리 명장면·명대사는? "내가 가서 닿을게", <국제뉴스> 2022.03.04. (https://www.gukjenews.com/news/articleView.html?idxno=2420245)

이정혁, [SC이슈] 김태리 주연 '스물다섯 스물하나', 3대 관전 포인트, 배우 캐스팅, 작가-감독 시너지 그리고 매력 맛집, <스포츠 조선>, 2022.02.12. (https://sports.chosun.com/news/ntype.htm?id=2022021301000077940005206&servicedate=20220212#rs)

이정희, '스물다섯 스물하나,' 백도 커플 결혼여부보다 주목되는 이 관계, <미디어스> 2022.03.28. (http://www.mediaus.co.kr/news/articleView.html?idxno=243609)

장다희, '스물다섯'→'사내맞선', 안방극장에 다시 부는 'K-로맨스' 드라마, <SPOTVnews> 2022.03.31.

(https://n.news.naver.com/entertain/article/477/0000350149)

정유미, 취준생 10명 중 9명 "하반기 취업난 심각" 내년 상반기는?, <경향신문>, 2021.12.09. (https://m.khan.co.kr/economy/economy-general/article/202112090934001)

오경민, '스물다섯 스물하나' 김태리 "희도는 빛나는 아이…행복한 순간 드릴 수 있어 행복해, <경향신문>, 2022.04.04. (https://www.khan.co.kr/culture/culture-general/article/202204040800001)

허선철, '스물다섯 스물하나' 정지현 감독 "사극, 시대극이 오히려 쉬워", <SINGLELIST>, 2022.02.09. (http://www.slist.kr/news/articleView.html?idxno=330977)

홍경수, '스물다섯 스물하나', 청춘 드라마의 변증법적 발전, <PD journa>, 2022.04.18. (https://www.pdjournal.com/news/articleView.html?idxno=73669)

Pear T, '스물다섯 스물하나 김태리 필모마다 다른 발성 듣기', 2022.03.12, 동영상, 3분38초. (youtube.com/watch?v=J9fEg24XG6g)

<D.P.>의 스토리텔링 전환 전략

김현아·최지욱·양나경·허다빈·마옥림

1. 웹툰 원작 콘텐츠의 성공과 실패

웹툰을 원작으로 한 콘텐츠는 원작이 성공했다고 해서 무조건 성공하지 않는다. 웹툰 원작 콘텐츠의 성공한 콘텐츠와 실패한 콘텐츠를 살펴보자.

<표 1> 웹툰 원작 콘텐츠 성공 사례

작품명	원작 웹툰	실사화된 콘텐츠
<유미의 세포들>	누적 조회수 34억 뷰	■ 유튜브 클립 74개 누적 조회수 15000만 ■ 티빙 콘텐츠 6주 연속 TOP 10
<미생>	누적 조회수 10억 뷰	최고 시청률: 10.3%
<D.P.>	누적 조회수 1천만 뷰	넷플릭스 7주 연속 TOP 10
<신과 함께>	■ 1억 뷰 ■ 45만 권 이상 단행본 판매	■ 시즌1 관객 수 1441만 명 ■ 시즌2 관객 수 1227만 명
<김비서가 왜 그럴까>	누적 조회수 2억 뷰	최고 시청률: 8.7%

<표 2> 웹툰 원작 콘텐츠 실패 사례

작품명	원작 웹툰	실사화된 콘텐츠
<영화: 치즈 인더 트랩>	누적 조회수 11억	■ 총 관객 수: 22만 명 ■ 손익분기점: 120만
<저녁 같이 드실래요?>	누적 조회수 1억 3천만 뷰	평균 시청률: 4.0%
<이미테이션>	누적 조회수 4.6억 뷰	평균 시청률: 0.96%
<패션왕>	누적 조회수 5억 뷰	■ 총 관객 수: 59만 명 ■ 손익분기점: 130만
<어서와>	매회 평점 9.9 이상	마지막회 시청률 0.8%

한 드라마 관계자에 따르면 웹툰 원작 콘텐츠의 성공의 키는 전환(Adaptation)
이라고 한다. 어떤 작품은 웹툰과 너무 똑같이 구현해내서 실사 콘텐츠로 보았
을 때 영상의 리터러시에 맞지 않는 괴리감이 느껴진다. 또는 너무 판타지적인
설정(이를테면 신데렐라, 회귀 등)을 실사화로 표현하며 작품의 성격이 유치하
거나 개연성이 없다는 평을 듣기도 한다. 그래서 웹툰 원작 콘텐츠를 실사 콘텐
츠로 만들 때 가장 중요한 것이 전환이다. 대체로 웹툰 원작 콘텐츠 실패의 원인
은 이 전환에서 나타난다. 한 예로 영화 <패션왕>을 들 수 있다. 이 작품은 원작
특유의 감성과 유머를 제대로 살리지 못하고 뜬금없는 억지 감동과 로맨스를
추가하여 개연성이 떨어진다는 평과 함께 관객 수 50만 명으로 막을 내렸다. 나
름 영화의 성격을 고려해 감동과 로맨스를 추가하는 전환 전략을 펼쳤지만, 오
히려 반감을 사 흥행에 실패한 것이다.[1] 또 영화 <치즈 인 더 트랩>은 드라마로
는 큰 성공을 거뒀지만, 영화로의 전환에서는 아쉬운 점이 많았다. 주연을 제외
한 등장인물들을 단순화하여 인간관계 대신 두 사람의 러브라인에만 집중해

---

1   정달래, 초대박 기대하며 웹툰 영화화했다가 쪽박만 찬 영화들의 공통점, <이슈쉐어>
    2019.05.03. (https://butterpopcorn.kr/2046/)

평범한 로맨스물이 되어버린 것은 물론 영화 러닝타임인 2시간에 맞추려 원작을 '재구성'하지 않고 웹툰 에피소드를 토막토막 잘라 붙여놓은 탓에 좋지 못한 개연성으로 22만 명의 관객을 동원하며 흥행에 실패했다.[2]

반대로 성공한 웹툰 원작 콘텐츠 중 하나인 영화 〈신과 함께〉는 긴 러닝타임을 가진 영화의 특성에 맞게 중복되거나 필요 없는 캐릭터를 삭제하였다. 또한 평범한 회사원이었던 주인공을 소방관이라는 직업으로 재설정했다. 이는 긴 시간 진행되는 러닝타임에 지루하지 않도록 관객이 기대감, 호기심, 서스펜스, 놀라움 등 감정을 유발하기 위한 것이다. 환상적인 서사를 펼치기 위해 주인공은 평범한 사람보다 화재 현장에서 타인을 위해 자기를 희생하는 영웅 캐릭터로 전환되어 관객들에게 감동을 전달하는 데 더 효과적인 장치로 사용되었다.[3]

또 다른 성공 콘텐츠인 〈유미의 세포들〉은 웹툰 속 독자들의 열광 포인트를 캐치해 이를 드라마에 맞는 전개로 풀어내었다. 또한 국내 최초로 시도된 실사와 3D 애니메이션의 결합으로 원작 웹툰의 매력을 한층 업그레이드하며 드라마 호흡에 맞는 적절한 변주를 주었다는 평을 받는 성공적인 웹툰 원작 콘텐츠이다.[4]

결론적으로 웹툰 원작 콘텐츠의 주요 성공 요인은 다음과 같다.

---

1) 각 매체의 성격에 잘 들어맞는 전환인가.
2) 각 매체 시장에 맞는 문법으로 전환을 하였나.
3) 원작의 팬과 원작을 보지 않은 사람들 모두 어떤 방법으로 만족시킬 것인가

---

2   이다원, [편파적인 씨네리뷰] '치인트' 잘못된 원작 요리법, 〈스포츠경향〉 2018.03.08. (https://sports.khan.co.kr/entertainment/sk_index.html?art_id=201803080957003&sec_id=540401)

3   사인원, 《한국 웹툰을 원작으로 하는 영화의 매체 전환 전략과 흥행요인 분석: 〈신과 함께-죄와 벌〉과 〈신과 함께-인과 연〉을 중심으로》, 건국대 대학원 석사학위 논문, 2019.

4   추승현, '유미의 세포들' 시즌1 유종의 미…웹툰 실사화 성공적인 예, 〈서울경제〉 2021.10.31(https://www.sedaily.com/NewsView/22SYDOMSZD)

그렇다면 〈D.P.〉는 원작 웹툰에서 드라마로 제작될 때 어떤 전환 (Adaptation) 전략을 사용하여 성공한 콘텐츠로 자리매김할 수 있었는지 알아 보겠다.

2. 전환(adaptation) 전략

1) <D.P.>만의 영리한 "프리퀄"

"프리퀄"이란 전편보다 시간상으로 앞선 이야기를 보여주는 속편을 뜻한다. 대표적인 프리퀄의 사례로는 영화 〈반도〉와 웹툰 〈반도 프리퀄 631〉이 있다. 웹툰 〈반도 프리퀄 631〉은 영화 〈반도〉의 1년 전 이야기를 다룬다. 영화 연출에 이어 웹툰의 원안을 맡은 연상호 감독에 따르면 웹툰 〈반도 프리퀄 631〉은 영화 〈부산행〉과 〈반도〉 사이의 다리에 해당하며 좀비 바이러스가 어디서 시작되었는지 기존 작품에서 알려지지 않은 스토리를 보여준다고 한다. 이 작품은 팬들에게 엄청난 인기를 끌며 카카오페이지 누적 시청자 수 162.1만, 평점 9.8을 기록하였다.[5]

이렇듯 프리퀄은 기존 팬들에게 원작의 숨겨진 이야기를 새롭게 알게 된다는 점에서 재미와 호기심을, 이미 접했던 캐릭터들의 비밀스러운 과거 스토리를 통해 그들의 내면을 시청자에게 더 깊게 이해시키는 효과를 거둘 수 있다. 즉, 캐릭터의 성격 형성 계기와 웹툰에서 담지 못한 이야기를 보여준 것은 물론 원작과의 징검다리 역할을 하여 기존 팬들에게 콘텐츠를 더 즐길 수 있게 한다는 것이다.[6]

---

5   조지영, '부산행', '반도' 연상호 감독, 2021년 1월 1일 웹툰 〈반도 프리퀄 631〉 공개, 〈스포츠 조선〉, 2020.12.23. (https://www.chosun.com/entertainments/entertain_photo/2020/12/23/QQEDOLEMF6TFREQ7SAIOAS54NA/)
6   박지혜, 웹툰의 재(再)매개 과정에 관한 연구: 미생을 중심으로,《공연영상 미디어스토리텔링》, 중앙대학교 예술대학원, 2019, p.3.

〈D.P.〉는 원작보다 시간상으로 앞선 이야기를 보여주는 '프리퀄' 형식을 차용하기는 했지만 기존 프리퀄 작품들과는 색다른 방법으로 전환을 실행했다. 드라마의 시간 설정은 프리퀄 형식을 차용하여 앞선 시간대를 말하고 있지만 그 속에 있는 주요 탈영병 스토리는 원작의 에피소드를 조금씩만 변형하여 그대로 사용하였다.

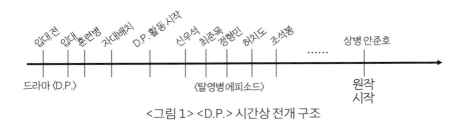

<그림 1> 〈D.P.〉 시간상 전개 구조

〈그림 1〉은 〈D.P.〉의 시간상 전개 구조를 나타낸 것이다. 원작의 시작은 주인공 안준호가 상병일 시점부터 시작된다. 하지만 드라마에서는 안준호의 입대 전 모습, 입대 과정, 훈련병 시절, D.P.가 되는 과정을 모두 보여준다. 또한 드라마 〈D.P.〉의 오프닝은 주인공 안준호의 어린 시절 성장 과정을 나타내는 비디오가 시간순으로 전개되는 장면이 나온다. 이러한 변화는 원작처럼 이미 많은 경험을 한 상병의 직급이 아닌 이제 막 군대에 적응하는 이병의 시점으로 스토리를 전개하며 배워가는 아직 어리숙한 인물의 모습 보여준다. 이를 통해 보는 이로 하여금 시간순으로 따라가며 향유자가 자연스럽게 안준호의 상황과 심정을 이해할 수 있다. 실제로 웹툰 원작에는 찾아볼 수 없었던 안준호의 입대 전 아르바이트를 하며 힘겹게 살아가는 모습을 먼저 보여주는 연출은 웹툰 원작의 안준호 캐릭터를 보다 더 입체적인 캐릭터로 재탄생시키며 향유자가 안준호의 심정과 상황을 공감하며 훨씬 쉽게 이입하여 즐기게 했다. 또한, 원작 팬들에게는 자신이 몰랐던 주인공의 이등병 시절을 보는 것에서 원작의 비하인드 스토리를 보는 듯한 새로운 감상 포인트로서 작용하며 신선한 흥미를 불러일으켰다.

여기까지는 원래 우리가 알고 있는 프리퀄에서 나올 수 있는 효과였다. 지금부터는 〈D.P.〉만의 영리한 프리퀄 전략을 살펴보겠다.

1-1) 경제성 있는 에피소드 재구성

〈D.P.〉는 일반론적인 프리퀄 형식을 사용하지 않았다. 이 점이 원작 팬과 드라마 시청자 모두를 사로잡을 수 있었던 영리한 전략이라 생각한다.

바로 기존 원작에서 검증받은 탈영병 에피소드를 추가와 삭제, 변형을 통해 완전히 새로운 느낌을 주는 에피소드로 재구성했다는 것이다. 프리퀄이기에 과거의 숨겨진 이야기를 보여줘야 하는 작품이 원작 내용을 적절히 섞어 과거라며 보여주고 있다. 프리퀄 때문에 탈영병 에피소드를 아예 새롭게 제작했을 수도 있었을 것이다. 하지만 드라마 〈D.P.〉는 이전에 성공으로 입증받은 원작 탈영병 에피소드를 드라마 문법에 맞게 재구성하여 경제성 있게 재활용했다.

지금부터는 경제성 있게 재활용한 탈영병 에피소드를 어떻게 드라마 문법에 맞게 적절히 재구성하였는지를 보겠다. 우선 앞 문장에서 말하는 드라마 문법이란 매체적 성격으로 인한 전환점을 말한다. 더 자세히 뜯어보기 전에 웹툰과 드라마의 매체적 성격을 비교해 보겠다. 웹툰과 드라마는 모두 한 회당 완결되는 구조를 가지면서 회차가 모여 스토리를 구성하는 단속적인 특성이 있다. 또한 다음 회로 이끌어가는 극적인 포인트로 기대감을 고조시켜야 하는 면도 공통적인 부분이다. 그러나 웹툰의 경우 일반적으로 80~100회차에 나누어 장기간 연재가 되지만 TV 드라마는 16~18부작 정도로 그 분절점에 차이가 있다. 한 회차당 투자하는 구독 시간 및 시청 시간이 다르다는 점도 매체 전환에 있어 고려되는 요소이다.[7] 〈D.P.〉 또한 원작의 57화를 드라마 6부작으로 압축하는 과

---

7 김수리, 웹툰의 드라마화에 나타난 캐릭터 유형 변화와 그 의미: 〈내 아이디(ID)는 강남미인을 중심으로〉, 《문화콘텐츠 연구》 제15호, 건국대학교 글로컬문화전략연구소, 2019, pp.110~112.

정에서 탈영병 에피소드가 재구성되었다. 먼저 삭제된 탈영병 에피소드들의
탈영 사유를 살펴보면 그 의미를 알 수 있다.

원작 〈D.P. -개의 날〉 에피소드 탈영병들의 탈영 사유와 드라마 〈D.P.〉의 탈
영 사유를 살펴보면 다음 표와 같다.

<표 3> 웹툰 <D.P.-개의 날> 탈영 사유

탈영병	탈영 사유
김중선	정확히 밝혀지지 않음.
최창식	부대 내 선임의 가혹행위로 인해 탈영
김진성	여자와 유흥을 위해 탈영
이범용	가혹행위 가해자임에도 죄의식 없는 간부 이명환에게 복수하러 탈영
최필교	게임하다 버스를 놓쳐 미복귀 탈영
박희범	부대 내 선임에게 성추행을 당해 탈영
이준협	정확히 밝혀지지 않음.
오성환	선임의 가혹행위로 인한 탈영

<표 4> 드라마 <D.P.> 탈영 사유

탈영병	탈영 사유
신우석	군대 내 가혹행위로 인한 탈영
최준목	가혹행위로 인한 수면부족으로 잠을 자고 싶어서 탈영
정현민	놀기 위해 미복귀 탈영
허치도	치매에 걸린 할머니를 재개발 현장에서 구하기 위해 탈영
조석봉	자신을 괴롭힌 황장수에게 복수하기 위해 탈영

웹툰에서는 8명의 탈영병이 나왔지만, 드라마에서는 5명의 탈영병으로 줄
어든 것을 볼 수 있다. 드라마를 만들 때 매체적 성격에 의해 에피소드를 압축시

키는 과정에서 중심가치인 부대 내 가혹행위와 관련된 에피소드들은 삭제되지 않고 일부 설정만 바뀌었다. 하지만 탈영 사유가 가혹행위가 아닌 유흥이나 이유 없는 우발적 탈영을 한 김중선, 김진성, 최필교, 이준협 에피소드는 삭제·축소되었다. 그마저도 김진성, 최필교의 유흥을 위한 미복귀 탈영 에피소드들이 정현민 에피소드로 구성되었으며 그 비중도 매우 작다. 따라서 이러한 재구성으로 가혹행위로 인한 탈영을 더 집중하게 만들어 일관된 주제 의식으로 드라마를 이끌었다 볼 수 있다.

<표 5> 드라마 <D.P.>의 탈영병 에피소드 원작 재구성 양상

탈영병	원작에서 재구성된 에피소드
신우석	원작에서 환영으로 등장하는 신우석의 서사를 확대시켜 재구성
최준목	최창식 에피소드 모티브 + 이범용 군 재판 현실 비판 장면
허치도	박희범 에피소드 할머니 설정 심화 + 탈영 사유, 공간 배경 등 에피소드 재구성
조석봉	오성환 에피소드 + 이범용 에피소드의 혼합(대사, 연출, 구도 같은 부분 일부 존재)

위 표는 삭제되지 않은 탈영병 에피소드들이 드라마에서 어떻게 재구성되었는지를 보여주는 표이다. 먼저 신우석은 원작에서 안준호가 과거 회상을 하는 장면에서 등장한 캐릭터이다. 프리퀄로 인해 과거로 시점이 변화하면서 더 자세한 에피소드의 내막이 드러났다. 최준목 에피소드는 원작의 최창식 에피소드를 모티브로 재구성되었지만, 원작 이범용 에피소드의 군 재판 비판 장면을 추가해 우리 사회의 만연한 폭력과 부조리를 비판하겠다는 작품의 주제 의식을 더 강화했다. 허치도의 에피소드는 가혹행위를 중심가치로 진행되지는 않았다. 그 이유는 다음 전략에서 더 자세히 살펴볼 예정이다. 마지막 조석봉 에피소드는 작품의 주제의식의 정수를 담은 에피소드이다. 원작에서 가장 큰 임팩트를 주었던 오성환 에피소드와 이범용 에피소드가 혼합되어 주제 의식뿐만

아니라 드라마의 클라이맥스의 역할을 해주었다.

원작의 에피소드에서 연출과 스토리를 그대로 가져오되 탈영병의 이름을 새롭게 명명하여(원작에서도 과거의 인물로 등장한 신우석을 제외하고) 재구성하여 경제성 있는 스토리의 전환을 이루어 냈다. 또 그 재구성 과정에서 적절한 삭제와 병합으로 주제 의식을 더욱 빛나게 만들었다.

1-2) 드라마를 위한 캐릭터 '한호열'

D.P.의 프리퀄이 영리하다는 표현을 한 것은 스토리의 경제성 측면도 있지만, 무엇보다 프리퀄로 추가된 새로운 캐릭터 '한호열'로 인한 효과 때문이다.

원작은 상당히 무거운 분위기로 전개된 탓에 마니아적인 성격이 일부 존재했다. 웹툰의 경우 작가의 자유로운 표현이 가능하고 전반적인 제작을 작가 혼자 주도하기 때문에 대중성이 일부 결여 되어도 작품성만 인정받는 것이 가능했다. 하지만 드라마는 매체적 특성상 제작을 할 때 작가, 연출가를 중심으로 다수의 스태프가 협업하는 형태로 제작비, 출연료 등 비용이 요구된다.[8] 그렇기 때문에 보편적으로 대중을 저격할 수 있고, 작품의 전반적으로 어두운 분위기를 환기해줄 수 있는 요소로 '한호열'을 추가 시켰다.

<표 6> 드라마 <D.P.> 한호열 캐릭터의 역할과 효과

	캐릭터 설정	역할	효과
한호열	안준호의 선임. 익살스럽고 능청스러운 성격을 지닌 자유로운 태도의 소유자. 유능한 상황판단 능력과 커뮤니케이션 능력이 좋음. D.P 수사의 전반적인 부분을 안준호에게 가르쳐줌.	작품의 분위기 메이커이자 씬스틸러. D.P의 수사 과정을 안준호와 시청자에게 설명해주는 해설자. 안준호의 성장에 도움을 주는 캐릭터.	무겁기만 한 원작의 작품의 분위기를 완화시켜주어 보는 이에게 유쾌함을 줌. D.P의 수사를 가르쳐주는 과정에서 안준호의 불완전성을 입증하며 완벽한 주인공이 아니라는 것을 입증함.

---

8   위의 논문, p.111.

위 표는 한호열 캐릭터의 설정, 역할, 효과를 간단히 정리한 것이다.

한호열은 무거운 분위기를 특유의 유쾌함으로 완화해주며 원작의 무거운 분위기를 중화시켜주는 역할을 한다. 드라마 커뮤니티에서도 다음과 같은 시청자 반응을 확인하며 드라마에서의 한호열의 역할이 크다는 것을 입증할 수 있다. 원작의 안준호는 상병으로 D.P. 활동의 능숙함을 지녔는데 드라마에서는 이병으로 설정되어 있기 때문에 미숙한 모습을 보여준다. 한호열은 탈영병 검거 과정의 노하우를 보여주며 콤비로서 부족한 안준호의 부분을 채워준다. 이 과정이 D.P.를 잘 모르는 대중에게 한호열이 친절한 설명이 되어준다.

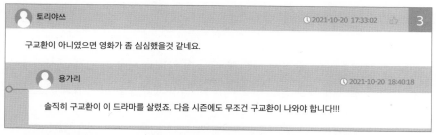

<그림 2> 한호열 캐릭터에 대한 시청자 반응 캡쳐(출처: DVD프라임 드라마) 커뮤니티

이뿐만 아니라 2화에서 선임 황장수에게 "황뱀, 이제 말년 아니십니까? 집에 갈 양반이 왜 아직도 실세 놀이하고 계십니까?"라며 가혹행위를 일삼는 선임에게 일침을 날리기도 한다. 현실에서는 할 수 없는 말이기에 시청자들은 여기에 더 재미를 느끼게 되는 것이다. 다음의 표에서 보듯이 한호열이 작중 분위기를 풀어주는 재치 있는 대사를 주로 하며 이로 인해 시청자들이 재미를 느끼도록 하는 것을 확인할 수 있다.

<표 7> 재미 요소가 된 한호열의 대사회차

회차	대사	상황설명
2화	"어떻게 돌아가긴요~ 잘만 돌아가지~요."	생활관 문을 열고 들어오며 하는 말 (부대 내 첫 등장)
	"밤에만 활동한다... 뱀파이어다."	밤에만 활동하는 최준목에 대해 이야기하는 상황
	"저희도 옷 벗고 전역하겠습니다. 함께 가시죠!"	민간인 영장을 발급해달라고 박범구와 전화하는 상황
3화	"여러분 안녕하세요. 호랑이 열정 호열이에요."	호스트바에서 문영옥을 발견하고 직원인 척 자신을 소개하는 상황
4화	"야!!!!!쿠르트 아줌마~야쿠르트 주세요."	용역이 시비를 걸자 도망치는 상황

이러한 재미 요소가 무거운 작품 분위기 속 위트로 사용되며 작품 전반을 끌어주었기에 후반 회차로 갈수록 좋은 주제 의식이 대중들에게 효과적으로 전달될 수 있었다.

2) 가족 서사의 확대를 통한 대중적 울림 강화

〈D.P.〉는 한국뿐 아니라 전 세계를 배경으로 하는 넷플릭스 드라마로서의 전환이 필요했다. 그렇기에 기존의 군필자만이 공감하기 쉬웠던 군 관련 스토리 위주의 원작에서 가족 서사를 극대화해 전 세계 누구라도 공감할 수 있는 보편적인 가족이라는 가치로 군대에 가지 않은 사람들 모두 감동할 수 있는 작품으로 변모시켰다.

그럼 어떻게 가족 서사를 확대하여 대중들에게 감동을 줄 수 있었는지 알아보겠다.

<표 8> 웹툰 <D.P. -개의 날>의 에피소드별 중심갈등, 중심가치, 안준호 반응

에피소드	중심갈등	중심가치	안준호 반응
김중선	부대 내 D.P.를 은근히 따돌리는 황장수	D.P. 역할 소개와 부대 내 D.P.에 대한 인식을 보여줌.	D.P. 활동 대한 회의적 태도를 보임.
최창식	외롭고 힘든 탈영 후 생활	탈영은 탈출이 아니라 도망이다. 가혹행위, 알사장의 갑질 등으로 사회 내 만연한 폭력 비판	"가혹행위를 한 자들은 처벌을 받겠지만 그뿐이다." 체념한 듯한 태도.
김진성	자신의 아들을 변호하며 수사 동행하는 김진성 아버지의 실망	부모의 시선이 아닌 객관적 시선이 필요요. 탈영은 탈영병 자체의 문제에서도 시작됨.	김진성 아버지에게 자책할 필요 없다고 말함.
이범용	직계 간부에게 성추행 등의 강도 높은 가혹행위 당함.	군대라는 조직이 사람을 얼마나 변화시키는지에 대해 보여줌.	탈영병의 복수에 대해 나쁘게 생각하지 않고 공감함.
최필교	안준호 여동생의 도움으로 검거	생각보다 탈영은 계획적이기보다 우발적인 탈영 경우가 많음.	탈영병을 위해 검거한다고 생각하는 자신을 부정적으로 바라봄.
박희범	D.P.를 실적을 위해 이용하는 박범구와 이용당하는 D.P.조	소대장에게 전해지지 않는 소원 수리함 등을 통해 겉으로만 보여지는 모습을 보여줌.	가족에게서 벗어나지 못한 박희범을 보며 자신을 투영함.
이준협	가족을 버리고 도망간 이준협을 신경 쓰지 않는 가족들과 추적하는 안준호	사정은 모른 채 군대 내 가혹행위를 가볍게 생각하는 사람들 비판	가혹행위로 사망한 군인에 대한 뉴스를 보며 군대라는 조직 비판
오성환	수차례 자살시도. 투신, 번개탄 등	모텔 사장, 경비원 등의 탈영, 자살시도에 무관심한 태도 통해 사회 비판	과거 자신의 잘못으로 사망한 신우석을 떠올리며 다급한 모습을 보여줌.

웹툰에서는 다음 표와 같이 탈영병을 통한 안준호 가족 서사의 변화보다는 안준호 자체와 군대 내 부조리 비판이라는 메시지에 더 집중하였다. 하지만 드

라마 〈D.P.〉에서는 거시 서사인 안준호 가족 서사와 미시 서사인 탈영병 에피소드 간의 연결성이 다음 강화되었다.

<표 9> 드라마 〈D.P.〉의 에피소드별 중심갈등, 중심가치, 안준호 반응

에피소드	중심갈등	중심가치	안준호 반응
신우석	탈영 후 룸싸롱 웨이터로 일하며 손님에게 폭행당함.	가혹행위를 피하려 탈영했지만 사회도 다름없음을 보여줌.(사회의 만연한 폭력 비판)	자신의 실책으로 사람이 죽어 자신에게 화남 + 죄책감
최준목	코를 골아 선임들에게 괴롭힘을 당함.	가혹행위는 사소한 이유로 시작됨.	최준목이 어머니와 전화할 때 자신의 어머니를 떠올림.
정현민	■ 정현민: 부대로 돌아가길 권유하는 아버지에게 폭언 ■ 문영옥: 현민에게 데이트 폭력을 당함.	■ 정현민: 탈영의 원인이 가혹행위가 아닌 우발적일 수 있음. ■ 문영옥: 주체적인 여성을 보여줌.(안준호의 엄마와 대비)	문영옥에게 자신의 엄마를 투영해 봄.
허치도	재개발 지역에 사는 허치도 할머니와 집을 철거하려는 사람	가족을 위해 희생하는 사랑과 정신.	엄마에게 처음으로 전화를 걸게 됨.(안준호의 내적 성장)
조석봉	부대 사람들의 방관 및 동조	군대 내 가혹행위로 인한 인간성의 쇠퇴과정 보여줌.(폭력이 당연시되는 군대 조직 비판)	방관의 위험성을 확인함. 자신이 무사히 데려오지 못했다는 죄책감을 가지게 됨.

다음 표를 보았을 때 원작에 비해서 안준호가 가족이라는 가치에 반응하는 장면이 증가함을 할 수 있다. 이는 거시 서사인 안준호의 가족 서사가 확대되었다는 것을 알려준다. 원작에서도 안준호의 가족 서사가 있었지만, 드라마에서는 조금 더 보충하여 가족 서사를 확대했다. 지금부터는 어떤 식으로 안준호의

가족 서사를 확대했는지 구체적인 설정을 예시로 들어 설명하겠다.

원작 웹툰 〈D.P. -개의 날〉에서는 안준호가 어머니를 무시하거나 모멸감을 느끼지 않는다는 점에서 큰 차이가 있다. 여전히 아버지를 증오하지만, 용돈을 주고 일을 시키거나 눈썹의 모양을 가지고 놀리기도 하는 등 일반적 남매의 모습을 통해 어머니와 동생들과는 교류하며 잘 지내는 모습을 보여준다. 어머니와 안준호 관계의 온도를 설명하면 미지근한 정도의 관계를 맺고 있다. 하지만 드라마 〈D.P.〉에서는 입대할 때 어머니가 마중 나오지 않는 모습과 편지 등의 연락을 안준호가 일체 무시하는 모습을 통해 어머니와 서먹하며 안준호가 어머니를 무시한다는 것을 알 수 있다. 또한, 도망치지 않는 어머니를 한심하게 생각하며 여동생과는 그나마 친한 모습을 확인할 수 있어 안준호와 엄마의 관계는 차갑다고 표현할 수 있다. 이렇게 안준호의 가족관계 온도를 재구성한 것은 안준호의 어머니에 대한 원망과 모멸감 등을 확대시켜 안준호가 자신의 가정을 싫어한다는 것을 알 수 있게 한다. 이를 통해 드라마에서 가족관계를 더 서먹한 관계로 설정하며 드라마 후반에서 안준호의 가족을 대하는 태도 변화를 더 극적으로 보이게 한다.

웹툰과 드라마에서는 안준호 형제 관계에도 변화가 있다. 웹툰에서는 안수진, 안준영 각각 남동생과 여동생으로 이루어진 2남 1녀 남매로 설정되어 두 동생 모두 역추적 메일을 보내주거나 여자인 척하고 탈영병을 꾀어내는 등 탈영병을 잡을 때 간접적으로 도움을 준다. 하지만 드라마에서는 안수진, 안준호로 1남 1녀의 관계로 구성되며 탈영병을 잡을 때 동생이 아무런 도움을 주지 않는다. 안준호의 남동생 안준영을 드라마에서 삭제함으로써 안준호를 자신의 가정에서 아버지 이외의 유일한 가장으로서 느끼게 하며 안준호의 책임감, 의지할 곳 없는 상황과 감정 등을 나타낸다.

거시 서사인 안준호의 가족 서사뿐만 아니라 탈영병의 에피소드 중 가족 서사가 확대된 경우도 있다. 에피소드에서의 가족 서사 확대는 안준호의 가족 서사에도 유기적으로 영향을 미친다. 그렇기 때문에 드라마로서의 전환에 있어서 탈영병 에피소드의 가족 서사 확대 또한 대중성 확보를 위한 행보로 중요한 근거가 될 수 있다.

탈영병 에피소드의 확대된 가족 서사와 효과를 다음과 같이 표로 나타냈다.

<표 10> 드라마 <D.P.>에서 미시 서사 중 가족 서사 확대 부분

탈영병	확대된 가족 서사	효과
신우석	■ 군대로 인해 죽게 된 자신 아들과 남동생을 보며 오열하는 어머니와 누나의 모습 ■ 신우석 누나 "왜 보고만 있었어요?" 등의 방관자들을 저격하는 대사	■ 안준호의 죄책감을 극대화하여 각성의 요인으로 작용 ■ 탈영병뿐만 아니라 가족을 동정할 수 있게 함. ■ 아들을 잃은 어머니, 동생을 잃은 누나라는 설정을 통해 동정, 공감 포인트를 줌.
허치도	■ 원작과 다르게 할머니를 위해서 탈영했다는 내용이 추가됨. ■ 안준호와 한호열이 허치도를 풀어주며 할머니 요양원 보내드리고 자수하라고 함.	■ 안준호가 엄마에게 전화하는 계기로 작용하며 가족에 대한 애틋함과 희생정신을 느낌. ■ 치매에 걸린 할머니를 위한 희생을 보여주며 감동을 느끼게 함.

신우석은 원작에 없던 가족 이야기가 확대됨으로써 신우석 누나의 "왜 보고만 있었어요." 등의 대사 등은 안준호의 트라우마를 뒷받침한다. 또한 군대 간 아들을 시신으로 다시 본 어머니와 누나의 오열 신은 시청자가 동정과 안타까움을 자아내며 가족의 소중함에 대해 깨닫게 한다. 최준목 에피소드에서도 체포되어 버스를 타고 돌아가는 길에 최준목이 엄마와 통화를 하며 우는 모습이 〈D.P.〉 속 가족 서사를 확대하는 요소로 사용됐다. 허치도 에피소드는 가족을 위한 희생이 추가되며 가족 서사를 더욱더 확대하는 중요한 에피소드로 자리매김한다. 혼자 남겨진 할머니를 위해서 탈영이라는 위험을 감수하고 도망자 신세가 된 허치도의 사연은 시청자가 가족의 소중함, 희생정신 등을 일깨워주

며 감동을 준다. 또한 이러한 에피소드의 전환이 안준호가 가족에 대해 생각하게 해주는 요소로 작용해 거시 서사인 안준호의 가족 서사를 확대하는 데에도 이바지한다.

또한 가족 서사를 확대하기 위해 원작에서 더 깊게 보충한 것이 안준호의 트라우마이다. 보통의 영화나 드라마에서 시간이 지나 줄거리는 희미해져도 아이언맨, 캡틴 아메리카, 엘사 등의 캐릭터는 잊히지 않는다. 돈키호테와 시드니 칼튼도 마찬가지다. 이 캐릭터들에게는 '상처받은' 인물이라는 공통점이 있다. 어린 시절 부모를 잃은 토니 스타크, 마법에 걸려 동생을 다치게 한 엘사, 과대망상에 빠진 돈키호테, 사랑을 이루지 못하는 시드니 칼튼 등 이들은 모두 현실에 존재하는 인물처럼 복잡하고 섬세한 내면을 가졌다. 캐릭터의 상처에 이입한 독자들은 시련을 겪는 그들과 함께 슬퍼하고, 응원하며 캐릭터의 여정에 동참한다. 독자는 자신과 비슷한 내면의 약점을 가진 캐릭터가 상처를 극복하는 이야기를 보며 용기를 내고 희망을 얻기도 한다. 따라서 작가는 감정적인 상처가 캐릭터에게 어떤 트라우마를 남기는지, 그 트라우마는 캐릭터의 인생 전반에 어떻게 영향을 미치는지 깊이 파고들어야 했다. 그리고 그 상처를 '말하는' 것이 아니라 '보여 주어야' 한다. 강하고 명료하게 그렇기 때문에 원작에서는[9] 자신의 잘못된 D.P. 수행 때문에 사망한 신우석 탈영병에 대한 죄책감이 주인공의 트라우마로 드러났다.

똑같은 죄책감을 느끼고 있지만, 드라마에서는 그 양상을 바꾸어 더 큰 트라우마로 자리 잡게 하였다. 아래의 표는 신우석 에피소드의 전환 양상을 나타낸다.

---

9 안젤라 애커먼, 베카 푸글리시, 임상훈 역, 《트라우마 사전》, 윌북, 2020, pp.89~108 참고.

<표 11> 신우석 에피소드 전환 양상

	원작	드라마
탈영 사유	가혹행위로 인해	가혹행위로 인해
당한 가혹 행위	선임이 파리를 산 채로 잡아 입에 넣고 먹게 함.	군가를 못 외워 구타함.
가족의 출현 여부	가족은 출현하지 않음.	엄마와 누나가 출현
안준호와의 연관성	자신이 이병 때 제대로 쫓지 않고 선임과 함께 PC방에 있다가 사망한 채로 발견된 것에 자신이 제대로 일을 하지 않았기 때문에 사망한 것이라는 죄책감을 가짐.	자신이 건네준 라이터로 번개탄을 피워 자살한 것에 대해 죄책감을 느낌. 또한, 자신이 선임을 따라 제대로 수사를 하지 않아 신우석이 사망한 것이라는 죄책감과 자신에 대한 분노.

〈표 11〉에서 알 수 있듯이 원작에서는 근무 태만으로 인해 신우석의 죽음을 막지 못했다는데에서 트라우마를 지녔다. 하지만 드라마에서는 자신은 몰랐지만, 라이터를 빌려주면서 간접적으로 신우석의 죽음에 가담했다는 점에서 더 큰 트라우마를 지니게 만든다. 2화의 안준호의 트라우마 연출 속 신우석에게 라이터를 주는 장면(2화 45:55)을 통해서 안준호가 원작에 비해 다른 양상으로 더 큰 죄책감을 지님을 알 수 있다.

이러한 트라우마의 심화 속 원작에는 없던 신우석의 가족을 출연시켜 드라마는 가족 서사 확대, 주인공 공감 확대, 메시지 강화 등의 대중적 울림 효과를 얻을 수 있었다.

또 드라마로 제작하면서는 안준호의 트라우마를 더 추가하였는데 바로 가정 폭력에 대한 트라우마이다. 원작에서는 안준호가 자신의 아버지에게 맞고 있는 어머니를 보고만 있었다는 죄책감을 느끼지는 않고 그저 도망가지 않는 어머니와 술을 먹고 사람을 때리는 아버지라는 그 현상에 관해 설명할 뿐 죄책감 등의 자신의 감정을 제대로 비추지 않았다. 하지만 드라마에서는 안준호의 회상씬(1화, 16:51)을 통해 안준호가 그 당시 폭력을 당하던 엄마를 방관한 것에 대해 죄책감을 느끼는 장면을 추가해 가족 서사를 더욱더 확대했다. 군대에서 일어났던 일에서 죄책감을 얻는 것과 가정에서 일어난 일에서 죄책감을 얻는 것 중 가정에서 일어난 일로 죄책감을 얻는 것이 군대에 가지 않은 사람들도 공감해볼 수 있는 보편적인 상황이라 판단했다. 그렇기 때문에 가정환경에 대한 트라우마를 추가했다. 이를 통해 마니아층이 강했던 원작 〈D.P. -개의 날〉에서 많은 대중이 군인인 주인공에게 이입하여 보기 쉽게 만들었다는 의의가 있다.

3) 캐릭터 변주를 통한 메시지 강화

원작에서도 중요하게 다루던 작품의 메시지는 군대 내 부조리와 가혹행위에 관한 것이었다. 드라마 〈D.P.〉에서도 그 점이 비중 있게 다루어졌지만, 드라마로 전환하면서 대중성 확보를 위한 가족 서사가 확대됨을 알 수 있었다. 가족 서사 확대에 따라 본래의 메시지가 약해지지 않도록 드라마에서도 본래 메시지를 강화하는 장치가 있었다.

바로 캐릭터의 변주이다. 아래의 표는 드라마 〈D.P.〉에서 주제 의식 전달 즉 메시지를 강화하기 위해 추가된 캐릭터를 설명하는 표이다.

<표 12> 드라마 〈D.P.〉의 주제 의식 전달을 위해 새로 추가된 캐릭터

	캐릭터 설정	역할	효과
임지섭	진급에만 신경 쓰며 자신의 이익을 위해 아래 사람을 부림. 대대장에게 아부를 잘 떠는 캐릭터.	박범구와 대립 구도를 보여줌. 후에 명령 불복종으로 D.P.와 탈영병을 위한 선택을 하며 내면적으로 성장함. 진급과 도덕성 사이에서 갈등함.	간부들의 실상을 비판. 세속적 성격에서 인간적 성격으로 성장을 통해 간부의 현실과 희망을 보여줌.
천용덕	자신의 부대에 불이익이 있는 걸 용납하지 못함. 자신의 진급과 부대의 위상만 생각함.	사회구조를 보여주기 위한 역할. 장교 비판 부분을 더 심화시켜 보여줌. 임지섭과 박범구의 갈등 원인의 제공자	군 고위직을 비판하는 효과를 줌. 현실에서의 군의 대응과 태도 등을 비유함으로써 비판함.

김루리	조석봉의 친구. 조석봉과 다른 부대에서 가혹행위 등의 괴롭힘을 선임들에게 당하고 있음.	쿠키영상에서 큰 임팩트를 준 인물. 조석봉 탈영 후 지인 탐문으로 조석봉에 대한 정보를 제공함.	쿠키영상에서 "뭐라도 해야지."라는 대사를 통해 가혹행위 방치 등의 문제를 정확히 꼬집어 문제 제기한 것에 효과가 있음.

임지섭은 디피를 자신의 진급을 위한 수단이라고 생각하여 3화에서 휴가 중에도 탈영병을 잡으라고 명령을 내린다. 초반에 계속해서 박범구와의 대립 구도를 통해 기 싸움을 하는 모습을 보여준다. 하지만 후에 디피와 탈영병을 위한 선택을 하며 내면적으로 성장하게 됨으로써 세속적인 성격에서 인간적인 성격으로의 성장을 통해 입체적인 캐릭터로 그려져 간부들의 현실과 희망을 보여준다. 간부들의 실상, 사회생활 내의 상하관계 갈등을 비춰주며 시청자들의 공감으로 이끈다. 임지섭은 어찌 보면 가장 현실적인 캐릭터, 사회에 현실적으로 있을 법한 캐릭터로 진급과 도덕성 사이에서 갈등하는 모습을 통해 사회생활에서 갖는 고민을 시청자들과 공유할 수 있다.

천용덕은 임지섭과 다르게 끝까지 자신의 진급과 부대의 위상만 생각하는 변하지 않는 간부의 모습을 보여주며 장교 비판 부분을 더 심화해서 보여준다. 조석봉을 잡기 위해 경찰과의 합동 수사를 거부하고 사건이 일어나도 덮으려고만 하는 모습을 통해 현실에서의 군의 대응과 태도 등을 보여주어 비판한다. 군 이미지를 걱정하는 간부의 모습을 그리며 박범구와 임지섭 등의 간부들에게 협박 아닌 협박을 한다.

박범구와 임지섭, 천용덕 세 명의 간부들을 통해 명령이 잘못되었음에도 불구하고 따라야 하는 군대 시스템을 비판하며 나아가 수직적 조직에 대해 비판할 계기를 마련한다.

조석봉의 친구로 나온 김루리는 쿠키 영상에서 큰 임팩트를 준 인물이다. 쿠키영상 "뭐라도 해야지."라는 대사와 함께 부대 내에서 총기를 난사한 장면은 작가의 말을 대변해준다. 에피소드6 이름인 방관자들과 알맞은 대사로 아무것도 하지 않은 방관자들에게는 비판의 메시지를, 가혹행위 방치의 문제를 꼬집어 문제를 제기하기도 한다.

이러한 이상 캐릭터의 확충은 작품의 메시지를 강화해준다는 의미를 가진다. 작가의 우리 사회에 만연한 폭력과 부조리를 비판한다는 메시지는 군대 내 부조리를 더욱 다양한 양상으로 직관적으로 보여주는 캐릭터들을 통해 원작보다 더 다채롭게 강화되었다. 또한 김루리 캐릭터의 경우에는 작중에서 딱히 비중 없는 조연으로 비치다가 마지막 쿠키 영상에 엄청난 임팩트를 준다. 작중에서는 존재감을 숨기다 마지막에 반전으로 강화한 의도 또한 메시지 강화를 위한 전략이라고 볼 수 있다.

지금부터는 새롭게 추가되지 않고 원작에도 등장했지만 변화된 캐릭터들을 살펴보겠다. 처음 말해볼 캐릭터 변주로는 박범구의 성격 변화이다. 원작에서의 박범구는 "디피야 종교 행사가서 뭐 좀 처먹고 다니지 마라, 얼굴 팔린다.", "못 잡으면 너네 둘 다 죽이고 나는 탈영할 거야.", "사단장님 근심이 많아.", "아 참 그리고 디피야 너네 고참들처럼 타사단 디피 애들한테 뺏기고 그러면 그냥 그 길로 너네도 탈영해." 등의 대사들을 통해 진급만 신경 쓰며, 탈영병을 그저 물건으로밖에 바라보지 않는 현실적인 군 간부의 모습을 그려냈다.[10] 하지만 드라마에서는 진급에 신경쓰기는 하지만 옳고 그름을 제대로 판단하는 정직한 캐릭터로 그려진다. 이는 6화의 탈영병 조석봉을 잡기 위해 특임대를 출동시키려는 대대장에게 강력히 반발하는 모습(6화/19:47)과, 5화의 대대장의 축소 수사 명령에 따르지 않고 디피와 수방사 디피까지 동원해 어떻게든 조석봉 탈

---

10 이를 현실적인 군 간부의 모습이라고 칭한 것은 실제 국방정보공학과 재학생과의 인터뷰를 통해 군 간부들은 진급해야 자신도 돈을 벌 수 있기 때문에 생계를 위해 실적을 신경 쓰고 군 내 문제를 어쩔 수 없이 축소하여 바라보는 경향이 있다고 답변해주었다. 이러한 면에서 원작에서는 박범구 캐릭터, 드라마에서는 임지섭 캐릭터가 가장 현실적인 현 대한민국 군 간부의 모습이라고 지적했다.

영병을 잡으려는 모습(5화/5:25)을 통해 알 수 있는 모습이며 실제 군 간부의 모습이라고 보기에는 굉장히 정의롭고 판타지적인 인물이다.[11] 이러한 정의로운 캐릭터로서의 설정 변화는 추가된 간부 캐릭터인 임지섭과 천용덕과 함께 있을 때 더욱더 효과적이다. 우리가 생각하는 이상적인 간부의 모습과 현실에서 볼 수 있는 진급과 실적, 군 이미지만 생각하는 간부의 대립을 통해 현실의 간부들을 비판한다. 원작에서는 간부들의 태도를 통해 군 조직을 비판하지는 않았는데 드라마에서 이러한 변화를 통해 군 간부들의 실상을 비판하고 그를 통한 군 조직의 비판으로까지 의미를 확장했다.

<표 13> 박범구 캐릭터의 전환점을 나타내는 대사와 행동

박범구 태도 변화	원작	드라마
D.P.를 대하는 태도	▪ "디피야 종교행사 가서 뭐 좀 처먹고 다니지 마라. 얼굴 팔린다."(1권 28p) ▪ "얘네 연말까지 잡아와. 못 잡으면 너네 둘 다 죽이고 나는 탈영할 거야."(1권 45p) ▪ "난 또 네가 일부러 나 엿 먹이려는 줄 알았지.", "나 옷 벗으면 니가 택시라도 한 대 뽑아 줄거야?"(1권81p) ▪ "다음 달에 우리 사단에서 팔도사나이 촬영한댄다. 그런데 탈영한 놈이 하필 그쪽 연대 소속이야. 혹시 말 나오면 그러니까 얼른 올라가서 데려와."(1권 172p) ▪ "어.야 휴가 중에 반가운 소식이 있다. 탈영병 발생했다."(2권 226p)	▪ 5화(28분 39초): 탈영한 조석봉이 극장에서 칼을 휘두르고 도망간 후 ▪ 박범구: 호열아. 잘했다 싸움에 안 덤빈 거 잘했다고.(안도하는 표정) ▪ 3화(5분 43초): 박범구: 얘들 휴가 갔는데 타 부대 탈영병까지 잡아야 하냐(임지섭에게 하는 말) ▪ 5화(06:10~06:56): 조석봉을 잡으러 가며 "개 키워 봤냐? 키우던 개가 사람을 물면 그 개는 죽여야 돼. 한번이라도 사람을 문 개는 용서가 안 되거든. 또 그럴 거라 생각하는 거지. 근데 개 입장에선 지한테 돌 던지고 괴롭히던 새끼를 문 거면, 그런 거면 존나게 억울하지 않겠냐?" (안준호: 조석봉 일병이 개라는 말씀이십니까?) (피식 웃으며) "우린 아닌 줄 아냐?"

11 이 사실 또한 국방정보공학과 관련자의 인터뷰를 통해 지적받은 부분이다. 박범구 같은 간부는 사실상 실제 군 사회에서는 보기 힘든 인물로서 판타지에 가깝다는 지적을 하였다.

탈영병을 대하는 태도	■ 폭행으로 영창을 두 번 다녀온 탈영병에 대해 하는 말. "그런데 뭐?, 잡아라. 얘 때문에 '팔도 사나이' 촬영 날아가면 내 진급도 날아간다."(1권 174p) ■ "올해가 벌써 다 끝나가는데 아직 두 놈이 영창 밖에 있다. 이런 상황인데 휴가를 갈 수 있나?, 가고 싶나?"(3권 189p)	5화(39:48~40:25) 조석봉을 검거한 후, "조석봉, 죽인다고 복수가 아니다. 사람이 죽을 때 되면 반성할 것 같냐? 그냥 그러고 죽는 거야. 존나게 평화롭게. 그럼 죽인 사람은? 그때 가서 후회하지. '아, 씨팔. 뒈진 새끼는 아무것도 반성 안 했는데. 이젠 책임이고 나발이고 이거 물을 수가 없네, 씨팔.' 그러면서 평생 후회한다. '살려 둘걸. 살려 두고 책임지게 할걸.'"
명령에 따르는 정도	■ "내가 오늘 사단 사령부에 올라갔는데 말이야. 사단장님이 근심이 많으시더라."(1권 41p) ■ 굽신 거리며 "아이고 대장님이 그렇게 봐주시면 너무나 감사합니다.", 대대장에게 "예 알겠습니다. 단도리 잘하겠습니다. 충성"(3권 187p)	6화(27:31~27:48) 특임대 진입을 강행하려는 천용덕에게 "사람 죽여 봤어요? 쟤들이 나라 지키려고 군대 온 거지, 지들이랑 같이 밥 먹고 같이 잠자는 애 죽이려고 군대 온 거냐고요! 대답하세요. 사람 죽여 봤냐고!!" (천용덕: 아 시발, 이것도 명령 불복종이네. 작전 중 지휘관한테…), (천용덕의 주먹질을 막으며) "여기 전쟁터 아닙니다… 나, 그냥 직장인이고요".

　황장수 캐릭터는 원작에서 1권 초반에 잠깐 등장했던 캐릭터이다. 하지만 드라마에서는 그 캐릭터의 역할이 확대되었는데 안준호가 생활하는 부대 내에서 가장 크게 부각되는 대표적인 선임 캐릭터로 황장수가 표현된다. 황장수는 가혹행위를 주도적으로 행하는 인물로서 대표적인 피해자로 그려지는 조석봉 캐릭터에게 1화부터 6화까지 부대 내 장면에서 꾸준히 가혹행위를 하는 장면이 비추어졌다.

　무엇보다도 원작에서 자신을 괴롭히던 간부에게 복수하려 탈영한 이범용 캐릭터의 에피소드에서 복수의 대상이었던 간부를 투영하는 인물로 그려졌다. 원작의 내용이 드라마에서 축약되며 가혹행위를 일삼는 선임과 전역 후 피해자가 복수하기 위해 찾아가는 가해자 설정이 압축되며 황장수 캐릭터의 설정에 추가가 된 것이다. 이로써 설정이 분산되는 것 없이 안준호의 부대 안 만의 상황에 초점을 맞추어 군대 조직과 나아가 사회 조직을 안준호 부대에 비유하여 고발하고 비판하고자 하는 의도를 파악할 수 있었다. 또한 황장수의 전역 후 모습을 의도적으로 보여줬는데, 이는 군대 내에서 말년병장으로 가혹행위를 정당한 듯 행하고 모든 이가 자신에게 예우를 갖추는 모습과 자신의 을의 입장으로 편의점 점주에게 갑질을 당하는 모습을 대비시켜주어 작품 내에 절대 악은 없다는 것을 보여준다. 캐릭터 개인의 잘못으로 가혹행위 등의 부조리를 비판하지 않고 황장수 캐릭터가 그런 행동을 할 수 있게 당위성을 부여해준 것이 군대라는 조직임을 비판한다.

군대 조직 비판을 목적으로 변화된 것 중 박범구의 성격 변화는 또 다른 간부 캐릭터의 추가를 통해 간부 유형의 대립을 보여주며 군 시스템을 비판했고 황장수 캐릭터의 전역 후 편의점 장면과 "그래도 되는 줄 알았어." 등의 대사를 추가하여 군 조직의 문제점을 비판하였다. 또한, 향유자들의 주인공 이입을 용이하게 할 목적으로 변화된 설정은 안준호의 상병에서 이병으로 변화한 시점 변화와 신우석 탈영병의 사망과 안준호의 연관성 등을 원작보다 더 강화해 향유자들이 더욱더 안준호의 감정과 상황에 쉽게 이입되도록 변화시켰다. 원작은 그저 탈영병들이 탈영한 그 현상에 대해 늘어놓고 군의 실상을 고발하는 설명식 전개였다면 드라마는 캐릭터의 비중을 축소 및 확대해 입체적인 캐릭터로 군의 실상을 고발하고 향유자의 이입을 촉진하는 데 일조하였다.

결론적으로 앞서 소개한 특정 캐릭터의 변주가 군 비판, 사회의 만연한 폭력과 부조리 비판이라는 작가의 메시지를 강화하는 중요한 역할을 했다는 것을 알 수 있다.

4) 연출의 추가와 삭제

〈D.P.〉의 원작과 드라마를 분석하며 원작에는 있었지만, 드라마에는 삭제된 요소와 원작에는 존재하지 않았지만, 드라마에서 추가된 요소들을 확인할 수 있었다.

원작에는 없었지만, 드라마화 과정에서 추가된 연출을 살펴보자. 첫 번째로, 1화 36분 38초에서 확인할 수 있는 안준호의 라이터이다. 안준호가 신우석에게 직접적으로 라이터를 주는 장면이 나오는데 탈영병 신우석은 이 라이터를 이용해 번개탄 자살에 사용하였다. 이 장면은 원작에는 없던 연출로 안준호가 본인이 신우석의 번개탄 자살에 간접적으로 가담하였다는 사실을 알게 되며 안준호의 죄책감을 극대화해주는 요소이다.

두 번째로는 안준호의 박성우 구타 장면이다. 원작에서는 선임에게 폭력을 가하는 장면은 존재하지 않는다. 이전 장면에서 안준호가 박범구 중사에게 현장에서 나온 증거물로 라이터를 받은 직후, 안준호는 박성우를 구타한다. 이 장면을 통하여 안준호가 자신이 사람을 간접적으로 죽였다는 죄책감과 자신이 느끼고 있는 자신의 한심함을 볼 수 있었다. 그 근거로 안준호가 박성우를 구타하는 중 박성우의 얼굴이 중간중간 안준호의 얼굴로 교차하여 편집된 모습을 근거로 말할 수 있다. 또한, 이 장면을 통해 안준호가 D.P.로서 각성하는 모습을 예상할 수 있다.

세 번째로는 안준호가 죄책감의 환영을 보는 연출이다. 원작에서는 신우석의 죽음에 대한 죄책감만 영창에서 보는 연출이 나왔지만, 드라마에서는 아버지의 폭력 장면도 영창에서 환영으로 보게 된다. 이를 통해 안준호가 신우석을 지키지 못하고 유흥에 빠진 점, 그리고 어머니의 구타를 성인이 되어서까지 방관하는 자신의 죄책감을 표현하였다.

이러한 연출은 안준호를 둘러싼 주변 인물들의 반복되는 죽음과 아픔을 연속으로 보여주며 이를 방관하는 죄책감을 더욱 강화한다.

네 번째로는 실제 화제가 되었던 문제를 드라마에서 새롭게 가져와 사용한 것이다. 이는 에피소드의 제목이기도 한 몬티 홀 문제이다. 4화의 탈영병인 허치도는 경제학 전공자로 에피소드에서 그의 대학 수업 중 몬티 홀 문제에 관해 설명하는 장면이 나온다. 몬티 홀 문제는 '몬티 홀'이라는 미국 프로그램에서 유래된 확률 문제로 다음과 같은 방법으로 이루어진다. 우선, 사회자는 문 3개를 참가자에게 보여준다. 문 3개 중 두 개의 문 뒤에는 염소가 있고 한 개의 문 뒤에는 자동차가 있다. 사회자는 어떤 문 뒤에 어떤 상품이 있는지 알고 있으며, 이 게임에 참여하는 참가자가 다음 문 중 하나의 문을 고를 수 있다. 참가자가 하나의 문을 고르면 사회자는 나머지 두 개의 문 중 하나의 문을 열어 염소를 보여준다. 그러고 나서 사회자는 참가자에게 참가자가 고른 문과 아직 열지 않은 문 중 선택을 바꿀 기회를 준다. 우리는 흔히 이 상황 속에서 문을 바꾸거나 바꾸지 않은 확률은 2분의 1이라고 가정하는데, 이는 잘못된 생각이다. 이 문제는 조건부 확률이 적용되므로 사회자가 문 뒤에 무엇이 있는지 알기에 확률에 영향을 미친다. 이 문제는 사회자가 선택에 개입함으로써 변수가 생기는 게 핵심 포인트이다. 이 몬티 홀 문제의 의미는 조건과 상황에 따라 확률은 계속해서 바뀐다는 것이다.

이러한 확률 문제를 드라마 〈D.P.〉에서 사용하였는데, 안준호는 이 몬티 홀 문제를 가지고 허치도에게 있어서 몬티 홀 문제가 어떠한 의미를 나타내는지 추리했다. 허치도에게 있어서 몬티 홀 문제는 1번: 할머니를 지키기 위해 입대한 허치도, 2번: 살던 집이 철거되는 변수, 3번: 군대보다 치매 걸린 할머니를 지킬 방법은 탈영이다. 그렇다면 이러한 몬티 홀 문제가 〈D.P.〉에서 시사하는 바는 무엇일까? 몬티 홀 문제는 결국 자신이 고른 답에서 다른 대안을 골라야 확률이 조금 높아진다. 하지만 이는 하나의 딜레마이다. 자신의 전략에 따라 이 확률이 바뀔 수 있기 때문이다. 확률이 변하긴 해도 조금 달라지는 거지 결국에는 처음 선택이 정답일 가능성은 언제나 존재한다. 그러므로 자신의 현재 상황에서 탈영이라는 변수보다는 '제대하는 게 어떨까?'라는 새로운 변수를 제공하고 이는 또 다른 의미를 제공한다.

다섯 번째로는 터널의 의미이다. 에피소드 4화 30초에 터널이 나온다. 이 터

K-DRAMA 스토리텔링, 모색과 조형의 힘

널은 이후 6화의 24분 22초부터 조석봉이 황장수를 납치해온 장소로 재등장하게 되는데, 이 터널은 원작에 없던 연출이다. 4화에서 조석봉과 류이강의 대화에서 훈련하는 터널의 의미에 관해서 이야기하는 장면이 나오는데, 이 대화를 통해 북한이 땅굴을 팠던 곳을 전쟁 나면 우리가 안 죽으려고 들어가는 아이러니한 장소라는 것에 대해 이야기를 한다. 그 후, 6화에서 이는 조석봉이 괴롭힘을 당했던 장소로서 황장수에게 복수하기 위해 납치해 데려오는 장소가 된다. 우리는 이 장면을 통해 장소의 역설적인 모습을 확인하고 나라를 지키기 위해 들어간 군대에서 괴롭힘을 당하고 사람을 죽이려는 군대 시스템의 문제를 강하게 비판하는 메시지를 읽을 수 있다.

여섯 번째, 마지막 장면의 변화이다. 원작에서는 편의점 아르바이트를 하며 잡지 못했던 탈영병 이준협을 마주치는 것으로 끝이 났다. 하지만 드라마에서는 안준호가 명령을 불복종하고 다른 방향으로 뛰어가는 뒷모습을 보여주며 끝났다. 이를 통해 원작에서는 안준호가 전역해도 탈영은 끝나지 않는다는 점을 시사하고 탈영병 한 명을 잡지 못하는 무력한 조직에 대해 참담함을 표현했다고 볼 수 있다. 그리고 드라마에서는 명령 불복종을 통해 조직에 대한 반항, 반기의 태도를 볼 수 있었다.

마지막으로 6화 40분 40초부터 나오는 쿠키영상이다. 조석봉의 친구인 김루리가 자신을 괴롭히던 선임을 총으로 쏴버리는 장면이다. 이는 원작에는 없는 연출로 대사 "뭐라도 해야지."를 통해 군대에서 자신이 방관한 적은 없나 생각하게 만드는 요소가 된다. 이렇듯 원작에는 없었던 요소를 추가해 안준호가 D.P. 활동을 진지하게 만들어주는 요소와 군대 시스템을 비판하는 요소들을 확인할 수 있었다.

지금까지는 원작에는 없었지만, 드라마화에서 추가된 연출 요소들을 살펴보았다. 반면, 지금부터는 원작에는 있었지만, 드라마화 과정에서 삭제된 요소를 살펴보자.

첫 번째, 안준호가 소등 이후 군대를 침팬지 수용소로 비유한 장면이다. 이 장면은 원작에서 군인을 침팬지로, 군대를 침팬지 수용소로 비유하고 야생의 침팬지들이 언제일지 모를 결전의 날을 준비하며 훈련한다고 표현하였다. 침팬지는 인간과 비교했을 때 DNA 서열이 약 95%가 일치한다. 침팬지는 유전적으로 인간과 가장 가깝다. 작가가 침팬지를 군대에 비유한 이유로는 이러한 유전적 일치보다 침팬지의 모습이 군대와 상당히 유사하다는 점을 들 수 있다. 먼저, 침팬지는 의사소통 수단이 없다는 것이다. 무리를 지어 생활하는 동물임에도 단체 생활에서 의견이 일치하지 않거나 문제가 생기면 폭력으로 해결하려는 경우가 많다. 이러한 모습은 군대가 상급자의 지시가 절대적인 조직이며, 논리적 비판을 하기 힘든 장소이며 용납되기 힘든 반사회적 행위도 단지 상급자라는 이유만으로 정당성을 부여받는 곳이기 때문이다. 군대 역시 수직적 지휘체계가 철저하게 구분된 장소이며 침팬지 역시 수용소 안 무리의 서열이 확실하다. 이를 통해 군대와 침팬지의 생활 모습이 굉장히 유사하다는 모습을 보며 이를 통해 작가가 군대의 수동적인 모습을 비판한다는 점을 알 수 있었다. 하지만 드라마에서는 웹툰과 같은 침팬지 연출을 실사화하는 데에는 많은 한계점이 있어 삭제되었다.

두 번째, 웹툰 원작에서는 군인을 '개미'에 비유하는 장면이 나온다. 개미의 조직엔 개미들만의 보고체계와 반드시 지켜야 하는 규칙이 있다. 또한, 개미는 계급 체계로 이루어져 있다. 여왕개미부터 수개미, 일개미, 병정개미 등 여러 계급이 존재한다. 이러한 계급이 앞서 말한 침팬지처럼 절대적인 것은 아니지만 체계적으로 계급이 나누어져 있다. 만약 한 마리의 개미가 이러한 보고체계를 무시하고 규칙에 이의를 제기한다면 벌을 받게 된다. 군대의 개미는 철저하게 서열화가 되어 반드시 정해진 보고체계를 따라야 한다. 원작의 개미 연출은 군대의 모습을 비유적으로 잘 보여주는 장면으로 사용된다. 하지만 침팬지 장면과 마찬가지로 실사화하여 구현하기에는 한계가 있는 장면이기에 삭제되었다.

원작에 없었지만 추가된 장면이나 원작에는 있었지만 삭제된 장면은 매체 전환에서의 한계점을 시사하기도 한다. 하지만 〈D.P.〉에서 볼 수 있었던 연출적인 변주는 극의 서사를 더욱 극대화하고 작품이 말하고자 하는 군 조직 비판과 사회 조직 비판 등의 메시지를 더욱 부각하는 효과를 가져왔다.

3. 〈D.P.〉 전환 전략의 의의

드라마 〈D.P.〉는 작가의 인터뷰에서도[12] 알 수 있듯이 많은 향유자층에게 다가갈 수 있기를 바랐다. 그것이 원작 웹툰의 한계점을 극복하고 상업적으로 대중들에게 다가갈 수 있는 길이기 때문이다. 그렇기 때문에 다양한 전환 전략을 사용해 공감을 바탕으로 다양한 향유자층의 유입을 유도했고, 네이버 검색 데이터와 드라마 커뮤니티의 시청자 반응에 따르면 원작보다는 향유자 성별 편차를 극복하였다. 하지만 이도 남성이 65%, 과반수를 넘겨 다양한 향유자층의 유입이 적극적으로 이루어지지는 않았음을 시사한다.

〈D.P.〉는 군대를 사실적으로 보여주며 많은 문제가 제기되었다. 군대는 체계적인 계급 사회로 후임이 선임에게 이의를 제기하거나 행동을 지적하는 상황은 있을 수 없다. 이러한 상황 속에서 선임의 후임 가혹행위가 이루어지는데, 〈D.P.〉에서는 구타부터 방독면 씌우고 물 넣기, 폭언, 대공포 발사 등 다양한 가혹행위가 제시되었다. 특히 김루리 일병이 조석봉이 일으킨 사건이 보도되는 뉴스를 보며 "뭐라도 해야지…"라고 말하는 장면과 신우석의 납골당에 찾아간 안준호를 본 신우석의 누나가 "왜 그런 애가 괴롭힘당할 때 보고만 있었냐?"라고 타박하는 장면을 통해 가혹행위를 방관하는 사람들의 행위까지 비판하였

---

12 박진희, 'D.P.' 한준희 감독 "군대는 거대한 사회 축소판…현실 직시했다", 〈뉴시스〉, 2021.09.01. (https://mobile.newsis.com/view.html?ar_id=NISX20210901_0001567965)

다. 또, 가혹행위를 당해 탈영한 후 체포된 최준목이 자신의 어머니와 대화하는 장면에서 최준목에게 가혹행위를 한 선임들이 별다른 처벌 없이 단순 소속만 다른 곳으로 옮겨지는 것으로 마무리되었다는 점을 통해 가혹행위에 대한 처벌의 미약성도 드러났다.

이렇듯 〈D.P.〉는 군대가 가지고 있는 다양한 문제를 그려내었다. 그런데도 우리는 〈D.P.〉 속에서 제시하는 대안은 확인할 수 없었다. 군대의 가혹행위는 드라마의 시점인 2014년 이후에도 꾸준히 일어나고 있다. 2021년, 공군에서 후임병에게 약 3개월간 가혹행위를 지속해 왔다는 사실이 드러났다. 이러한 가혹행위는 별다른 법적 처벌 없이 단순 군대 내 강등으로 미약한 처벌이 이루어지고 있다. 또한, 2021년 5월 공군 소속이었던 부사관 이예람 중사가 성추행을 당해 신고하였음에도 묵살되었고 이러한 사실로 2차 가해를 당해 자살한 사건이 일어났다. 이처럼 군대 내 가혹행위는 아직 이어지고 있다. 드라마 〈D.P.〉를 통해 군대에서 어떠한 가혹행위가 일어나는지, 군대의 현실이 어떤지 이를 모르는 사람들에게 전달하기엔 탁월하였지만 그래서 이러한 일이 일어나지 않도록 어떻게 해야 하는지 해결방안을 제시하지 못해 아쉬움이 든다.

그럼에도 불구하고 웹툰에서 드라마로 전환되었을 때 사용한 전환 전략들은 확실히 드라마라는 매체 성격에 맞춘 우수한 전환 전략이었다. 프리퀄을 통한 에피소드의 재구성, 유쾌한 캐릭터의 출현, 가족 서사의 확대 등은 원작 〈D.P.〉의 한계점이었던 마니아적 성격을 보편적 가치의 확충으로 보완해주었다. 또한 원작에 비해 touch point를 넓히고, 거점 콘텐츠로서 향유자의 시야를 확장하여 우리 사회에 만연한 폭력과 부조리와 같은 사회적 문제를 제기하는 것에 도움이 되었다는 점에서 큰 의의가 있다. 이처럼 〈D.P.〉의 전환 전략은 원작을 넷플릭스 오리지널 드라마로서 성공할 수 있게 한 효과적인 전략이었을 뿐 아니라 더 많은 향유자에게 사회적 문제를 제기할 수 있게 한 우수한 전략이라고 평가할 수 있다.

참고문헌

김건우, 《웹툰 원작 영화의 각색 연구: 영화 <신과함께> 시리즈를 중심으로》, 광운대학교 대학원 석
    사학위논문, 2021.

김보통, 《D.P. -개의 날》, 씨네21북스, 2015.

김성민, 군대 내 부조리 다룬 'D.P.', 군 관계자들이 보고 이런 평가 남겼다, <위키트리>, 2021.08.31.
    (https://www.wikitree.co.kr/articles/684052)

김소연, 'D.P.' 한준희 감독 "군대 얘긴 재미없다는 핀잔도 들었죠", <한경연예>, 2021.09.01. (https://
    www.hankyung.com/entertainment/article/202109014225H)

김수리, 웹툰의 드라마화에 나타난 캐릭터 유형 변화와 그 의미: <내 아이디(ID)는 강남미인을 중심으
    로>, 《문화콘텐츠 연구》 제15호, 건국대학교 글로컬문화전략연구소, 2019.

남지은, 넷플릭스 'D.P.' 원작자 김보통 작가가 "요즘 군대는 다르다" 평가에 보인 반응, <huffpost>, 2021.
    09.13. (https://www.huffingtonpost.kr/entry/dp-kim-botong_kr_613ee284e4b0dda4cbd08
    23e)

박기수, 《미야자키 하야오 애니메이션 스토리텔링 전략》, 논형, 2018.

박기수, 소설 『해리포터 시리즈』 스토리텔링 전략 연구, 《한국언어문화》 42집, 한국언어문화학회,
    2010.

박기수, 트랜스미디어 스토리텔링, <역동적 참여와 융합 그리고 공유의 즐거움: 콘텐츠IP비즈니스를
    중심으로>, 《인문콘텐츠》 62호, 인문콘텐츠학회, 2021.

박준호, [리뷰-넷플릭스 'D.P.'] 리얼리티·연기·연출 연료 삼아 군대 부조리 직시하다, <서울경제>,
    2021.08.31. (https://www.sedaily.com/NewsVIew/22QEI0VR92)

박지혜, 웹툰의 재(再)매개 과정에 관한 연구: 미생을 중심으로, 《공연영상 미디어스토리텔링》, 중앙
    대학교 예술대학원, 2019, p.3.

박진희, 'D.P.' 한준희 감독 "군대는 거대한 사회 축소판…현실 직시했다", <뉴시스>, 2021.09.01.
    (https://mobile.newsis.com/view.html?ar_id=NISX20210901_0001567965)

사인원, 《한국 웹툰을 원작으로 하는 영화의 매체 전환 전략과 흥행요인 분석: <신과 함께-죄와 벌>
    과 <신과 함께-인과 연>을 중심으로》, 건국대대학원 석사학위논문, 2019.

안젤라 애커만, 베카 푸글리시, 임상훈 역, 《트라우마 사전》, 윌북, 2020.

우마미, [넷플릭스] 디피로 구교환 배우 제대로 날아오를듯 하네요, <DVD프라임>, 2021.08.28.
    (https://dprime.kr/g2/bbs/board.php?bo_table=netflix&wr_id=172151&sca=&sfl=wr_sub
    ject&stx=%EB%94%94%ED%94%BC&sop=and&scrap_mode=)

유경선, "소름돋아 잠 못 이뤘다"…넷플릭스 D.P.가 그린 한국군 폭력의 슬픈 자화상, <경향신문>,
    2021.08.29. (https://m.khan.co.kr/culture/culture-general/article/202108291641001#c2b)

이다원, [편파적인 씨네리뷰] '치인트' 잘못된 원작 요리법, <스포츠경향>, 2018.03.08. (https://
sports.khan.co.kr/entertainment/sk_index.html?art_id=201803080957003&sec_
id=540401)

정달래, 초대박 기대하며 웹툰 영화화했다가 쪽박만 찬 영화들의 공통점, <이슈쉐어>, 2019.05.03.
(https://butterpopcorn.kr/2046/)

정석희, 순수한 믿음 꼬꾸라트린 'D.P.', 참혹한 엔딩 선택한 이유, <엔터미디어>, 2021.08.28.
https://www.entermedia.co.kr/news/articleView.html?idxno=27281

조지영, [공식] '부산행', '반도' 연상호 감독, 2021년 1월 1일 웹툰 <반도 프리퀄 631> 공개, <스포츠 조
선>, 2020.12.23. (https://www.chosun.com/entertainments/entertain_photo/2020/12/23/
QQEDOLEMF6TFREQ7SAIOAS54NA/)

최상진, 'D.P.(디피)'가 12년 전, 내 안의 괴물을 깨웠다, <서울경제>, 2021.08.31. (https://www.
sedaily.com/NewsVIew/22QEIL6AKH)

추승현, '유미의 세포들' 시즌1 유종의 미⋯웹툰 실사화 성공적인 예, <서울경제>, 2021.10.31(https://
www.sedaily.com/NewsView/22SYDOMSZD)

하재근, <디피>, 사람 잡는 군대를 말하다, <시사저널>, 2021.09.26. (https://www.sisajournal.
com/news/articleView.html?idxno=224578)

한양대학교 문화콘텐츠학과 스토리텔링 연구팀, 《넷플릭스 오리지널 한국드라마 스토리텔링 전략》,
논형, 2022.

〈이태원 클라쓰〉, 보상의 차별적 매력

김변서·박인영·이교현·이현주·팽가이

1. 분석해야 보이는

드라마 〈이태원 클라쓰〉는 2020년 1월 31일부터 3월 21일까지 방영한 카카오엔터테인먼트의 슈퍼 웹툰 프로젝트의 첫 번째 작품이다. 최고시청률 16.548%를 기록하며 JTBC 드라마 중 3위, 웹툰을 원작으로 하는 드라마 중에서는 1위를 차지하였다. 또, 해외에서도 이목을 끌면서 〈롯폰기 클라쓰〉로 일본에 수출되는 등 글로벌 시장에서도 성공적인 결과를 가져왔다.

〈이태원 클라쓰〉는 원작 IP의 성공적인 전환이라는 점에서 유의미한 분석이 필요한 작품이다. 한국의 웹툰 시장은 이제 한국을 넘어 전 세계로 나아가고 있다. 드라마도 〈오징어 게임〉, 〈스위트 홈〉 등 글로벌 시장에서 메가 히트 작품이 줄줄이 나오며 글로벌 팬들의 기대를 모으고 있다. K콘텐츠가 흥행을 잇고 있는 지금, 이 흥행을 단순히 운으로 치부할 것이 아니라 공통점을 찾아 공식화하여 이 파도를 끊임없이 생성해야 한다. 국내외에서 성공적인 작품인 〈이태원 클라쓰〉는 분석하고 벤치마킹하기에 더할 나위 없이 좋은 텍스트일 것이다. 우리는 〈이태원 클라쓰〉의 스토리텔링 전략 분석을 바탕으로 현장에서 활용할 수 있는 흥행성공 공식을 만들고자 한다.

〈이태원 클라쓰〉는 아버지를 잃은 아들의 복수와 대기업의 횡포를 이겨낸 스타트업의 성공을 그려낸 보편적인 성장형 복수담이다. '보편적'이라는 점은 향유자들에게 어렵지 않게 다가갈 수 있다는 장점이 될 수도 있으나 자칫하면 '뻔한' 이야기가 될 수도 있다는 점에서 양날의 검이다. 〈이태원 클라쓰〉는 어떻게 '보편적'이라는 약점을 극복하고 차별화된 이야기로 향유자들에게 다가왔을까? 우리는 이에 대한 답을 갈등, 사이다, 전환, OST 4가지 관점에서 알아보기로 했다.

2. 캐릭터의 상호 간섭을 통한 갈등의 입체화

〈이태원 클라쓰〉의 캐릭터 구조는 박새로이를 꼭짓점으로 하는 사각뿔 형태를 보인다. 이 사각뿔 형태의 캐릭터 구조는 서사를 매력적이고 탄탄하게 만든다. 서사를 시작하고 마무리 짓는 가장 중심의 거시 갈등은 A이다. 이외의 다른 갈등들은 갈등A에서 파생되었으며 갈등A를 보다 풍부하고 입체적이게 만들어준다.

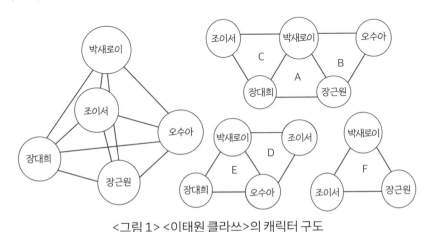

<그림 1> 〈이태원 클라쓰〉의 캐릭터 구도

A는 이 작품의 중심 갈등인 원한 관계의 구도다. 박새로이는 자신의 아버지를 죽인 장근원, 사건의 진상을 감추고 적반하장인 장대희에게 복수심을 갖는다. 박새로이는 신념과 생존을 두고 장대희, 장근원과 계속해서 대립한다.

B는 열등감을 키우는 관계의 구도다. 박새로이는 무너지지 않고 계속 장근원을 위협한다. 좋아하는 오수아에게 사랑을 갈구해도 차갑기만 하다. 그러한 오수아가 박새로이를 좋아하기까지 해서 장근원의 박새로이에 대한 열등감은 더욱 심화된다. 박새로이는 장가에 있는 오수아가 자신 때문에 난처한 상황을 겪는다는 데에 미안함을 가진다.

C는 경쟁 관계의 구도다. 조이서와 박새로이는 장대희의 장가를 무너뜨리기 위해 단밤을 성장시킨다. 성장의 과정에서 조이서와 박새로이는 마찰을 빚지만 박새로이의 신념이 조이서를 감화시킨다. 조이서는 박새로이와의 사랑을, 박새로이는 아버지의 복수를 목표로 한다는 점에서 차이가 있지만 방향과 방식에 있어서는 같다.

D는 엇갈린 사랑의 구도다. 오수아는 계속해서 박새로이와 대립하여 행동하게 된다. 이것에 대한 죄책감 때문에 박새로이를 있는 그대로 사랑해 줄 수 없다. 그러나 박새로이는 계속 자신을 사랑해 줄 것이라 믿는다. 조이서는 박새로이의 사랑을 쟁취할 수 있을 것이라 생각하고 거침없이 행동한다. 박새로이는 자신의 마음을 모른 채 갈팡질팡하지만 결국 조이서에 대한 마음을 깨닫는다.

E는 신념을 표출하는 구도다. 장대희는 '장사는 이익이다.', 박새로이는 '장사는 사람이다.'라는 신념으로 서로 대립한다. 대립하는 두 사람 사이에서 내적 갈등을 겪는 오수아는 결국 장대희도 박새로이도 아닌 '자기 자신을 가장 사랑하겠다.'는 본인의 신념을 선택한다.

F는 복수의 조력자 구도다. 조이서는 박새로이의 복수를 돕는 최고의 조력자이다. 그 이면엔 박새로이에 대한 사랑이 있었는데 이를 알지 못한 장근원은 박새로이에게 복수하기 위해 조이서를 자신의 조력자로 만들려 하지만 실패한다.

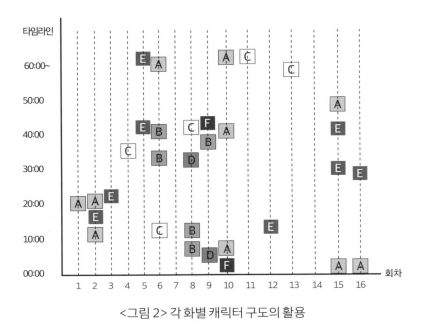

<그림 2> 각 화별 캐릭터 구도의 활용

갈등 A는 갈등 E와 함께 나오는 경우가 많다. 갈등 E는 갈등 A가 심화됨에 따라 함께 심화된다. 갈등 E와 A는 '박새로이-장대희'라는 모서리를 공유하고 있기 때문이다. 오수아는 박새로이와 장대희 사이에서 갈등하는 캐릭터이기 때문에 박새로이와 장대희의 대립이 심해질수록 오수아의 갈등이 심해진다. 이 갈등의 끝에서 박새로이의 장가를 매입하고 오수아는 내부고발을 통해 장가를 부순다. 이렇게 중심 갈등이라 할 수 있는 A를 비슷하지만 다른 종류의 갈등인 E와 함께 등장시켜 드라마의 주제인 '부조리에 대한 반항'을 강조시키는 효과를 준다. A와 E가 함께 나오는 장면은 초반과 후반에 대칭적으로 나타나는데, 이는 갈등의 마무리에서 안정감과 여운을 남겨준다.

A가 갈등을 시작함으로써 서사의 시작을 열었다면 갈등 A에서 파생된 다른 갈등들은 A를 구체화하고 입체화시키는 역할을 한다. 갈등 A, B, C는 조이서, 박새로이, 오수아가 장대희, 장근원에 대립한다는 점에서 공통적이다. 갈등 E

K-DRAMA 스토리텔링, 모색과 조형의 힘

는 갈등 D의 결과를 납득하기 쉽게 만들어 준다. 갈등 E에 나타나는 신념의 대립에서 오수아는 박새로이가 아닌 자기 자신을 선택하기 때문에 갈등 D에서 조이서를 이길 수 없었다. 갈등 F는 박새로이와 장근원의 대립에서 자연스레 생긴 갈등이다. 갈등 B, C, D, F를 드라마 중반부에 배치함으로써 갈등 A의 심화 과정을 입체적으로 그려냈다. 향유자들은 이를 통해 캐릭터들의 신념과 가치를 다양한 방향으로 읽어낼 수 있게 된다.

박새로이는 장대희를 잊고 맘편히 살아갈 수도 있고 장대희도 애송이인 박새로이를 신경 쓸 필요 없다. 하지만 두 캐릭터가 서사 내내 온 힘을 다해 싸우는 것은 단순한 생존이 아닌 신념의 대립이기 때문이다. 두 캐릭터 모두에게 신념은 삶의 의미이고 이 싸움에서의 패배는 자신의 삶 전체가 부정당하는 것이다. 이는 오수아의 대사인 '(새로이는) 장회장님과는 정반대의 길로 자신을 증명해야 의미가 있는 거야.'에서도 확인할 수 있다. 두 캐릭터의 대립이 단순히 경쟁이나 악행에 대한 징벌이 아님을 알 수 있다. 평면적이지 않은 대립은 주인공 박새로이와 악인 장대희를 매력적이게 하고 〈이태원 클라쓰〉의 주제인 '부조리의 필패'를 강조한다.

그동안의 일반적인 드라마에서 여성 캐릭터의 역할은 남자 주인공을 응원하고 위로해주는 수동적인 존재이거나 남자 주인공에게 의존하거나 도움을 받아 위기를 탈출하는 '트러블 메이커'였다. 이런 수동적이고 단순한 여성 캐릭터는 차별적 여성상의 답습이라고 지적하는 목소리는 늘어났고 향유자들은 능동적이고 입체적인 여성 캐릭터에 대해 갈증을 느끼기 시작하였다. 〈이태원 클라쓰〉는 이런 갈증을 해결해줄 수 있을 만큼 매력적인 여성 캐릭터를 제시하였다. 조이서는 엄마의 그늘에서 벗어나 단밤에서 자신의 능력을 100% 활용한다. 오수아는 도움받길 싫어하며 보육원 출신이라는 한계를 극복하고 대기업 장가의 실장까지 올라가는 능력 있는 여성이다. 두 여성 캐릭터 모두 박새로이를 사랑하지만 박새로이의 선택만을 기다리지 않는다. 자신의 욕망과 신념을 가지고 그것을 쟁취하기 위해 능동적으로 움직인다. 이런 〈이태원 클라쓰〉의 주체적이고 매력적인 여성 캐릭터는 향유자들의 만족도를 높여준다.

3. 사이다의 매력

사이다는 음식을 먹을 때 마시거나 목멜 때 먹기도 하지만 소화제 역할을 하기도 하는데 먹고 나면 목과 가슴이 뻥 뚫리는 것처럼 답답함이 해결된다. 흔히 사이다 음료가 지닌 속성에 빗대어 답답하고 분통이 터지는 상황에서 통쾌함과 시원함을 느낀 것에 대해 '사이다'라고 칭한다. 일반적으로 답답한 상황 속 현실적으로 대응하기 힘든 것을 드라마나 영화에서 속 시원하게 해결하는 장면을 통해 대중들은 대리만족과 흥미를 느끼고 자연스레 시청을 이어 나간다. 시청자 유입 및 유지를 목적으로 드라마 속에 사이다 장면을 추가하거나 이를 주로 하는 작품들이 줄줄이 등장하고 있으나 사이다 장면이 있다는 것만으로 흥행이 보장되진 않는다.

〈이태원 클라쓰〉는 선과 악으로 철저히 대립하는 관계 속에서 이뤄지는 복수담으로 작품 내내 갈등과 사이다 장면이 지속되면서 '절정' 상태에 머무는 듯한 느낌을 주어 방영 내내 시청자의 흥미를 돋운다. 대표적으로 1화의 장근원과 박새로이 싸움, 3화의 단밤과 진상 고객 대응, 4화의 조이서와 싸우는 남자, 5화의 조이서와 복희의 싸움, 9화의 장근원의 조이서 스카웃 제의, 13화의 마현이와 사회의 갈등 속에서 이루어진 사이다 장면이 많은 관심을 받았다. 이 외에도 6화의 박새로이 장가 투자, 8화의 박새로이 경리단길 건물 매입, 16화의 장대희 굴복 장면이 〈이태원 클라쓰〉의 대표 사이다 장면으로 시청자와 드라마 전개에 큰 영향을 준 장면이기도 하다.

일반적으로 시청자들은 잔잔한 드라마보다 예상치 못한 자극적인 장면과 사

K-DRAMA 스토리텔링, 모색과 조형의 힘

이다에서 더 많은 흥미를 느끼고 화제가 되는 경우가 다수이다. 하지만 〈이태원 클라쓰〉에서는 반대로 대부분 현실적인 상황에서 예상했을 법한 사이다 장면으로 구성했다. 〈이태원 클라쓰〉의 주제는 '부조리에 대한 반항'이기에 이에 대한 공감을 극대화시키기 위해 오히려 현실에서 있을 법한 상황을 사이다 장면으로 구성한 것이다. 또한 〈이태원 클라쓰〉는 성장형 복수담이다. 향유자들에게 복수담은 아주 친숙하기 때문에 주인공 박새로이가 악인 장대희를 무너뜨리고 해피엔딩을 맞이할 것이라는 '낙관적인 기대'를 가지고 있다. 시청자는 사이다를 통해 대리만족과 흥미를 느낄 뿐만 아니라 모두가 예상하는 최종화 장면을 기대하면서 시청하게 된다. 분석을 통해 〈이태원 클라쓰〉의 성공요소가 단순히 사이다의 유무가 아닌 사이다의 종류, 횟수, 빈도, 배치를 종합적으로 고려한 전략이라는 점을 알게 되었다.

〈이태원 클라쓰〉에서는 사이다를 통한 사회 비판과 더불어 악에 대한 징벌, 무궁한 시간과 노력 끝의 성취 등으로 이루어진 다양한 장면으로 대중들에게 공감과 통쾌함을 선사한다. 다양한 사이다 장면을 다루는 대표적인 특징이 〈이태원 클라쓰〉의 강력한 성공 요인이라 여기고 그 이유와 공통점을 찾기 위해 눈에 띄는 사이다 장면들의 공통적인 특징을 기준으로 총 3가지로 구분해 보았다.

A유형은 전체적인 서사와 중심 갈등에서 나오는 사이다를 말한다. 〈이태원 클라쓰〉가 '복수담'인 만큼 거시 갈등의 과정에서 이루어진 사이다 장면이 대표적이다. 대부분 단밤과 장가의 갈등과 관련된 장면으로 구성되었으며 장면이 노출될수록 향유자들의 '낙관적인 기대'가 이루어질 것이라는 믿음을 준다. 시청자의 기대가 큰 만큼 이는 중요하게 다뤄지며 다른 사이다 장면들에 비해 더 큰 자극을 준다. 강한 자극을 주는 중요한 장면은 많이 등장하지 않을 것이라는 틀을 깨고 첫 화부터 마지막까지 꾸준히 노출시켜 시청자들이 긴장감을 놓치지 않도록 유도한다. 이 중에서도 16화의 박새로이에 대한 장대희의 굴복 장

면이 드라마를 통틀어 가장 큰 사이다 장면으로 꼽힌다. 이는 첫 화부터 진행해왔던 거시 갈등의 끝맺음을 알림으로써 복수의 성공에 대한 안정감과 통쾌함을 동시에 주는 역할을 한다.

<표 1> <이태원 클라쓰>의 각 화별 사이다 장면: A유형

1화 (32분 19초)	자신의 소신을 장대희에게 전하는 박새로이
1화 (34분 40초)	장대희의 협박에 박새로이 아버지의 퇴사
3화 (8분 58초)	권력으로 승부하려는 복희 엄마에 대한 조이서의 대응
7화 (35분 39초)	장근원의 무시에 대한 장근수의 대응
7화 (39분 10초)	장대희에게 박새로이의 강력함을 예고하는 장근수
9화 (10분)	장대희에게 박새로이의 신념을 강조하는 조이서
9화 (49분 53초)	장대희에게 자신의 신념을 전하는 오병헌
9화 (63분 20초)	장근원의 자백을 녹음한 조이서
10화 (15초)	자신의 실수를 자각한 장근원과 조이서의 갈등
10화 (43분 30초)	자백으로 인해 위기에 처한 장근원과 박새로이의 대면
15화 (30분 30초)	장대희에게 비리 파일과 함께 내부고발을 예고하는 오수아
16화 (56분 30초)	박새로이에 대한 장대희의 굴복

B유형은 현실적 갈등을 통해 일반적인 공감을 이끌어내는 사이다이다. 거시 갈등이 진행되는 과정에서 학교 폭력, 인종 및 성소수자 차별, 권력자의 부조리 등 여러 가지의 미시 갈등이 존재하고 흔히 접할 법한 현실적인 문제를 다루어 대중의 공감을 불러일으킨다. 하지만, 실제론 실현하기 어려운 시원한 대응을 하는 장면을 보여주어 시청자들에게 대리만족과 통쾌함을 선사한다. 작품에서는 쉽게 다루기 어려운 주요 사회 문제(트랜스젠더에 대한 차별적인 시선, 타인종 차별)를 과감하게 짚고 비판하며 시청자에게 신선함과 시원함을 동시에

주었다.

<표 2> <이태원 클라쓰>의 각화별 사이다 장면: B유형

1화 (4분 4초)	야자에 빠졌다고 체벌하는 선생에 대한 박새로이의 반항
1화 (14분 17초)	권력을 이용해 학교폭력을 행사하는 장근원에 박새로이 저지
1화 (16분 17초)	잘못을 깨우치지 않는 장근원에 대해 박새로이 폭력
3화 (11분 39초)	권력자의 편을 드는 선생님에 대한 조이서의 무시
3화 (47분 38초)	술에 취한 진상 고객에 대한 단밤의 대응
4화 (31분 30초)	자신을 위협하고 때린 남자에 대한 조이서, 박새로이의 대응
5화 (50분 30초)	자신을 찾아온 복희 무리에 대한 조이서의 대응
8화 (30분 19초)	토니 인종차별에 대한 박새로이의 대응
8분 (52분 18초)	토니 인종차별에 대한 조이서의 대응
9화 (46분 13초)	장근원에게 일침날리는 오수아
10화 (3분 45초)	장근원이 조이서를 위협하려 하자 박새로이 등장 및 대응
12화 (28분)	장대희에게 일침날리는 김순례
12화 (1시간 3분)	트렌스젠더 폭로에도 굴하지 않고 당당히 맞서는 마현이

C유형은 캐릭터의 성취에서 오는 쾌감을 주는 사이다를 말한다. 〈이태원 클라쓰〉 전개 과정에서 주요 인물들은 각각의 시련이 주어진다. 주어진 시련을 극복하는 과정에서 시청자들은 캐릭터에 일체감을 느끼고 상황에 몰입하며 성취단계에서 사이다를 느낀다. 전체적으로 단밤의 복수와 성장의 과정에서 이루어진 성취이며 6화 후반부에서 박새로이가 장가에 19억을 투자한 장면이 단밤과 장가 이 둘의 본격적인 갈등이 시작되는 출발지로서 가장 큰 성취의 사이다 장면이다.

<표 3> <이태원 클라쓰>의 각 화별 사이다 장면: C유형

6화 (1시간 1분 11초)	박새로이의 조력자 이호진 등장
6화 (1시간 2분 16초)	박새로이의 장가에 19억 투자
8화 (57분 13초)	박새로이 경리단길 건물 매입 및 가게 이전
10화 (43분 30초)	장가 주주로서 장대희 해임안에 참여한 박새로이
13화 (5분 50초)	최강포차에서의 단밤 우승
13화 (31분 10초)	박새로이의 포부 밝힌 후 실제 기업 설립
15화 (17분 30초)	조직 일원이 아닌 IC본부장이라는 권위를 밝힌 최승권

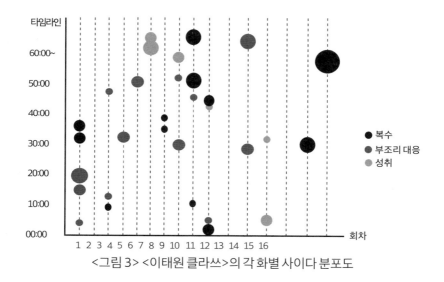

<그림 3> <이태원 클라쓰>의 각 화별 사이다 분포도

〈그림 3〉의 분포도[1]를 통해 1화에 사이다 장면이 가장 많이 존재한다는 점, 6~10화에 여러 유형의 사이다 장면들이 몰려있다는 점, 후반부에 사이다 장면

---

1 '전체적인 서사와 중심 갈등을 부각시키는 장면'은 연한 회색, '현실적 갈등을 통해 일반적인 공감을 이끌어내는 장면'은 짙은 회색, '캐릭터의 성취에서 오는 쾌감'은 검은 색으로 구분하였다. 또, 사이다 장면의 강도에 따라 총 4가지의 크기로 나누어 구분하였다.

K-DRAMA 스토리텔링, 모색과 조형의 힘

이 확연히 줄어들었다는 점을 발견할 수 있었다. 횟수, 빈도, 위치가 시청자를 묶어둘 수 있는데 큰 기여를 했다고 여겨 이에 해당되는 전략을 하나씩 살펴보았다.

1화의 초중반에 총 5회의 사이다를 쉴 틈 없이 배치하여 향유자에게 〈이태원 클라쓰〉의 성격을 각인시켰다. 드라마의 시작부터 자극적인 장면을 첨가해 시청자들의 흥미와 호기심을 유발하여 자연스레 다음 회차를 기다리도록 만들었다. 또 <이태원 클라쓰>가 '낙관적 기대'를 충족시켜줄 수 있음을 보여주었다.

1화에서 박새로이와 장대희의 첫 만남은 장근원의 학교 폭력으로부터 비롯되었다. 학교 폭력이라는 접하기 쉬운 부조리에 대한 두 캐릭터의 대립되는 태도를 통해 시청자는 주인공에 대해 완전히 인지하지 못했음에도 불구하고 주인공을 응원하고 이들의 갈등을 지켜보게 된다. 즉, 현실적인 갈등에 대한 사이다로 향유자들의 이목을 끎과 동시에 드라마의 서사를 시청자들에게 각인시켰다.

드라마의 중반부 6~10화에 들어서며 본격적인 복수가 진행되는 과정에서 주인공만이 아니라 주변 캐릭터들의 미시 갈등들이 해결되며 나타나는 여러 유형의 사이다들이 비춰진다. 단밤과 장가의 관계에서만이 아닌 다양한 사이다를 노출시키며 시청자에게 큰 자극을 준다. 모든 미시 갈등과 사이다들이 단밤의 성장과 복수에 연관되어 주인공을 돕고 있다는 점에서 향유자들은 '낙관적인 기대'가 이뤄진다는 믿음을 굳건히 하고 결말까지 시청을 이어 나간다. 즉, 다양한 종류의 사이다를 적절히 분배하여 드라마에 대한 흥미를 지속시키되 메인 서사의 진행을 멈추지 않으면서 매화마다 시청자가 지루할 틈을 주지 않았다.

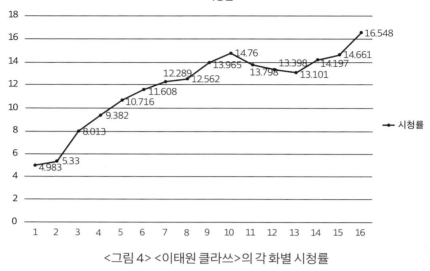

시청률

<그림 4> <이태원 클라쓰>의 각 화별 시청률

　1화부터 빈번히 등장한 사이다 장면들로 인해 시청자의 기대감은 높아졌지만 오히려 결말에 가까워질수록 이를 충족시킬 만한 사이다가 존재하지 않는다. 이로 인해 후반부로 갈수록 내용 전개가 느려졌다는 평과 함께 시청률도 소폭 하락하였다. 드라마 중반부까지 잦게 등장했던 사이다 장면들에 학습된 시청자들에게 급격한 변화로 다가왔던 것이다. 하지만 이는 오히려 드라마의 후반부 진행에 있어서 필수적인 선택이었다. 중반부까지 다수의 사이다를 첨가하였기 때문에 후반부에는 집중적으로 서사가 진행되어야 했다. 사이다를 끝까지 잦게 출현시켰다면 서사 진행이 더뎌지고 드라마 몰입에 방해가 되었을 것이다. 과감히 사이다의 횟수를 줄이고 서사 전개와 서사의 몰입 유도에 집중하였다. 중반부까지의 사이다를 통해 이미 드라마에 구속된 상태이며 드라마 서사의 진행도 막바지에 달한 상태였기에 시청자 이탈은 낮았다. 향유자들의 불평은 많았지만 이들은 드라마를 떠나지 않고 마지막 화까지 시청을 지속하였고 오히려 막바지로 향할수록 시청률이 올라갔다는 것을 볼 수 있다. 줄어든 사이

다는 16화의 마지막 거시갈등의 사이다를 극대화하는 효과를 가져왔다. 향유자의 '낙관적인 기대'를 충족시켜주며 동시에 가장 큰 통쾌함을 가져다주었다.

〈이태원 클라쓰〉속 '사이다'는 시청자를 유입하고 시청을 지속하게 만드는 역할을 하였다. 또한 초중반부에 상대적으로 가볍고 잦은 사이다를, 후반부엔 적지만 강력한 사이다를 배치하여 시청자의 유입, 구속과 동시에 서사의 몰입도 방해하지 않고 진행하는 전략을 사용하였다. 이러한 전략은 향유자에게 만족감을 주고 시청을 이어나가게끔 하였다.

4. 전환, 정체와 변화의 조화

〈이태원 클라쓰〉는 유명 웹툰을 원작으로 한다. 원작과의 비교는 피할 수 없다. 하지만 드라마가 원작과 차별화된 체험을 주지 못한다면 향유자는 굳이 같은 이야기를 두 번 볼 필요성을 느끼지 못한다. 그렇기에 전환 과정에서의 변화는 굉장히 중요하게 여겨지는 문제 중 하나이다. 웹툰에서 드라마로의 전환 과정에서 실패한 작품들도 다수인 와중에 〈이태원 클라쓰〉는 전례없는 엄청난 성공을 이룬 작품이다. 그렇다면 이 작품에서는 어떤 전환 과정을 거쳤는지, 어떤 전략이 대성공까지 이뤄낸 것인지에 대해 초점을 두고 분석해보았다.

<표 4> 전환 과정 추가된 장면

	원작 분량	추가, 확대된 부분
1화	1-4화	▪ 박새로이를 좋아하는 여학생의 시점. (4:15~8:06)→자신의 신념대로만 행동하는 박새로이의 성격 부각. ▪ 구걸하는 노숙자를 밀쳐버리는 오수아와 그를 부축하는 박새로이. (8:07~9:39)→개인주의적인 오수아와 불의를 참지 못하는 박새로이의 성격 대비 강조.

- 다리를 다쳤지만 경찰대학교 시험을 포기하지 않고 결국 만점을 받는 박새로이. (9:40~10:39, 12:49~12:55)→자신이 원하는 것은 포기하지 않는 박새로이의 굳건함 강조.
- 박성열과 강민정의 대화. 장가가 보육원 후원을 끊었다는 사실에 분노하지만 장대희의 지시라는 점을 알고 이내 수긍함. (10:40~12:48)→원작과는 다른 박성열과 강민정의 친밀한 관계를 보여줌. 가훈과는 달리 소신있게 살지 못하는 박성열의 모습을 보여줌.
- 장가가 후원 중이던 보육원에 방문한 박성열과 박새로이. 그곳에 사는 오수아를 다시 만나게 된다. (14:11~18:27)→사교성 떨어지고 타협하지 않는 박새로이의 성격 강조.
- 박새로이와 박성열의 화목한 아침식사. (18:28~19:49)→이후에 사망하는 박성열과의 이별을 더 극적으로 만들기 위한 장치.
- 장근원이 등굣길을 태워주겠다고 제안하지만 거절하는 오수아. (19:50~20:58)→도움받기 싫어하는 오수아의 성격 강조.
- 박성열의 퇴사를 속상해하는 오수아와 수아를 위해 독립비용을 지불해준 박성열. (42:44~45:07) '나 꼭 성공해서 두배 말고 세배로 갚을게요.' (44:46)→박성열과 오수아의 애틋한 관계 강조. 이후 오수아가 박새로이를 도와 장가를 무너뜨리기 위해 내부 고발을 하는 계기가 됨.
- 박성열의 퇴사를 반대하는 강민정. 장대희는 자신을 거역한 박성열은 더 이상 쓸모없어 졌다고 말한다. (45:08~46:48)→박성열과 강민정의 친밀한 관계와 권위적인 장대희의 모습을 강조.
- 수험표를 가지고 오지 않아 면접에 늦은 오수아와 그가 광진대까지 늦지 않도록 도와주는 박새로이. (46:49~56:47)→도움받기 싫어하는 오수아의 성격과 포기하지 않는 집념에 반한 박새로이. 오수아에 대한 박새로이의 감정선이 더욱 입체적이고 설득력 있어졌다.

| 2화 | 5-9화 | - 울분을 토하는 박새로이. (5:12)→슬픔과 분노 부각.
- 오형사의 수사 중단 회상 씬 배치 변경. (6:30)→자연스러운 흐름과 감정 몰입.
- 경찰서로 가는 박새로이와 차타고 가는 장대희. (10:00~11:25)→ 박새로이와 장대희 대비 강조.
- 학교에서 박새로이 이야기를 하는 학생들과 그걸 듣고 있는 오수아와 이호진. (11:30~12:00)→박새로이를 신경쓰는 오수아와 박새로이의 퇴학에 죄책감을 갖는 이호진 강조.
- 장근원의 뺑소니 당시 회상. (12:00~12:30)→죄책감 부각.
- 후원하겠다고 하는 장대희와 그것의 대가를 묻는 오수아. (15:35~20:00)→개연성 보완.
- 장대희가 대안을 언급할 때 오수아와 만나는 어린 장근수 (20:55~21:20)→장근수의 힘든 어린 시절 강조. |

		■ 박새로이 재판과정, 오 형사 회상 배치, 경찰 서장이 오 형사의 딸을 언급함. (27:00)→개연성 보완.
		■ 수감소 범죄자들에게 구타 당하는 박새로이. (30:50)→물리적인 고난에도 꺾이지 않는 박새로이 성격 강조.
		■ 오수아가 박새로이에게 쓴 편지 나레이션. (43:10)→박새로이와 박새로이의 감정선 강조.
		■ 홍석천의 카메오 출연. (48:00)→분위기 환기. 소소한 재미 추가.
		■ 박새로이에게 아버지의 사망보험금을 사용하길 권유하는 오수아. (50:20)→설득력 보완.
		■ 박새로이에게 장가 입사를 사과하고 자고 가라 권유하는 오수아. (53:20)→박새로이와 오수아의 감정선 강조. 지키겠다 다짐한 약속은 꼭 지키는 박새로이 성격 강조.
		■ 원양어선 타는 박새로이. (58:10~58:50)→박새로이의 여정에 몰입.
		■ 장가에서 신임 받으며 일하는 오수아와 무능력한 장근원. (58:50~63:13)→능력 있는 오수아와 장근원 대비. 캐릭터 강조.
4화	22-26화	■ 박새로이와의 첫 만남을 회상하는 최승권. (6:48~13:44)→원작과 씬의 위치를 바꿔 최승권의 죄책감을 심화.
		■ 장근원에 대해 알아보는 조이서. (14:16~15:27)→조이서가 박새로이와 장근원의 관계를 짐작하게 만드는 단서 제공.
		■ 장대희와 바둑을 두며 박새로이의 포차에 대해 이야기하는 장근원. (15:28~17:36)→두뇌 싸움의 클리셰로 자주 쓰이는 바둑 두는 장면을 넣어 장근원의 판단에 착오가 있음을 상징적으로 보여줌.
		■ 아르바이트 해고를 걱정하며 힘들게 지내는 근수. (17:37~18:13)→혼자서 아등바등하는 근수의 삶을 직접적으로 나열하여 향유자에게 근수에 대한 연민의 감정을 강화함.
		■ 장근원의 예상과 달리 노래방에서 즐겁게 즐기고 있는 박새로이 (18:14~20:22)→역경에도 끄떡없는 박새로이의 굳건함 강조.
		■ 후계자 선정 때문에 어수선한 장가. 임원들과 기 싸움을 하는 강민정 (20:23~22:35)→단밤과 달리 이익만 따지는 장가 사람들을 대비.
		■ 단밤을 물끄러미 바라보는 조이서. 다리를 붙잡는 고양이를 무시하고 지나간다. (22:36~23:10)→조이서가 단밤을 신경쓰고 있음을 보여줌.
		■ 조이서에게 신년 축하 메시지를 보내지만 무시당하는 장근수. 장대희는 장근수가 어떻게 지내는지 감시한다. (24:28~25:22)→조이서를 좋아하지만 그 마음에 보답을 받지 못하는 근수를 상징적으로 보여줌.
		■ 홍석천의 가게에서 위로를 받으며 오수아와 술을 마시는 박새로이. (26:41~27:35)→카메오의 등장으로 분위기 환기. '연말연시'를 언급하며 단밤의 피해가 막심함을 강조.
		■ 뺨을 때린 남자에게 호신술로 반격하는 조이서. (31:32~32:24)→조이서의 싸이코패스적 기질을 강조.

		■ 7년 전 박새로이의 말을 회상하는 오수아. (46:09~49:37)→박새로이에 대한 오수아의 죄책감을 강화.
		■ 사우나에 가자는 최승권의 제안을 거부하는 마현이. (48:17~49:37)→사우나를 과하게 거부하는 마현이에 대해 향유자가 궁금증을 갖게 만듦.
5화	27-31화	■ 조이서의 매니저 고용 요청을 거절함 (10:32~12:02)→능력 있는 사람을 받기 위해 내 사람들을 자를 수 없다는 박새로이의 성격 부각.
		■ 강민정 이사 주식 지분을 보고 불편해 하는 장대희 (12:36~13:31)→강민정과 장대희 대립의 개연성 보완.
		■ 마현이가 음식을 배운 적이 없음을 알게 된 조이서 (14:10~14:25)→마현이의 설정 보여줌.
		■ 재오픈 하루 전 낮, 박새로이와 조이서 옥상에서 대화 (15:10~17:04)→박새로이와 조이서의 감정선 강조.
		■ 박새로이 혼술 장면(장가에 주식투자&손목시계 알림) (17:05~17:55)→박새로이의 감정에 이입 유도.
		■ 장대희가 장근원에게 선보라고 함 (17:55~19:36)→이익만 중시하는 장대희 강조.
		■ 장가에서 장대희와 오수아 (25:14~28:21)→오수아의 박새로이와 장가 사이에서 갈등 부각.
		■ 조이서, 박새로이와 오수아 삼자대면 (28:22~29:21)→오수아의 죄책감 강조.
		■ 복희 친구들 등장. 조이서가 단밤에서 일한다는 것을 알게 됨 (41:00~41:34)→오수아가 단밤을 신고하지 않았다는 새로운 설정에 개연성을 부여.
		■ 복희 무리와 조이서 싸움(50:14~55:16)→부조리에 지지 않는 통쾌함을 줌.
6화	32-33화	■ 오수아의 과거 회상.(1:16~4:39)→오수아에게 새롭게 부여된 설정의 설득력 높임.
		■ 단밤 영업정지 신고가 오수아가 아니었음을 알아차린 조이서 (12:50~13:09)→오수아와 조이서의 갈등에서 새로운 국면 전개.
		■ 장근원의 선자리 (15:40~17:04)→장대희로 인한 트라우마를 보여줌.
		■ 장근수가 박새로이 밑에서 일한다는 것을 알게 된 장대희. (17:05~18:42)→아들한테 무신경한 장대희 강조.
		■ 의심스럽게 지나가는 비서(18:43~19:30)→향유자가 의구심을 갖고 집중하게 만듦.
		■ 강민정의 심복이었던 비서(22:18~22:28)→강민정과 장대희의 대립 심화 강조.
		■ 조이서가 단밤에서 일한다는 것을 알게 된 이서 엄마(22:29~22:57)→조이서의 성격을 강조.
		■ 자신의 번호를 따는 손님에게 거절의 의사를 표시하는 장근수(22:58~

23:13)→조이서 만을 바라보는 장근수의 애절함 강조.

- 조이서 단밤 지분 언급(23:14~24:27)→대가 없이 일하는 조이서에 대한 개연성 부여와 조이서의 패기 넘치는 성격 강조.
- 조이서 엄마와 갈등(24:28~27:43)→조이서의 성격 강조.
- 단밤의 성공을 장담하는 박새로이(27:44~31:42)→박새로이의 성격 강조.
- 검은 머리로 물들인 마현이(31:43~32:28)→조이서로 인한 변화. 조이서가 단밤 식구에게 긍정적인 영향을 줌을 보여줌.
- 토니 채용(33:02~37:36)→추가된 캐릭터에게 서사 부여.
- 오수아를 찾으러 온 장근원(37:37~38:18)→장근원의 성격 강조.
- 조이서의 독립(38:19~39:48)→스스로 움직이는 진취적인 모습 부각.
- 박새로이에게 자신을 좋아하지 말라고 다시 강조하는 오수아 (39:49~41:35)→갈등 E심화.
- 최강포차 방송국에서 만난 장근원과 박새로이(44:48~48:40)→권력자의 횡포에 가로막힌 박새로이의 시련 강조.
- 오수아한테 박새로이에 대한 질투심을 드러내는 장근원(48:41~49:41)→갈등 B강조.
- 장근원의 말을 곱씹는 박새로이(49:42~52:10)→갈등B강조.
- 초조해 하는 박새로이(52:11~54:40)→닥친 시련에서 어려움을 겪는 박새로이에게 감정 이입 극대화.
- 박새로이에게 오수아가 신고해서 단밤이 영업정지 당한게 아니라는 것을 말해준 조이서(54:41~56:30)→조이서의 성격 강조.
- 오수아에게 자신의 마음을 전한 박새로이(56:31~1:01:14)→오수아와 박새로이의 감정선 강조.
- 장가에 19억을 투자한 박새로이(1:01:15~1:03:25)→시련에 굴복하지 않고 다시 행동하는 박새로이.

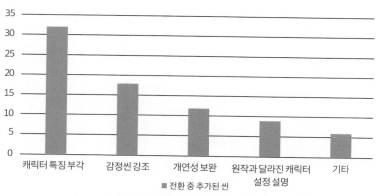

<그림 5> <이태원 클라쓰>의 전환 과정 추가된 장면 특징

위의 〈표 4〉와 〈그림 5〉를 통해 알 수 있듯이 웹툰에서 드라마로 전환되는 과정에서 서사의 전개 과정은 같지만 원작에서 다뤄지지 않았던 장면이 상당히 많이 추가되었다. 그중에서도 캐릭터의 특징을 선명하게 부각시키고자 하는 의도가 뚜렷이 드러난다. 대표적으로 1화에서 다리 부상을 입었지만 경찰대 실기 시험에서 만점을 받는 박새로이를 통해 뚜렷한 목표 설정과 더불어 이에 대해 절대 포기하지 않는 그의 성격을 더 강조시켜준다. 이외에도 캐릭터간 감정선 강조와 개연성을 보완하고자 하는 의도가 나타나는 장면 추가도 다수이다. 대표적으로 웹툰에선 존재하지 않았던 오수아와 박성열의 관계를 새로 형성하며 오수아의 장근원에 대한 감정, 박새로이 집안과의 관계 및 서사를 더 뚜렷하게 구성하고 강조시킨다. 즉, 전환의 과정 속 전체적 내용과 연결되는 새로운 이야기의 추가는 캐릭터 간의 관계성과 서사에 대한 이해도를 높이며 이를 통해 시청자를 드라마에 더욱 몰입시켜준다는 점에서 성공적 요소로 작용했다.

전환 과정에서 새로운 이야기의 추가와 관련하여 가장 눈에 띄는 변화는 '김토니' 캐릭터의 투입이다. 드라마 속에서 자유, 다양성을 포용하는 공간으로 그려지는 '이태원'이라는 공간적 특징을 더 부각시키기 위한 시도로 보인다. 하지만 캐릭터와 작품의 연결성, 전개의 변화에 대한 당위성이 부족하였다. 기존의 단밤 식구들은 박새로이의 인간성을 믿고, 박새로이는 그들의 잠재성을 믿고 함께했다. 토니는 그저 알바 공고를 통해 등장하였고 완벽만을 추구하던 조이서는 박새로이에 대한 질투와 토니의 외형만을 보고 곧장 합격시켰으며 박새로이도 조이서를 따라 그를 단밤의 식구로 들였다. 이는 기존의 캐릭터의 성격을 망가뜨리고 매력을 반감시켰다. 이후 등장해 박새로이를 돕는 김순례와 접점이 있었지만 이 또한 향유자에게 있어 작위적이게 느껴졌다. 이렇게 이태원이라는 공간적 배경의 특성을 부각시키려 노력하였지만 작위적이라는 평을 들으며 오히려 향유자들에게 마이너스 요소로 작용하였다.

〈이태원 클라쓰〉에서 박새로이와 조이서가 연인관계로 발전된다는 점은 이미 원작에서 밝혀진 사실이라 모두가 알고 있었다. 하지만 드라마 속 이 둘의 관계 발전은 너무 갑작스럽다는 지적을 받기도 했다. 박새로이가 조이서를 사랑할 이유와 그 과정은 충분히 표현되었다. 하지만 수년 동안 조이서를 거절해왔던 박새로이가 자신의 감정을 깨닫고 둘의 관계가 발전되는 타이밍은 웹툰에 비해 너무 갑작스러웠다. 다른 캐릭터의 관계와 감정선은 구체화되고 발전되었는데 도리어 왜 주요 인물의 감정선은 부족했을까?

이 물음에 대한 답을 웹툰과 드라마의 분량 차이에 초점을 두고 찾아보았다. 78화의 웹툰과는 다르게 드라마는 약 60~70분씩 16화만에 결말을 내야 했다. 전환 과정을 거치며 다양한 요소를 추가했는데 이 때문에 드라마의 전개가 웹툰에 비해 급히 진행되었다. 또, 감정선이 부족했다고 느끼게 만든 요소는 웹툰과 드라마의 '내레이션'의 분량 차이에 있다. 웹툰에선 조이서와 박새로이의 감정에 대한 속마음을 드러내는 내레이션이 충분히 존재하기 때문에 감정선을 훨씬 이해하기 쉬웠다. 하지만, 분량의 부족과 드라마상의 전체적인 분위기를 유지하기 위해 대폭 삭제되었다. 내레이션은 캐릭터의 감정을 직접적으로 보여주기에 적합하나 서사의 진행을 더디게 만들고 빠른 호흡이라는 〈이태원 클라쓰〉의 장점을 반감할 수 있기 때문이다. 〈이태원 클라쓰〉는 박새로이와 조이서의 감정선 감소를 감수하면서까지 부족한 분량 속, 드라마를 루즈하게 만들 수 있는 내레이션을 과감히 삭제하였다. 하지만 이를 통해 웹툰에선 부족했던 서사들을 보완할 수 있었고 각 캐릭터에 대한 이해도와 몰입도를 높여주었다.

5. 서사와 주제를 각인시키는 OST

〈이태원 클라쓰〉에서 OST가 어디에서 어떻게 사용되었는지 가장 대표적인 OST 〈그때 그 아인〉, 〈돌덩이〉, 〈시작〉 3개를 선정하여 각각 도표로 구분하여 공통점을 찾아 분류한 후, OST의 어떤 모습이 드라마를 더 다채롭게 변화시켜 드라마와 음원 두 가지를 모두 성공시켰는지에 대해 분석하였다.

일반적으로 OST는 회상을 위해 시공간을 뛰어넘는 화면 전환이 필요할 때, 또는 가사가 캐릭터의 대사를 대신할 때 사용되기도 하면서, 시청자의 몰입을 증가시키고, 드라마의 분위기를 극대화하는 요소로 사용된다.

전환의 관점에서도 볼 수 있는데, 웹툰과 드라마의 가장 큰 차이라 한다면 청각적 도구의 사용 유무이다. 최근에는 웹툰 플랫폼 자체에서 배경 음악의 효과와 중요성을 인지해 배경 음악을 도입하기 시작하였다. 하지만 독자마다의 읽기 속도 차이 때문에 적재적소에 OST를 삽입할 수 있는 드라마만큼의 효과를 기대하기 어렵다. 이렇게 OST는 드라마 〈이태원 클라쓰〉가 원작에 비해 차별화된 경험을 주는 요소가 되었다.

〈이태원 클라쓰〉의 OST는 작품 내적으로만이 아니라 작품 외적으로도 그 영향력을 뽐냈다. 〈돌덩이〉, 〈그때 그 아인〉, 〈시작〉 차례대로 2020년 3월 멜론 차트에서 1위, 17위, 24위라는 높은 성과를 거두며 여러 매체에서 미시 콘텐츠로써의 입지를 다졌다. 먼저, 드라마의 성공을 통해 시청자에게 OST를 노출시켰고 드라마 내에서 인기를 거두면서 점차 유명세가 증가하였다. 이로써 대중적으로 유명해진 OST를 통해 드라마 중반부에 유입한 시청자도 다수이다. 우리가 대표적으로 선정한 3개의 노래 외에도 OST 전체적인 성공을 거두며 앨범 패키지를 발매하였고 이를 통해 추가적 수익을 창출하였다. 또 드라마 클립을 이용한 MV를 제작하여 방영 이후에도 꾸준하게 재시청을 유도하였다. 즉, OST 스스로 향유자의 드라마로의 유입을 유도하는 주체적 콘텐츠로써의 역할을 해내는 기염을 토했다.

〈이태원 클라쓰〉 내 OST 자체가 매력적이었을 뿐만 아니라 드라마가 OST의 뮤직비디오로써 역할한다. OST가 드라마의 몰입을 도왔을 뿐 아니라 드라마가 OST에 몰입할 수 있도록 해주었다. 즉, 상호적으로 스토리텔러 역할을 함으로써 서로의 매력을 상승시키고 함께 성공을 거두었다는 점에서 매력을 느끼고 각각의 노래가 등장한 상황의 공통점을 찾아 분류시키고 특징을 분석하였다.

1) 하현우 〈돌덩이〉

<표 5> 〈돌덩이〉 등장 장면

신념
6화 1:06:03~1:07:36 장대희와 박새로이 재회(in 단밤). 1분 30초
8화 13:36~14:34 건물을 인수하며 박새로이를 굴복시키려는 장대희에게 신념으로 맞서는 모습. 1분
12화 1:06:20~1:09:49 마현이 자신이 트랜스젠더임을 고백한다. 3분
16화 56:30~57:37 장대희가 고개를 조아려 사과하지만, 박새로이는 기업인수가 걸린 일로 하는 사과가 무슨 가치가 있겠냐는 말을 하며 호구로 보지 말라고 말한다. 1분

하현우의 〈돌덩이〉는 자신의 소신만은 결코 잃지 않는 박새로이의 신념과 서사를 녹여낸 곡으로 OST가 〈이태원 클라쓰〉 그 자체를 설명하고 있다. 박새로이뿐만 아니라 마현이가 트랜스젠더임을 공개적으로 고백하는 장면에서도 사용되었는데 〈이태원 클라쓰〉의 주제인 '소신있는 삶'을 강조하였다. 〈돌덩이〉는 1,011만회의 뮤직비디오 조회수를 기록하는 등 다른 OST에 비해 비교적 적은 등장임에도 큰 존재감을 드러내었다.

2) 김필 <그때 그 아인>

<표 6> <그때 그 아인> 등장 장면

A(반주)	B	C	D
5화 04:13~05:35 장근수 과거 회상, 서사 나레이션(반주). 1분 20초	10화 1:07:31~1:10:35 박새로이가 아버지 산소에서 과거의 아버지와 나눈 술잔을 추억하며 "아직 씁니다."라고 말한다. 3분	6화 58:37~1:00:41 오수아와 박새로이 대화(버스정류장) ~" 백수 만들어줄게." 2분	12화 23:13~25:23 위기에서도 박새로이의 굽혀지지 않는 소신을 재확인시켜주는 장면. 2분 10초
6화 03:51~05:35 오수아 과거 회상, 서사(반주). 1분 40초	15화 37:40~39:40 박새로이가 죽음의 문턱에서 아버지를 만나며 그동안 느꼈던 부담감, 고통을, 그리움을 털어놓고 아버지를 껴안으며 살아감을 다짐하는 장면(반주). 2분	7화 1:00:00~1:02:43 박새로이의 과거에 공감하며 사랑을 느끼는 조이서, 박새로이와 함께하는 모습. 2분 40초	16화 30:20~31:25 장근원과의 싸움이 끝나고 모든 상황이 일단락되는 장면. 1분
		14화 52:40-54:24 박새로이는 조이서에 대한 추억이 머릿속에서 떠나질 않아 병원에서 조이서를 만나기로 결심한다. 박새로이가 자신이 좋아하는 게 조이서라는 걸 깨닫는다. 1분 40초	
		2화 56:55~58:50 아련하게 수아를 보내고 원양어선에 타기 위해 출발하는 박새로이. 2분	

김필의 <그때 그 아인>은 이태원 클라쓰의 대표 OST중 하나로 JTBC 공식 유튜브 채널에서 이태원 클라쓰의 OST 뮤직비디오 중 조회수가 3번째로 높은 233만회를 기록하고 있다. <그때 그 아인>은 현실의 힘겨움, 현재의 자신은 어

린 시절에 바라던 모습인지에 대한 메시지가 담겨 있는데. 이는 이 시대를 살아가는 대부분의 현대인들의 삶과 닮아있기 때문에 시청자들의 공감을 가져오는 데 효과적이다. 〈그때 그 아인〉은 절절한 가사와 멜로디 덕에 드라마에서 어떤 부분에든 들어갈 수 있는 범용적인 OST로써 사용된다. 위의 표는 〈그때 그 아인〉이 삽입된 부분을 나열한 후 공통점을 찾아 4가지 종류로 분류해본 것이다.

A: 회상으로써 캐릭터의 서사를 풀기 위한 과거로의 이동을 위해 사용.
B: 아버지에 대한 그리운 감정을 극대화시키기 위한 매개.
C: 여자 주인공들과의 사랑을 더욱 아련하게 만들기 위해 사용.
D: 박새로이 자신의 서사.

다른 OST와 달리 〈그때 그 아인〉은 때로는 반주만을 사용하여 가사가 상황에 간섭하지 못하게 해 감정을 극대화시키되 대사 자체에 몰입시키는 효과를 주기도 했다.

3) 가호 <시작>

<표 7> <시작> 등장 장면

A	B	C
2화 44:01~45:33 박새로이가 이태원을 마주함. 1분 30초	1화 48:33~50:51 오수아와 박새로이 수시 시간을 맞추기 위해 달림. 2분 30초	13화 30:56~33:44 새로이는 자신의 포부를 밝히고, 4년 후로 전환되며 성장한 IC의 모습을 보여줌. 3분
5화 22:35~24:15 단밤 재오픈->재오픈 성공적 분위기 up 1분 40초	3화 20:55~21:43 근수와 이서의 바이크 주행. 1분	11화 35:47~37:10 달려나가는 박새로이에 오버랩 되는 단밤의 성장. 1분 30초
8화 57:11~57:48 단밤 경리단길 오픈 모습. 30초	4화 35:10~36:40 위기에 처한 조이서를 구해준 박새로이->도망가는 장면. 1분 30초	9화 00:55~2:10 조이서의 가게 소개 라이브 방송과 함께. 1분

가호의 〈시작〉은 명실상부 이태원 클라쓰의 대표 OST중 하나로 JTBC 공식 유튜브 채널에서 이태원 클라쓰의 OST 뮤직비디오 중 조회수가 가장 높은 1,149만회를 기록하고 있다. 위의 표는 〈시작〉이 삽입된 부분을 나열한 후 공통점을 찾아 3가지 종류로 분류하였다.

A: 주인공 박새로이가 새로운 시작을 할 때.
B: 캐릭터들이 달리는 장면.
C: 박새로이의 성장과 성취와 관련된 장면이 나올 때.

밝은 멜로디와 긍정적이고 도전적인 가사가 A, C의 장면과 맞아떨어져 시청자는 다른 OST보다 효과적으로 작품의 분위기에 몰입하고 캐릭터의 감정에 이입할 수 있다.
B의 경우에는 경쾌한 분위기를 주기 위해 삽입한 것으로 보인다.

4) OST의 경제적 활용

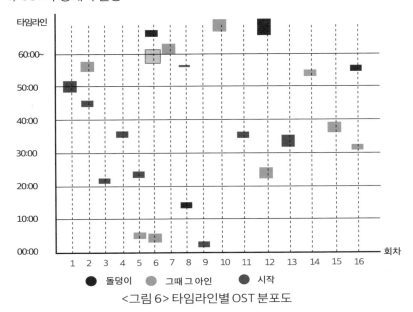

<그림 6> 타임라인별 OST 분포도

K-DRAMA 스토리텔링, 모색과 조형의 힘

〈그림 6〉²에서 보듯, 〈이태원 클라쓰〉는 특정 장면에 규칙적으로 OST를 배치시킴으로써 시청자에게 OST에 따라 특정 감정을 갖게 학습시켰다는 점에서 경제적인 OST의 활용을 엿볼 수 있다. 그 예시로 〈시작〉은 박새로이가 이태원을 마주할 때나, 단밤이 영업 정지 후 재오픈을 할 때 등 시작을 환기시킬 때 자주 사용되면서, 희망적 분위기를 전달함과 동시에 이후에도 〈시작〉이 나오면 시청자들은 박새로이의 새로운 시도를 볼 수 있을 것이라는 기대감을 가지게 된다. 6화의 경우 단밤에 찾아온 장대희와 박새로이의 상황이 서로의 독백으로만 묘사되는데, 이때 흘러나오는 〈돌덩이〉의 가사가 박새로이의 직접적 대사가 없어도 흔들리지 않는 박새로이의 신념을 표현함으로써 자칫 지루해질 수 있는 분위기를 높게 유지시키는 역할을 한다. 이렇게 드라마에 삽입되는 OST 하나만으로 쉽게 극 중 분위기를 형성하거나 유지, 변화시키는 역할을 할 수 있는 것이다.

위 분포도에서도 확연히 보이는 특징들이 있다. '〈돌덩이〉가 16화 중 단 4번만 출연되었다는 점, 6화 엔딩씬에 처음으로 노출된 〈돌덩이〉, 처음부터 지속적으로 등장하는 〈시작〉'을 가장 거시적으로 발견할 수 있다. 우리는 해당 OST가 어떤 역할을 하였는지에 대해 하나씩 짚어보며 분석하였다.

(1) 16화 중 단 4번만 출연한 〈돌덩이〉

〈이태원 클라쓰〉의 대표곡으로 뽑히는 〈돌덩이〉는 단 4번이라는 굉장히 적은 횟수만이 노출되었다. 하지만 왜 더 많이 등장한 OST에 비해 큰 성공을 거둘 수 있었을까? 우리는 노래 자체보다는 OST가 등장한 장면의 공통점을 찾으며 이유를 분석해보았다.

대표적으로 3화에서 박새로이의 신념을 다짐하는 장면, 12화에서 마현이의 굳건함을 보여주는 장면에서 〈돌덩이〉는 굉장한 역할을 하였다. 다른 사운드

---

2 가호 〈시작〉은 진한 회색, 김필 〈그때 그 아이〉은 연한 회색, 하현우 〈돌덩이〉는 검은 색으로 표현하였다.

트랙과 달리 〈돌덩이〉는 배우의 대사, 연기와 같이 그 자체만으로도 서사의 구성 요소로써 큰 부분을 차지하였다. 특정 장면을 통해 큰 임팩트를 주어 시청자들에게 실제 빈도수보다 효과적으로 인지된다는 점이 있다.

(2) 6화 엔딩씬에 처음 노출된 <돌덩이>

드라마 초반부터 꾸준히 등장한 〈시작〉과 〈그때 그 아인〉과는 달리 〈돌덩이〉는 6화 엔딩에 가서야 처음 등장했다. 6화의 마지막은 단밤에 찾아온 장대희와 박새로이의 재회씬으로 서로의 대사 없이 독백으로만 대치되었다. 단조로운 독백만이 지속되어 자칫하면 긴장감이 약화될 위험이 있었지만 이때 〈돌덩이〉가 등장하면서 웅장한 분위기를 형성하여 첫 등장부터 엄청난 존재감을 내세웠다. 별다른 대사가 없어도 상황에 걸맞는 가사와 멜로디의 등장으로 캐릭터의 신념과 굳건함을 드러냈다.

(3) 처음부터 지속적으로 노출되는 <시작>

〈시작〉은 1화에서 오수아와 박새로이가 면접을 보기 위해 달리는 장면부터 시작하여 지속적으로 밝은 분위기로 전환하거나 형성하는 장면에서 등장하였다. 대표적으로 박새로이가 이태원을 처음 마주한 장면, 단밤의 재오픈 장면 등 '출발'을 드러낸 장면을 환기시킬 때 자주 등장하였다. 즉, 〈시작〉은 밝고 활기찬 분위기의 노래로 반주만으로도 희망적 분위기를 전달함과 동시에 주요 캐릭터의 새로운 시도를 볼 수 있을 것이라는 기대를 갖게 한다.

6. 결론

드라마 〈이태원 클라쓰〉는 웹툰을 원작으로 한다. 원작자인 광진 작가가 극

본에 참여하면서 드라마 〈이태원 클라쓰〉는 원작의 수정판 같은 성격을 띠게 되었다. 같은 IP지만 다른 서사의 진행방식으로 향유자에게 차별화된 체험을 경험하게 해준다.

전환을 통한 스토리텔링 전략으로서 서사의 추가는 갈등을 다양하게 만들었다. 갈등이 다양화되면서 캐릭터의 특징도 부각되었는데 이는 향유자에게 하여금 캐릭터가 매력적으로 다가오게 만드는 장치가 되었다. 또, 매력적인 캐릭터는 향유자가 드라마에 더욱 이입하게 만들었다. 향유자가 드라마에 이입하게 만든 장치는 캐릭터뿐만이 아니다.

특히 시청자를 유입시킨 것은 사이다의 역할이 컸다. 잦고 가벼운 통쾌함을 초반부에 위치시켜 많은 시청자를 유입시키고 중반부에 통쾌함을 다양화하여 유입된 시청자들을 구속했다. 후반부에서는 서사에 몰입을 방해하지 않도록 사이다를 대폭 감소시켰다. 이는 시청자를 확보하면서 매력적인 서사도 진행시킬 수 있는 영리한 전략이다.

OST를 일관된 규칙으로 삽입하여 향유자에게 OST에 대한 감정을 학습하게 만들었다. 이는 특별한 대사 없이도 향유자에게 감정을 증폭시킬 수 있는 경제적인 방법이다. OST는 드라마를 풍부하게 만들 뿐만 아니라 OST 그 자체가 미시 컨텐츠가 되어 다시 시청자를 유입시키는 역할을 하였다.

이렇게 강화된 캐릭터, 서사의 확장, 사이다 몰입, OST가 유기적으로 연결되면서 서로의 효과를 극대화했다. 이와 같이 분석한 〈이태원 클라쓰〉의 스토리텔링 전략이 웹툰의 드라마 전환 전략과 IP 확장 등 콘텐츠 제작 환경에서 유용하게 활용될 수 있기를 바란다.

참고문헌

김숙현, <이태원 클라쓰>의 청년 재현과 서사 분석, 《Journal of Korean Society of Media & Arts》 Vol.18. No.5, 서울여자대학교 언론영상학부, 2020.

박준오, 카카오엔터, 웹툰 영상화 '슈퍼 웹툰 프로젝트'로 글로벌 겨냥, <아시아투데이>, 2022.03.11. (https://www.asiatoday.co.kr/view.php?key=20220311010006341)

송연주, '이태원 클라쓰'를 통해 본, 웹툰 원작의 드라마화, <르몽드>, 2020.04.20. (https://www.ilemonde.com/news/articleView.html?idxno=12447)

송은경, 시청률 어디까지…날개 단 '이태원 클라쓰' 인기 비결은, <연합뉴스>, 2020.03.05. (https://www.yna.co.kr/view/AKR20200304175800005)

신지원, '새로이 열풍'…'이태원 클라쓰' 시청률+화제성 싹쓸이 행진 이유, <한경닷컴>, 2020.03.22. (https://www.hankyung.com/entertainment/article/2020032206611)

장지민, 드라마, '이태원 클라쓰'의 박새로이에게서 찾는 성공의 법칙, <매거진한경>, 2020.03.17. (https://magazine.hankyung.com/business/article/202003176747b)

홍경수, 정영희, 청년세대의 텔레비전 드라마 수용 연구-JTBC드라마 <이태원 클라쓰>의 공감과 재미 요소를 중심으로, 《한국언론학보》, 65권 2호, 한국언론학회, 2021.

황정호, 카카오엔터, '글로벌 유통망 구축을 바탕으로 스토리 IP 확장할 것', <tech42>, 2022.06.21. (https://www.tech42.co.kr/%EC%B9%B4%EC%B9%B4%EC%98%A4%EC%97%94%ED%84%B0-%EA%B8%80%EB%A1%9C%EB%B2%8C-%EC%9C%A0%ED%86%B5%EB%A7%9D-%EA%B5%AC%EC%B6%95%EC%9D%84-%EB%B0%94%ED%83%95%EC%9C%BC%EB%A1%9C-%EC%8A%A4%ED%86%A0/)

〈슬기로운 의사생활〉, 각자의 슬기로움을 찾아서

김주현·이예은·유소연·임상희·이지은·딘민문

1. 익숙한 구조의 참신한 도발

1) 거시 서사와 미시 서사의 조화

주인공들의 서사, 즉 거시적 스토리가 중심이 되는 여느 드라마와는 달리, 〈슬기로운 의사생활〉은 크게 거시적/미시적 스토리로 나눠지는 것이 특징이다. 드라마 내용 전체를 관통하는 거시적 스토리는 익준, 송화, 준완, 정원, 석형 5인방의 우정과 러브 스토리로 이루어져 있으며, 각 회차를 구성하는 미시적 스토리는 병원에서 일어나는 다양한 에피소드들로 구성되어 있다. 거시적 스토리는 드라마를 유기적으로 연결해주어 다음 화로 시청자를 이끌어 주고, 미시적 스토리는 매화마다 다른 이야기를 다루고 있어 드라마에 신선함을 부여한다.

<표 1> 회차별 거시 서사와 미시 서사

화	거시 서사	미시 서사
1화	5인방 계약	아기를 보내지 못하는 보호자
2화	과거 석형의 고백	기준-송화 갈등

3화	노래방 회상	퇴원했던 환자의 죽음
4화	석형의 가족사	무뇌아 분만
5화	준완의 고백	재학 전세 사기
6화	석형의 고백, 익준의 포기	석형의 유산 환자
7화	겨울의 데이트 신청	치홍의 과거 고백
8화	석형과 민하의 진솔한 대화	심장 기증아 입관식에 간 준완, 재학
9화	치홍의 짝사랑	안일했던 익준의 판단
10화	우주를 돌보는 송화	환자를 설득하는 재학
11화	신경외과 회식 중 진실게임	환자 가족의 간이식 압박
12화	정원겨울 커플 탄생	수술 방법을 제안하는 재학

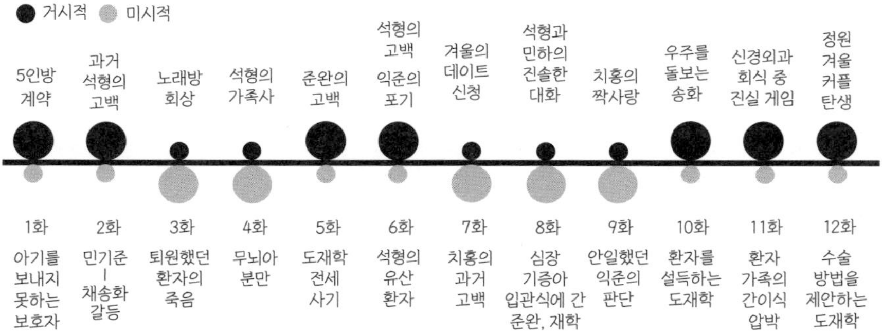

<그림 1> 거시 서사와 미시 서사의 합

〈표 1〉은 1화부터 12화까지 회차별로 어떤 거시적/미시적 스토리가 있었는지 정리한 자료이다. 〈그림 1〉은 회차별 거시적/미시적 스토리 비중을 시각화한 것으로, 검은색은 거시적 스토리, 회색은 미시적 스토리의 비중을 의미하며 원의 크기를 통해 어떤 스토리가 주가 되는지 표시하였다. 총 12화가 거시적 스토리 7개, 미시적 스토리 5개로 나누어져 있어 균형감을 이루고 있는 모습을 볼

수 있다. 각 회차가 각각의 에피소드를 다루고 있어 자칫하면 이야기에 단절감을 줄 수 있지만, 중간중간 거시적 스토리를 크게 다뤄 극의 연속성을 유지하려고 한 것을 알 수 있다.

한 화씩 자세히 살펴보도록 하겠다. 필자는 드라마를 본 후에 인상 깊었던 에피소드를 중심으로 회차별 중심 캐릭터를 찾아내고 그에 맞는 키워드를 선정했다. 그리고 이를 OST, 밴드와 연결했을 때, 음악이 에피소드, 키워드, 중심 캐릭터의 이야기를 좀 더 효과적으로 전달하는 역할을 하며 이것들이 유기적으로 연관되어 있음을 알 수 있었다.

<표 2> 1~4화 스토리 분석

	1화	2화	3화	4화
키워드	#관계 #시작 #이별	#연애 #이별 #말의_무게	#사랑 #삶과_죽음	#고백 #진심
에피소드	■ 5인방 계약 ■ 차기 병원장 기싸움 ■ 아이를 보내지 못하는 보호자	■ 기준과 송화의 대비 ■ 송화의 이별 ■ 석민의 말실수 ■ 과거 석형의 고백	■ 익준 아내의 이혼 통보 ■ 퇴원한 환자의 죽음 ■ 노래방 회상 장면	■ 석형의 가족사 ■ 무뇌아 분만 ■ 민하의 관심
중심 캐릭터	정원	송화	익준	석형
OST	Lonely Night	좋은 사람 있으면 소개시켜줘	아로하	화려하지 않은 고백
밴드	Lonely Night	좋은 사람 있으면 소개시켜줘	없음	캐논 변주곡

1화의 인상 깊었던 에피소드는 5인방의 계약 시퀀스, 차기 병원장이 되기 위한 종수와 정원의 기 싸움, 정원의 환자 중 아이를 보내지 못하는 보호자가 있었다. 그래서 중심 캐릭터를 정원이라고 찾아냈고, '관계, 시작, 이별'이라는 키워

드를 선정했다. 그리고 OST인 Lonely night가 원곡의 분위기와는 반대로 슬프게 편곡되어 극의 감정을 고조시키고, 이별과 관련된 환자의 에피소드에 대해 몰입감을 더해주었다.

2화에서는 '송화'를 중심으로 이야기가 전개되는데, 기준과 송화의 대비가 드러나고, 송화의 이별이 나타나며 송화의 전공의인 석민의 말실수 장면과 과거 송화에 대한 석형의 고백에서 이를 알 수 있었다. 따라서 키워드를 '연애, 이별, 말의 무게'라고 선정했으며, OST로 나온 '좋은 사람 있으면 소개시켜줘'는 송화의 속마음을 대변해주며 시청자에게 송화의 감정을 전달해주었다.

3화의 에피소드는 익준 아내의 이혼 통보, 퇴원한 익준 환자의 죽음, 5인방의 노래방 회상 장면이 있었기 때문에 중심 캐릭터를 익준으로 찾아냈고, 키워드를 '사랑, 삶과 죽음'으로 선정했다. OST인 '아로하'는 '영원한 행복을 꿈꾸지만 화려하지 않아도 꿈같진 않아도 너만 있어 주면 돼'라는 가사처럼 '사랑, 그리움'의 감정을 전달했고, 익준 배역을 맡은 배우 조정석이 직접 불러 익준에 대한 시청자의 몰입감을 극대화하기도 했다.

4화의 중심 캐릭터는 '석형'으로 설정했는데, 석형의 가족사, 무뇌아 분만, 석형에 대한 민하의 관심 에피소드에서 그 이유를 찾을 수 있었고, OST인 '화려하지 않은 고백'에서 '고백, 진심'이라는 키워드를 도출해낼 수 있었다. 밴드 노래인 '캐논 변주곡'은 가정에서 발생하는 마음의 병이 지닌 가장 특징적인 병적 증상을 대변한다. 캐논은 '대포'라는 의미를 가진 단어이며, 돌림노래처럼 한 멜로디가 반복되는 음악 기법을 사용한다. 아픈 가정에서 생성된 마음의 고통은 대포가 터지듯 크고 강하며 반복, 지속해서 출현해 또 다른 상처를 만든다. 가장 큰 사랑을 주고받아야 하는 사람들에게 받은 상처는 여러 차례에 걸쳐 변주되는 돌림노래처럼 반복된다. 캐논 변주곡은 가정환경에서 상처받으며 자란 석형의 마음을 대변해주고 있는 듯하다.

<표3> 5~8화 스토리 분석

	5화	6화	7화	8화
키워드	#부성애 #고백	#첫 만남 #사랑과_우정_그 사이	#좌절 #극복	#말의_의미 #모두가_힘든_시기
에피소드	■ 준완의 고백 ■ 아들 수술을 부탁하는 아버지	■ 대학 면접장에서의 만남 ■ 익준의 미처 전하지 못한 선물 ■ 송화 검진에 따라간 익준	■ 자기 일을 하지 않는 은원 ■ 치홍의 과거 ■ 재학의 전세 사기	■ 연락 끊긴 은원 ■ 직설적으로 말하는 재학, 겨울 ■ 심장기증아 입관식에 간 준완, 재학
중심 캐릭터	준완	익준-송화	인턴/레지던트/전공의	인턴/레지던트/전공의
OST	그대 고운 내 사랑	시청앞 지하철역에서	넌 언제나	내 눈물 모아
밴드	밤이 깊었네	시청앞 지하철역에서	넌 언제나	내 눈물 모아

　5화는 익순에게 고백하는 준완과 준완에게 가장 비싼 판막으로 수술을 부탁하는 아버지의 에피소드로 중심 캐릭터를 '준완'으로 설정하였고, '부성애, 고백'의 키워드로 연결지었다. OST로 사용된 '그대 고운 내 사랑'은 준완과 익순의 달콤한 장면의 설레는 감정을 고조시켜주었고, 밴드로 사용된 '밤이 깊었네'의 가사는 한잔 술에 시름을 달래는 우리네 아버지의 모습을 연상시키며 지친 달을 찾는 고달픈 삶의 여정 속에서 누군가에게 기대고 싶은 5인방의 마음을 시청자에게 전달시켜 분위기를 구슬프게 만든다.

　6화부터는 본격적인 사랑 이야기가 등장하는데, 송화와 익준의 대학 면접장에서의 첫 만남, 익준의 미처 전하지 못한 선물, 송화의 검진에 따라간 익준의 에피소드를 보면 익준과 송화의 러브 라인을 암시하므로 '첫 만남, 사랑과 우정 그 사이'라는 키워드를 설정하였다. OST인 '시청 앞 지하철역에서'는 지하철역에서 우연히 옛 연인을 만난 남자의 반가운 표정이 두 아이의 엄마라는 연인의 이야기에 허탈해지는 표정으로 바뀌는 과정이 생생하게 그려지는 가사를 가지고 있는데, 이 노래를 사용한 것으로 보아 앞으로 익준과 송화의 러브 라인이 마냥 순탄하게만은 흘러가지 않으리라는 것을 암시한 것으로 보인다. 덤덤한 익준의 목소리는 일상적인 가사와 잘 어우러져 가벼운 반주만으로도 지난 시간에 대한 향수와 추억, 그리고 이에 못지않은 지금의 헛헛함과 미래에 대한 소망 어린 마음까지 담아내고 있다.

7화부터는 본격적으로 '인턴/레지던트/전공의' 같은 조연들의 이야기가 공개되기 시작했고, 이에 따른 에피소드로 치홍의 과거 고백과 재학의 전세 사기를 보여주었다. 그래서 OST인 '넌 언제나'의 '난 그대로인 거야. 그대로 돌아오면 돼'라는 가사는 '좌절, 극복'이라는 키워드와 연결되어 치홍과 재학이 좌절을 경험했고, 곧 극복해낼 것이라는 희망을 전달한다.

8화는 '말의 의미'와 관련된 에피소드로 가득하다. 환자에게 직설적으로 말하는 재학, 겨울과 아이를 잃은 부모에게 심장을 기증해줄 수 있냐고 힘겹게 말하는 준완의 에피소드에서 이를 알 수 있다. OST로 사용된 '내 눈물 모아'는 심장 기증아 입관식에 간 준완과 재학을 보고 말로 표현할 수 없는 슬픔을 눈물로 대신하는 아이 부모의 배경음악으로 사용되어 시청자들의 눈물을 자아낸다.

<표 4> 9~12화 스토리 분석

	9화	10화	11화	12화
키워드	#위로 #반성	#고백 #대화	#속마음 #짝사랑 #삼각관계	#사랑 #기약
에피소드	■ 우울증에 걸린 종수 ■ 안일했던 익준의 판단 ■ 걱정된 익순을 찾아간 익준	■ 익준과 정원의 대화 ■ 우주를 돌보는 송화 ■ 준완과 익순의 멀어짐을 암시 ■ 민하의 고백	■ 신경외과 진실게임 ■ 치홍과 송화의 첫 만남 회상 ■ 익준의 노래방 ■ 치홍의 생일 기념 반말 부탁	■ 겨울정원 커플 탄생 ■ 익준의 고백 ■ 익순의 반지 반송 ■ 민하의 데이트 신청과 석형의 거절

중심 캐릭터	주변 인물	정원-겨울 익준-송화 준완-익순 석형-민하	익준-송화-치홍	5인방
OST	바람이 부네요	캐논	사랑하게 될 줄 알았어	너에게 난 나에게 넌
밴드	어쩌다 마주친 그대	화려하지 않은 고백	사랑하게 될 줄 알았어	너에게 난 나에게 넌

9화는 주변 인물들이 빛났던 화라고 말할 수 있다. '위로'가 필요한 우울증 초기 진단을 받은 종수나, 익순의 상처받은 과거가 공개되어 시청자들의 마음을 쓰리게 만들었다. 또, 9화는 모르는 것을 대하는 우리의 다양한 태도가 담겨 있는 화이기도 했다. 삶은 어쩌면 모르는 것을 하나하나 알아가는 과정이고, 그 과정에는 전에 알게 된 지식과 경험이 동원되며, 추측과 판단이 동반된다. 아픈 딸에게 간이식을 해주기 위해 달라진 모습으로 나타난 아버지를 보며 섣불리 아버지를 오해했던 자신을 반성한 익준의 모습이나, 당연히 노인이라 생각했던 뇌출혈 응급 환자가 13세 소녀라는 사실에 놀란 송화의 모습에서 한번 만들어지면 사라지기 어려운 '고정관념'을 떠오르게 한다. 5인방이 연주한 '어쩌다 마주친 그대'는 우연히 마주친 상대에게 반하지만 고백하지 못하는 용기 없음을 자책하는 가사를 담고 있다. 이는 모르고 있다 어쩌다 알게 되는 사연들을 담은 9화의 에피소드와 잘 어울린다고 볼 수 있다.

10화는 슬기로운 의사생활의 사랑 이야기가 가장 많이 나온 화라고도 할 수 있다. 그도 그럴 것이 익준과 정원의 대화 장면, 우주를 돌보는 송화, 준완과 익순의 멀어짐 암시 장면, 민하의 고백까지 정말 많은 캐릭터의 사랑 에피소드가 공개되었기 때문이다. 따라서 키워드를 '고백, 대화'라고 설정했고, OST로 '화려하지 않은 고백'을 선정함으로써 구구절절 무언가를 약속하고 마음을 표현하는 대신, 당신만을 사랑할 것이며 만남에 감사한다는 마음을 시청자에게 잘 전달했다.

11화의 전반적인 스토리 흐름은 익준, 송화, 치홍의 사랑 이야기로 구성된다. 따라서 키워드는 속마음, 짝사랑, 삼각관계로 설정하였고, 밴드로 '사랑하게 될 줄 알았어'를 연주한다. 노래의 가사는 긴 시간 변하지 않고 곁을 지켜준 연인에 대한 사랑을 담고 있는데, 익준과 송화의 긴 시간에 잘 어울리는 노래이기도 하고, 송화를 처음 본 후부터 남몰래 곁에서 사랑을 키운 치홍의 사연과도 잘 어우러져 드라마를 보는 시청자가 송화의 감정에 이입할 수 있게 만든다.

마지막 화인 12화는 5인방의 러브 라인을 모두 짚어주었기에 키워드를 '사랑, 기약'으로 설정했다. 겨울의 고백으로 정원과 겨울은 결국 커플이 되었고, 익준은 송화에게 자신의 마음을 고백하였으며, 준완과 익순의 관계와 석형과 민하의 관계는 시즌 2에서 계속될 것이라는 여운을 남겼다. OST로 사용된 '너에게 난 나에게 넌'은 서로에게 힘이 되는 좋은 존재로 남고 싶다는 바람이 담겨 있다. 노래의 제목과 내용은 혼자가 아니라는 드라마의 주제와도 잘 연결된다.

〈슬기로운 의사생활〉은 매회 병원을 찾는 환자의 독립된 에피소드에 이십 년 지기 의사 5인방의 관계와 사랑을 조합한 방식으로 이야기를 전개해 나갔다. 과거의 사연까지 간직한, 긴 호흡을 가진 의사 5인방의 서사와 한두 회에 걸쳐 전개되는 개별 에피소드의 완결은 매회 같은 주제 안에서 이루어진다. 매회 보여지는 밴드의 연주는 해당 회에서 선보였던 주제와 내용을 깔끔하게 정리한다.

한 회에 포함된 많은 이야기와 빠른 장면 전환이 산만하지 않게 진정될 수 있었던 데에는 이 같은 통일성이 존재했기 때문이었다. 이와 같은 전개 방식은 드라마 전체로도 확장되어 개별 회들은 독립성을 가지면서도 전체 중 일부로 포함된다. 마치 본질적으로 혼자이지만 여러 사람과 다양한 관계를 맺어가며 살아가는 우리처럼 말이다.

〈슬기로운 의사생활〉의 가장 큰 특징 중 하나는 병원이라는 배경적 특성 때문에 삶과 죽음과 같은 거시적 차원의 이야기가 특별한 갈등으로 인식되지 않는다는 것이다. 타 드라마에서는 죽음이 특별한 사건으로 여겨지지만, 본 드라마에서는 그렇지 않다. 환자의 죽음이 빈번하게 등장하기 때문에 시청자들은 죽음이라는 소재에 무뎌지게 된다. 그렇기에 본 드라마는 미시적 서사를 사용했고, 시청자들은 매회 새로운 감동을 느낄 수 있었다.

미시적 서사가 신선함을 주기는 하지만, 미시적 서사만으로 드라마가 계속된다면, 시청자들이 단절감을 느낄 수 있다. 따라서 거시적 서사를 사용하여 이야기의 연속성을 가질 수 있게 했다. 즉, 본 드라마는 거시적 서사와 미시적 서사를 동시에 사용하여 서사 간의 장단점을 서로 보완하고 있다.

2) 고정된 포맷의 변주

〈슬기로운 의사생활〉을 보며 시청자들은 다른 드라마와 다를 것 없는 유사한 형식을 가지고 있다고 생각한다. 그 편안함 때문에 단순한 이야기들을 단조롭게 구성했다고 생각할 수 있으나 이는 오히려 쉽고 편안한 전개를 위한 치밀한 전략이 존재할 수 있다는 전제하에 회차별 시퀀스 분석을 진행하였다.

<표 5> 회차별 전개 방식에 따른 시퀀스 분석

화	오프닝	시퀀스 1	시퀀스 2	+α	시퀀스 3	밴드	시퀀스 4
1	-	송화의 환자	정원의 환자		5인방의 율제 병원 입성	Lonely Night	5인방의 첫 만남 회상
2	-	송화와 기준의 대립	겨울을 가르치는 정원	송화의 환자	석형의 고백	좋은 사람 있으면 소개시켜줘	구두를 선물 받은 송화
4	-	석형의 환자	정원의 환자		석형의 가족사	캐논	익순을 찾아간 준완
6	-	익준과 아라	석형의 환자		송화의 결과 확인에 함께 간 익준	시청 앞 지하철 역에서	석형의 차임과 익준의 포기
7	-	정원의 환자	송화의 환자	익준의 환자	양회장의 거짓 입원	넌 언제나	겨울의 데이트 신청

8	–	석형의 환자	준완의 환자		민하와 석형의 대화	내 눈물 모아	석형 엄마의 입원
9	–	익준의 환자	송화의 환자		익순의 유학	어쩌다 마주친 그대	익순을 찾아간 익준
10	–	석형의 환자	명태의 환자		익준과 정원의 대화	화려하지 않은 고백	우주를 돌봐준 송화
11	–	익준의 환자	준완의 환자		신경외과 회식	사랑하게 될 줄 알았어	로사의 부탁
12	–	준완의 환자	석형의 환자	익준의 환자	익준의 고백	너에게 난 나에게 넌	겨울 정원 커플

〈표 5〉는 '슬기로운 의사 생활'의 전개 방식의 특징을 살펴보기 위해 회차별 시퀀스 분석을 한 결과이다. 분석한 결과, 3화, 5화를 제외한 대부분의 회차가 유사한 포맷을 하고 있다는 것을 알 수 있었다.

<그림 2> 슬기로운 의사생활 전개 방식 포맷

〈그림 2〉는 〈슬기로운 의사생활〉 각 화를 관통하는 포맷을 나타낸 것이다. 검은색 원형은 고정 형식을, 회색 원형은 한 화 내에서 해결되는 시퀀스를, 점선 원형은 드라마를 유기적으로 연결하는 시퀀스를 의미한다.

드라마의 오프닝이 시작되고, 초반에는 한 화 내에서 해결되는 시퀀스를 보여준 후, 중반에는 드라마를 유기적으로 연결하는 시퀀스를 진행하고, 스토리와 연관된 밴드 시퀀스를 보여주고 마지막으로 다른 회차와 연결되는 시퀀스를 보여주며 마무리하는 포맷으로 구성되어 있었다.

<그림 3> 1화 전개 방식 포맷

<표 6> 1화 시퀀스별 비중 분석

오프닝	시퀀스 1	시퀀스 2	시퀀스 3	밴드	시퀀스 4
-	정원의 환자 25:51~28:02 67:00~73:53 총 9분 4초	송화의 환자 23:33~25:51 28:35~31:18 32:52~34:05 35:20~39:03 44:38~46:46 총 10분 5초	5인방의 율제 병원 입성 51:18~55:40 총 4분 22초	Lonely Night 56:47~58:19 총 1분 32초	5인방의 첫 만남 회상 58:19~62:32 총 4분 13초

1화에서는 한 화 내에서 해결되는 시퀀스인 정원의 환자, 송화의 환자 에피소드가 가장 큰 비중을 차지했고, 뒤를 이어 드라마를 유기적으로 연결하는 시퀀스인 5인방의 율제 병원 입성, 5인방의 첫 만남 회상이 이어졌다. 그리고 마지막으로 고정 형식인 밴드가 가장 적은 분량을 차지했다.

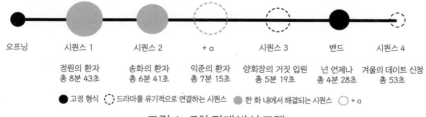

<그림 4> 7화 전개 방식 포맷

<슬기로운 의사생활>, 저마다의 슬기로움을 찾아서

<표 7> 7화 시퀀스별 비중 분석

오프닝	시퀀스 1	시퀀스 2	+α	시퀀스 3	밴드	시퀀스 4
-	정원의 환자 0:10~1:09 1:43~5:45 6:28~10:17 총 8분 43초	송화의 환자 38:35~40:52 61:43~66:07 총 6분 41초	익준의 환자 40:52~42:21 52:42~53:07 55:57~58:28 66:40~70:30 총 7분 15초	양회장의 거짓 입원 51:33~52:42 55:02~55:57 58:28~61:43 총 5분 19초	넌 언제나 76:12~80:40 총 4분 28초	겨울의 데이트 신청 74:39~75:32 총 53초

7화 또한 한 화 내에서 해결되는 시퀀스가 가장 큰 비중을 차지했고, 드라마를 유기적으로 연결하는 시퀀스인 양회장의 거짓 입원이 다음으로 큰 비중을 차지하였다. 1화와는 다르게 실질적으로 고정 형식보다 거시적 스토리인 겨울의 데이트 신청 시퀀스의 비중이 작지만, 실제 시청자가 느끼기에는 거시적인 스토리가 인상 깊은 스토리로 구성되었기에 1화와 다를 것 없다고 판단할 수 있다.

<그림 5> 11화 전개 방식 포맷

<표 8> 7화 시퀀스별 비중 분석

오프닝	시퀀스 1	시퀀스 2	시퀀스 3	밴드	시퀀스 4
-	익준의 환자 41:15~45:19 78:35~80:04 총 5분 33초	준완의 환자 48:25~51:05 68:20~70:30 71:20~71:33 76:55~78:35 총 6분 43초	신경외과 회식 52:14~57:26 총 5분 12초	사랑하게 될 줄 알았어 63:56~65:37 총 1분 41초	로사의 부탁 (정원의 신부 포기) 83:45~85:58 총 2분 13초

K-DRAMA 스토리텔링, 모색과 조형의 힘

11화도 마찬가지로 한 화 내에서 해결되는 시퀀스가 가장 큰 비중을 차지했고, 드라마를 유기적으로 연결하는 시퀀스가 그다음을, 고정 형식이 가장 적은 비중을 차지했다.

이를 통해 알 수 있는 '슬기로운 의사 생활'의 전개 특징은 고정 형식을 통해 시청자들에게 포맷을 학습시키고 동시에 에피소드를 추가해 새로움을 부각하는 것이다. 또한 독립적 스토리의 비중이 유기적 스토리보다 크지만, 유기적 스토리를 의도적으로 감동을 주는 스토리로 구성함으로써 시청자는 둘의 비율이 조화롭다고 체감하게 된다.

3) 밴드 시퀀스의 서사적 기능

〈슬기로운 의사생활〉의 신원호 감독은 드라마 속 밴드 장면이 5인방의 관계를 더욱 끈끈하게 하고, 과거와 현재를 유기적으로 연결하는 장치라고 말했다.[1]

이러한 밴드의 기능은 드라마 1화에서 가장 잘 드러난다. 1화 중반부에서 석형과 정원에 의해 의사가 된 5인방이 한 병원으로 모이게 되고 밴드가 재결성되면서, 과거 대학 시절 5인방이 밴드를 결성하며 나눴던 대화를 보여주고 현재 5인방의 모습으로 'Lonely Night'를 부르는 장면이 있다. 밴드 장면이 끝난 후에는 과거 5인방의 첫 만남 회상 장면을 보여주면서 과거와 현재를 연결하고 시청자에게 5인방의 끈끈한 우정 관계를 느끼게 한다.

필자는 밴드 시퀀스를 삽입한 이유로 드라마가 방영되는 동안 시청자가 느꼈던 생각과 감정을 정리할 수 있는 시간을 제공하고 스토리에 대한 시청자의 감정을 극대화하기 위함이라고 생각했다.

필자가 시즌 1을 감상할 때, 밴드 시퀀스는 기존 드라마에서 찾아볼 수 없는 새로운 형식이었기 때문에 구조적으로 신선했고 재미있게 느껴졌다. 그러나

1 　신영은, '슬의생' 신원호PD "OST 잠깐 화제 되고 말 줄, 예상 늘 틀려", 〈매일경제 스타투데이〉, 2020.06.10. (https://www.mk.co.kr/star/broadcasting-service/view/2020/06/592516/)

시즌 2에서는 다소 지루하다고 느꼈다. 시청자들 또한 "밴드 그만 보고 싶다.", "밴드 장면 너무 길다.", "오히려 드라마에 대한 집중이 끊기는 느낌이다." 등의 반응을 보였다. 그래서 그 이유를 찾기 위해 시즌별 밴드가 드라마에서 차지하는 비중에 대해 분석해보았다.

<표 9> 시즌 1과 시즌 2 밴드 비중 비교

	시즌 1	시즌 2
1	밴드(후에 과거 회상) 56:48~58:20 (1분 32초)	밴드+에피소드 77:15~79:05 (1분 50초)
2	밴드(과거) 75:27~77:19 (1분 52초)	밴드 58:40~60:47 (2분 7초)
3	-	밴드 88:14~91:50 (3분 36초)
4	밴드(전에 과거 회상) 70:42~72:46 (2분 4초)	밴드+에피소드 86:45~90:20 (3분 35초)
5	밴드 12:07~14:34 (2분 27초)	밴드(준완 이야기 연결) 81:07~82:00 (53초)
6	밴드(과거) 67:26~71:04 (3분 38초)	밴드+에피소드 73:56~78:55 (4분 59초)
7	밴드+에피소드 76:11~80:40 (4분 29초)	밴드(정원 이야기 연결) 79:40~82:34 (2분 54초)
8	밴드+에피소드 81:30~85:10 (3분 40초)	밴드(정원 엄마가 키보드 연주) 97:15~101:40 (4분 25초)
9	밴드+에피소드+신중년 관객 64:36~69:44 (5분 8초)	밴드(후에 과거 회상) 95:00~97:22 (2분 22초)
10	밴드+에피소드+밴드 45:50~48:18 (2분 28초) 50:45~52:20 (1분 35초) 총 4분 3초	밴드(락 밴드 컨셉) 99:04~103:06 (4분 2초)
11	밴드+에피소드 63:55~65:37 (1분 42초)	밴드 95:40~98:44 (3분 4초)
12	밴드: 90:24~92:10 (1분 46초)	밴드 I : 100:03~101:32 (1분 29초), 밴드 II : 107:17~109:50 (2분 33초) 총 4분 2초

K-DRAMA 스토리텔링, 모색과 조형의 힘

표에서 분석한 내용을 통해 필자는 다음과 같은 결론을 도출할 수 있었다.

① 전반적인 밴드의 길이가 길어진 것은 사실

시즌 1에서는 밴드와 에피소드가 교차하는 장면을 제외하고는 대부분 2분 내외로 밴드 장면이 마무리되었다. 그러나 시즌 2에서는 밴드와 에피소드가 교차하지 않음에도 불구하고 거의 2분이 넘어가는 밴드 장면이 많았다. 〈표 10〉을 보면 전체적인 밴드 횟수와 비교해 밴드의 길이가 2분 이하인 경우를 비율적으로 계산했을 때 시즌 1은 전체 밴드 장면의 약 33%를 차지했고, 시즌 2는 약 23%를 차지하며 2분 이하 길이를 가진 밴드 장면의 비중이 줄어들었음을 알 수 있었다.

<표 10> 시즌 1과 시즌 2 밴드 방영 시간 비중 비교

	시즌 1 (총 12번)	시즌 2 (총 13번)
2분 이하	4번 (약 33%)	3번 (약 23%)
2분 이상	8번	10번

시즌 1에서는 밴드와 에피소드 교차 장면을 넣어 밴드 노래와 스토리가 안정적으로 어울렸다. 또한 밴드 단독 장면에서는 대부분 전이나 후에 과거 회상을 하며 지루할 틈을 주지 않았다. 그러나 시즌 2에서는 밴드와 에피소드의 교차 장면도 있었고, 밴드 장면 등장 전후의 이야기와 노래를 연결하려 했지만, 효과가 작았고 비중 또한 크지 않았다. 그리고 에피소드와 직접적으로 연관되지 않는 밴드 노래인 경우도 존재했다.

〈표 11〉과 같이 시즌 1과 시즌 2의 밴드 구성 비중을 비교해보면 시즌1은 총 12번의 밴드 장면 중 밴드 단독 장면 6번, 밴드와 에피소드 교차 장면 6번으로 밸런스가 맞지만 시즌 2에서는 밴드와 에피소드 교차 장면보다 밴드 단독 장면의 횟수가 현저히 많은 것을 알 수 있다. 즉, 밴드 단독 장면과 밴드와 에피소드

교차 장면의 밸런스가 맞지 않는 것이다.

<표 11> 시즌 1과 시즌 밴드 구성 횟수 비교

	시즌1 (총 12번)	시즌2 (총 13번)
밴드 단독	6번	10번
밴드-에피소드 교차	6번	3번

시즌 1에서는 초반-중후반-후반으로 밴드 장면 구성의 파트가 나뉘었다면, 시즌 2에서는 중간중간 밴드 시퀀스 구성의 변화를 주었다. 시즌 1의 경우 초반에는 밴드 단독 장면 전후에 5인방의 과거 이야기를 보여주었고, 중반부터는 밴드와 에피소드를 교차하여 보여주었다. 그 이후에는 마지막 화에서 밴드만 보여주었다. 반면에 시즌 2의 경우 초반 1, 4, 6화에서 밴드와 에피소드 교차 장면을 보여주고 그 외에는 모두 밴드 단독 장면만 보여주었다. 8, 10화에서 밴드 구성의 변화를 보여주지만, 밴드 장면에 대한 시청자들의 부정적인 반응을 변화시킬 수는 없었다. 이를 통해 횟수 밸런스도 중요하지만, 전체적인 구성도 중요하다는 것을 알 수 있다.

시즌2, 8화에서 정원의 엄마가 키보드를 연주하거나, 10화에 5인방의 락 밴드 컨셉과 같이 밴드의 지루함을 극복하기 위한 시도가 보였으나 시청자들의 부정적인 반응은 피해 가지 못했다. 이를 극복하기 위해서는 단순 조연의 밴드 참여뿐만 아니라 이야기와 밴드의 연결성을 강화해야 시청자가 지루함을 느낄 가능성을 낮출 수 있다는 결론을 도출했다. 또한 밴드 단독 장면과 밴드와 에피소드 교차 장면의 균형을 맞췄을 때 안정적인 밴드 시퀀스가 구성된다는 것을 알 수 있었다.

분석을 바탕으로 도출한 해결방안을 시즌 3에 적용한다면, 시즌 1의 정원의 모습과 시즌 3의 겨울의 모습을 교차하여 '화려하지 않은 고백' 밴드 장면을 보여주는 것이다. 시즌 1의 10화에서 익준과 정원이 겨울에 관해 대화를 나눈 이후 정원이 직접 '화려하지 않은 고백'을 부르는 장면이 등장하는데, 이를 시즌 3에서 겨울이 익준에게 밴드 연주를 부탁하는 대화를 한 후 겨울-정원 의 결혼식에서 신부가 된 장겨울이 정원을 제외한 4인방의 밴드 반주에 맞춰 '화려하지 않은 고백'을 부르는 장면과 함께 교차하는 것이다. 이러한 장면 연출과 밴드 시퀀스의 활용은 단순 이야기 몰입을 위한 밴드 시퀀스가 아닌, 시청자들에게 시즌 1의 추억을 떠올리게 할 뿐만 아니라 겨울-정원 커플의 서사적 스토리를 연결하고 시청자들에게 장겨울이라는 캐릭터에 대해 다시 한 번 생각하게 하는 포인트가 될 것이다.

2. 익숙한 설정 속, 공감을 찾다

1) 향유자의 추체험

〈슬기로운 의사생활〉에서는 시청자들의 공감을 얻기 위해 어떤 설정을 추가했을까? 시청자들은 당연히 자신이 경험해 본 것에 공감한다. 그렇기에 본 드라마가 다루고 있는 배경 설정부터 캐릭터 설정, 행동, 상황까지 모두 어렵지 않게 공감할 수 있었다. 이 모두가 향유자들의 추체험이 된 셈이다. 필자는 향유자가 추체험할 수 있는 것들을 크게 세 분야로 나누어 찾아보았고 회차마다 추체험 요소가 어떤 방식으로 구체화되어 있는지 살펴보았다.

<표 12> 화별 추체험 요소

	환자	친구	가족
1화	정원에게 본인이 인터넷에서 본 정보들 때문에 자녀의 수술을 안 하고 싶다는 말을 돌려 하는 보호자	5인방의 율제 병원 계약	병원 회장의 아들이 정원인 것이 밝혀짐
	아이 환자 진찰을 위해 보호자와 함께 노력하는 정원		

	아이 환자의 수술비가 없어서 수술을 할 수 있을지 걱정하는 보호자	5인방의 첫 밴드(Lonely Night) 장면	정원의 아버지 죽음
	아이 환자가 더 이상 희망이 없어 보이지만 이를 포기하지 못하는 보호자	5인방이 과거 MT에서 처음 만난 장면	
	어머니와 아들이 모두 병원에 입원해 마음 아파하는 보호자		
2화	못 올지도 몰랐던 환자의 보호자가 도착하고 속마음을 털어놓는 환자	칼국수를 먹으러 가서 밥을 몇 개 볶을 건지 다투는 5인방	홍도와 윤복의 어머니 죽음을 이야기하는 윤복
		친구 애인의 바람을 말해주어야 하는지로 다투는 송화와 정원	
		송화에게 고백했다가 거절당한 석형	
		5인방의 과거 밴드(좋은 사람 있으면 소개시켜줘) 장면	
3화	자신의 입원 때문에 딸의 결혼식에 가지 못해 미안해하는 아버지 환자	과거 이야기를 하는 5인방	익준에게 이혼을 말하는 혜정
	아이 환자를 걱정하는 어린 부모 보호자		
	멀쩡하게 퇴원했던 환자의 죽음으로 슬퍼하는 보호자	5인방의 과거 노래방 장면	
4화	무뇌아 분만하는 환자의 슬픔	5인방이 과거 밴드를 하기 위해 각자 무슨 악기를 할지 정하는 장면 / 5인방의 밴드(캐논) 장면	석형 아버지의 외도
5화	딸에게 장기 이식받아 미안해하는 아버지 환자	5인방의 밴드(밤이 깊었네) 장면	자기 집이 콩가루 같다는 석형
	아들에게 가장 좋은 판막으로 수술해달라고 준완에게 부탁하는 아버지		

K-DRAMA 스토리텔링, 모색과 조형의 힘

6화	아이를 갖기 힘들어 우는 환자	친구들에게 검사 결과가 좋지 않다고 이야기하는 송화와 걱정하는 친구들	
		검진 결과를 들으러 간 송화를 따라간 익준	
		과거 면접 보러 서울에 간 익준과 준완	
	간이식을 기다리는 아이 환자에게 기증해주는 간이 없어 슬퍼하는 보호자	5인방의 밴드(시청 앞 지하철역에서) 장면	
		송화에게 거절당한 후 익준과 술을 먹는 석형	
		술을 많이 마시고 길거리에서 잠든 석형	
7화	아이의 수술이 성공하자 기뻐하며 우는 보호자	준완의 여자 친구를 알아내기 위해 장난을 치는 친구들	불륜녀와 함께 입원한 양 회장에게 당장 나가라고 하는 영혜
	아이의 수술이 안정적으로 끝나자 안심하는 보호자	5인방의 밴드(넌 언제나) 장면	혜정이 바람나 이혼하자고 했던 이야기를 환자에게 해주는 익준
8화	아버지가 간암일 수도 있다는 익준의 말에 슬퍼하는 가족들	떡볶이를 먹으러 가서 투덕거리는 5인방	
	수술하기 힘들어 죽은 아이에 슬퍼하는 부모	손을 다쳐서 씻을 수 없어 친구들에게 세수 좀 시켜달라고 부탁하는 익준	
	아버지 환자가 수술한다고 하니 걱정 때문에 밥도 잘 먹지 못하는 가족들		
	좋은 결과가 있을 것이라는 익준의 말에 기분 좋아하는 온 가족	5인방의 밴드(내 눈물 모아) 장면	
9화	자식에게 간이식을 하게 해달라고 소리치는 아버지 보호자	고기를 먹으러 간 5인방	어머니가 결혼을 결심했다고 말하는 석형

	의사에게 잘 부탁한다고 말하는 보호자	5인방의 밴드(어쩌다 마주친 그대) 장면	
	딸에게 간이식을 해주기 위해 살을 빼서 돌아온 아버지 보호자		
10화	조산 위험 때문에 슬퍼하는 임산부	5인방의 밴드(화려하지 않은 고백)	이혼하지 못할 것 같다는 영혜
	관장하기 싫다고 했지만, 나중에는 의사에게 감사 편지를 쓴 환자		
11화	송화에게 잘 부탁한다고 말하는 보호자	빨리 먹는 송화와 준완 때문에 방에 못 들어오게 하고 먼저 먹는 익준과 정원	양 회장의 죽음
	며느리에게 장기 이식하라고 눈치 주는 시어머니, 시아버지	과거 송화에게 줄 반지를 사는 익준의 모습	
	장기 이식 공여자가 생겨 기뻐하며 우는 보호자	5인방의 밴드(사랑하게 될 줄 알았어) 장면	
12화	혼인신고를 하지 않아 남편에게 간이식을 해줄 수 없어 슬퍼하는 아내	5인방의 밴드(너에게 난, 나에게 넌)	석형에게 회사를 물려주는 양 회장
	정원에게 계속해서 환자의 상황에 관해 물어보는 보호자들		
	아기가 뱃 속에서 죽어 슬퍼하는 임산부		
	회복하여 의사에게 감사하는 보호자		

(1) 환자

　본 드라마는 병원을 배경으로 하고 있기에 병원, 환자, 의사에 대한 추체험을 경험할 수 있다. 본인뿐만 아니라 가족들의 병과 수술 등으로 인한 물리적인 아픔, 그리고 그들을 걱정하는 마음의 아픔, 잘 부탁한다는 보호자들의 간절한 마음 등의 모습이 드러나고 있다. 이런 마음은 본인과 가족들이 병원에 입원해본 경험이 있다면 당연히 공감할 수 있다. 또한, 수술이 성공적으로 끝나거나, 퇴원하거나, 출산에 성공하는 기쁜 일들 모두 공감할 수 있는 사례이다.

(2) 친구

〈슬기로운 의사생활〉이 의학 드라마임에도 불구하고 휴먼 드라마의 모습을 보이는 것은 사람 사는 모습을 잘 보여주고 있기 때문이다. 그런 장면들을 5인방의 모습에서 많이 찾아볼 수 있었다. 현재 율제 병원에서의 장면에서도 그들이 모여있을 때는 유치하고, 예전과 다름없는 '친구'의 모습이 잘 드러난다. 같이 밥을 먹고, 장난치고, 더 많이 먹지 못해 싸우고 다투는 모습들이 철없던 어린 시절을 보여준다. 이런 모습은 현재뿐만 아니라 과거 모습에서 더 잘 드러난다. 대학 시절에 술도 마셔보고, MT도 가보고, 동아리 활동을 해보며, 첫사랑을 해보는 흔한 경험을 보여주고 있다. 술에 취해 길거리에 눕기도 해보고, 친구들을 사귀고 추억을 쌓는 모습들은 '나도 그랬었지.' 하는 생각이 들게 한다. 5인방 의사와 나이가 비슷한 40대, 50대 등 X세대들은 흔히들 말하는 그때 그 시절을 회상하게 한다. 또한, 지금 대학생인 20대, Z세대들은 현재 본인들의 경험, 상황을 보여주고 있기에 더욱 공감하기 쉬웠다고 보며, 이 점으로 인해 다양한 세대가 이 드라마를 시청하기에 어려움이 없었다고 본다.

(3) 가족

〈슬기로운 의사생활〉은 캐릭터마다 가족 관계를 언급하기도 하는데, 이는 누구나 가지고 있는 관계이다. 1화 중 돌아가신 정원의 아버지, 3화 중 이혼 통보받은 익준, 10화 중 아픈 우주를 걱정하는 익준 등의 에피소드를 통해 누구에게나 일어날 수 있는 일임을 보여준다.

2) 현실적·입체적 캐릭터 설정

〈슬기로운 의사생활〉은 사람 사는 이야기를 보여주는 만큼 매우 많은 캐릭터가 등장한다. 크게 율제 병원 5인방부터 레지던트, 전공의, 인턴, 간호사, 환자, 개개인의 가족까지 다양한 캐릭터의 이야기를 보여주고 있으나 본고에서는 율제 병원 5인방 캐릭터를 살펴보려고 한다.

김준완
#츤데레
#지방러
#먹깨비
#강강약약

안정원
#부처
#키다리아저씨
#금수저
#안드레아

양석형
#자발적_아싸
#마마보이
#금수저
#이혼

이익준
#인싸
#지방러
#천재
#이혼

채송화
#카리스마
#음치
#먹깨비
#홍일점

<그림 6> 캐릭터 소개

(1) 김준완

흉부외과 부교수인 준완이라는 캐릭터는 5인방 중 가장 까칠한 사람으로 보인다. 하지만 뒤에서 주변 사람들을 챙기고 도와주는 츤데레 성격이다. 강한 사람에게 강하고 약한 사람에게 약한 사람으로 2화에서 송화의 전 남자친구인 장교수가 송화를 좋아하냐며 꼬투리를 잡는 장면에서는 이에 대해 센 모습을 보이지만 본인에게 심장 수술을 받은 환자가 부탁한 카드 가입은 쉽게 해주는 장면에서 이 모습이 나타난다. 그리고 송화와 함께 먹깨비로서 밥을 먹을 때 전투적으로 먹는 장면을 많은 회차에서 찾아볼 수 있는데 이 점이 시청자들에게는 하나의 재미 요소가 되었다. 익준과 동네 친구로 창원에서 서울로 상경한 지방 출신이다. 극 중 과거 회상 장면이 나올 때 사투리를 쓰는 모습 또한 재미 요소로 보였다.

평소 차갑게 말하고 행동하는 인물이기 때문에 가끔 보이는 다정한 행동이 시청자들에게 크게 와닿는다. 시청자들은 여자 친구를 대하는 태도나 환자를 위하는 마음이 보이는 장면에서 반전 매력을 느끼고 빠져든다.

(2) 안정원

소아외과 부교수인 정원이라는 캐릭터는 준완과는 다르게 부처라는 별명이 붙을 정도로 '화'라는 것을 모르고 살 것처럼 보인다. 하지만 부처라는 별명과는 다르게 신부가 되는 것이 꿈이며 안드레아라는 별명이 있다. 그와 함께 일하는 전공의나 간호사들은 짜증내거나 화를 내는 모습을 본 적이 없다고 하지만 친구들과 있을 때는 칼국수 사리 개수 때문에 투덕거릴 정도로 쪼잔한 모습이나 짜증을 내는 모습을 보인다. 1화에서 로사의 '네 엄마 이래 봬도 정략결혼 한 여자야.'와 같은 대사로 보아 집안이 엄청난 재력을 가진 금수저 집안으로 보인다. 그러나 흔한 재벌이라고 생각하면 떠올리는 이미지와는 다르게 '키다리 아저씨'라는 이름으로 병원비 지원을 하며 어려운 사람들을 돕는데 이 때문에 지갑은 언제나 가득 채워져 있는 날이 없다. 모든 이에게 다정한 모습과 보이지 않는 곳에서까지 선행을 실천하는 캐릭터에 따뜻함을 느낀다. 그리고 자신보다 남을 더 위하는 마음과 행동에서 재벌에 대한 선입견을 없애주기도 한다.

(3) 양석형

산부인과 조교수인 석형이라는 캐릭터는 4화의 '사회성이 없어.'라는 광현의 대사처럼 자발적 아웃 사이더의 모습을 보인다. 다른 4명의 캐릭터에 비해 사회성이 없는, 사람들과 있는 것보다 혼자 있는 것을 훨씬 좋아하는 성격이다. 동생의 죽음과 아버지의 외도로 어느 순간을 기점으로 마마보이가 되었다. 3화에서 친구들과 칼국수를 먹는 장면에서도 하나하나 다 질문을 하는 것을 보면 이런 모습이 잘 드러난다. 정원의 집안과도 잘 아는 사이라고 하는 점과 양 회장이 VIP 병실에 입원하는 모습을 보면 석형이라는 캐릭터 또한 금수저라는 것을 알 수 있다. 결혼했었지만 석형 모가 며느리인 신혜의 집안을 마음에 들어 하지 않고 집안 돈을 빼간다고 계속하여 채근한 것 때문에 이혼했다. 다른 외향적인 캐릭터들과 비교해 내향적인 캐릭터를 본 시청자들은 챙겨주고 싶은 마음을 갖는다. 또한, 우리 사회에 있는 소극적인 성향을 가진 사람들이 공감할 수 있는 캐릭터다.

(4) 이익준

간담췌외과 부교수인 익준이라는 캐릭터는 석형의 성격과는 아주 대비되는 성격을 가진다. 병원에 모르는 사람이 없는 인사이더, 인싸다. 그 모습이 3화 '그런 걸 요즘 애들은 인싸라 그러지. (석형을 가리키며) 앤 아싸.'라고 말하는 익준의 대사에서 잘 드러난다. 잘 놀고 장난도 많이 치는 여느 개구쟁이와 다름없는 모습을 보이지만 공부와 시험은 1등을 놓치지 않으며 수술까지 잘해 '천재'로 불린다. 그리고 아내가 등장해 이혼 통보를 해 그 회차에서는 진지하고 생각이 많은 모습을 보이나 얼마 지나지 않아 7화에서 환자에게 자신의 이야기를 해주는 장면을 보면 이를 털어내고 아들인 우주와 행복하게 살 생각을 하려고 한다. 익준의 유쾌한 성격은 자칫하면 무겁게 느껴질 수 있는 병원 드라마의 분위기를 환기한다. 그렇기에 시청자들은 가볍고 편한 마음으로 드라마를 시청할 수 있다.

(5) 채송화

신경외과 부교수인 송화라는 캐릭터는 이렇게 각기 다른 네 명의 친구들을 쉽게 조용히 시키는 등 카리스마 있는 모습을 가지고 있다. 친구들의 정신적 지주이며 친구들뿐만 아니라 전공의들의 고민, 걱정을 들어주고 논문까지 봐주는 등 많은 사람의 믿음이 되는 캐릭터이다. 하지만 음치라는 설정을 통해 인간미 있는 모습을 보여주며 이와 더불어 준완과 먹깨비처럼 음식을 먹는 설정으로 시청자들에게 재미를 준다. 송화의 올곧은 행동은 현실에서 찾기 힘든 의사의 모습이다. 시청자들이 원하는 이상적인 의사에 적합한 송화 캐릭터에 시청자들은 만족감을 느낀다.

드라마를 보면서, 그리고 이에 대해 분석하면서 어딘가에 실제로 5인방과 같은 인물이 있을 것 같다고 생각하게 되었다. 캐릭터가 굉장히 구체적으로 설정되었기 때문이다. 단순히 캐릭터가 어떤 성격을 가졌으며 어떤 행동을 한다는 것에서 끝나는 것이 아니라 어느 곳에서 왔는지 집안이 어떤지 주변 사람들과는 어떤 관계를 맺고 있는지 큰 설정부터 사소한 설정까지 추가하면서 인물을 더욱 구체화했다.

이뿐만 아니라 캐릭터의 입체성도 확연히 드러난다. 특정 사건을 겪고 변화하거나 의외의 면모가 드러나는 경우와 같이 상황에 따라 달라지는 인물의 성격에 시청자들은 공감하며 캐릭터에게서 입체성을 느낀다. 예를 들어 준완이 평소 환자에게 차갑고 냉철한 의사의 모습을 보이지만, 죽은 환자의 입관식에 찾아가고, 익순에게 다정한 모습을 보이는 등 의외의 면모를 보여주는 것이다.

3) 캐릭터 관계

〈슬기로운 의사생활〉은 현재의 스토리가 주를 이루되 과거의 스토리를 중간중간 삽입해 서사를 완성했다. 또한 과거와 현재를 비교해 미세하게 바뀌는 그들의 관계를 지켜보는 시청자로서는 재미를 느끼게 된다. 예를 들어 현재 관계에서 익준은 송화에게 호감을 느끼고 표현하고 있지만 송화는 친한 친구라는 관계가 편했고 이를 깨고 싶지 않아 익준을 거절한다. 시청자들은 분명히 왜 익준이 지금 마음을 표현했는지, 송화는 왜 그를 거절하는지에 대해 의문을 느낄 것이다. 그리고 이에 대한 스토리가 과거 장면에서 설명된다. 6화를 보면 과거 석형은 송화를 짝사랑했으며 고백했다 차인 적이 있다는 것을 알 수 있다. 이후 실연당한 석형은 익준과 함께 술을 마시게 되는데 여기서 익준이 송화에게 선물을 전하지 못한 것을 볼 수 있다. 익준 또한 송화에게 호감이 있었다는 점을 보여준다. 그리고 시즌 2, 9화에서 익준의 못 만날 것 같다는 말에 우는 송화의 모습은 그녀 또한 익준을 좋아하고 있었다는 것을 보여주는 장면이다.

이처럼 현재 관계를 과거 회상으로 설명하여 캐릭터의 관계성을 효과적으로 설명하고 있다. 그렇기에 긴 서술 없이 하나의 장면에서 변화된 관계를 보여줄 수 있으므로 효율적인 전달 또한 가능해진다.

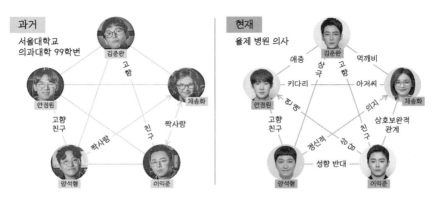

<그림 7> 과거, 현재 캐릭터 관계도

3. 미시 콘텐츠 속, 유니버스 빌드업을 찾다

1) 음악 활용 전략

〈슬기로운 의사생활〉은 작품 자체로서도 대중들에게 큰 인기를 끌었지만, OST 또한 드라마 못지않게 큰 흥행을 거두었다. 드라마를 보고 OST를 찾아 듣는 경우가 아닌, 심지어는 음원 순위에서 OST를 듣고 드라마에 관심이 생겨 역으로 유입되는 사례도 적지 않았다.

드라마 〈슬기로운 의사 생활 시즌 1〉의 OST는 총 15곡이다. 많은 사람은 OST 음원을 원곡으로 알고 있지만, 실제로는 한 곡을 제외하고는 모두 원곡이 있는 리메이크곡이다. 과거의 음악을 사용함으로써 의사 5인방의 대학 시절 과거와 밴드 합주 장면인 현재를 자연스럽게 연결한다. 시청자 중 X세대에게는 당시 노래를 듣고 그 시대의 추억을 회상할 기회가 되기도 한다.

대표적으로 Lonely Night는 발매 당시 25만 장 앨범 판매 기록에 이어 2020년 가온 차트 연속 TOP 100 유지를 3개월간 유지하기도 했다. 또 가장 크게 흥행한 아로하는 원곡 발매 당시에는 39만 장의 앨범 판매 기록, 그리고 2020년 가온 차트 디지털 차트 연간 3위를 기록할 만큼 쾌거를 이루었다.

<표 13> 회차별 OST 원곡 및 리메이크곡 가수/발매연도(일)

	곡명	원곡		리메이크곡	
		가수	발매 연도	가수	발매일
1	Lonely Night	부활	1997	권진아	2020. 03. 13.
2	좋은 사람 있으면 소개 시켜줘	베이시스	1996	조이	2020. 03. 20.
3	아로하	쿨	2001	조정석	2020. 03. 27.
4	화려하지 않은 고백	이승환	1993	규현	2020. 04. 03.
5	그대 고운 내 사랑	이정열	1999	어반자카파	2020. 04. 10.
6	시청 앞 지하철 역에서	동물원	1990	곽진언	2020. 04. 17.
7	넌 언제나	모노	1983	제이레빗	2020. 04. 24.
8	내 눈물 모아	서지원	1996	휘인	2020. 05. 01.
9	바람이 부네요	박성연	2019	이소라	2020. 05. 08.
10	넌 따뜻해	순수오리지널 트랙		DANI (박혁진)	2020. 05. 15.
	밤이 깊었네	크라잉넛	2001	미도와 파라솔	
11	사노라면	전인권	1987	우효	2020. 05. 22.
	사랑하게 될 줄 알았어	신효범	2006	전미도	
12	너에게 난, 나에게 넌	자전거 탄 풍경	2001	미도와 파라솔	2020. 05. 29.

이뿐만 아니라 기존 음악을 캐릭터와 서사에 맞춰 재해석하여 만듦으로써 시청자의 몰입도를 높이기도 했다. 몇몇 곡들은 원곡 가수의 강한 스타일로 드라마와 어울리지 않을 수도 있었는데 대중적인 편곡을 통해 더욱 친근감 있게 대중에게 다가갈 수 있도록 했다. 그리고 상황에 맞춰 적절한 OST를 삽입하여 극 중 스토리에 더욱 몰입할 수 있고 감정 이입을 할 수 있게 하여 환자의 사연이 더욱 절절해 보이고, 또 커플 간의 알콩달콩한 모습이 돋보이게 만든다.

- Lonely Night

'Lonely Night'는 주로 감동적인 장면이나 담담하게 감정을 전하는 병원 장면에서 사용된다. 1화에서 여자 친구에게 이별을 예고하는 준완이나 3화에서 장기 기증 수술 중 어린이날이 지나기를 기다리는 장면에서 사용된다. 준완은 여자 친구에게 감정적으로 대하며 이별을 예고하는 것이 아니라 이성적으로 명확하게 말하는 모습을 볼 수 있다. 또 어린이날이 지나기를 기다리는 장면에서는 노래와 함께 수술을 잠시 후에 시작할 수 있는지 담담하게 묻는 익준과 남겨질 아내, 아이를 보여줌으로써 더욱 쓸쓸함을 강조한다.

- 좋은 사람 있으면 소개시켜줘

'좋은 사람 있으면 소개시켜줘'는 멜로 장면이 나오기 직전 알콩달콩한 분위기에서 짧게 사용된다. 10화에서 석형이 민하를 데려다주는 장면과 민하가 고백하는 장면, 12화에서 석민이 선빈에게 고백하는 장면에서 사용된다. 노래는 풋풋한 사랑을 하는, 또 동시에 서투른 사랑을 하는 모습에 적절히 어우러져 시청자에게도 설렘을 전달한다.

- 아로하

'아로하'는 마오리족 언어로 사랑을 뜻하며, 여러 측면에서의 사랑을 전하고 있다. 3화에서 홍도가 아기 손을 잡고 아프지 말라고 말하는 장면, 또 휴일에 개인 시간을 보내다가도 병원에서 온 전화를 받고 달려가는 장면을 통해 환자 혹은 직업에 대한 애정을 보여주기도 한다.

- 화려하지 않은 고백

'화려하지 않은 고백'은 직접적인 고백을 하지는 못하지만, 간접적으로 관심이 있을 때 사용되거나 평소 말하지 못했지만 진솔하게 털어놓는 장면에서 사용된다. 4화에서 겨울과 민하가 광현에게 석형, 정원에 관해 물어보며 관심을 보이는 장면이나 석형이 엄마에게 애착을 두게 된 일을 설명할 때 사용되어 가사와 잘 어우러진다.

- 그대 고운 내 사랑

'그대 고운 내 사랑'은 사랑 테마의 노래로 준완-익순 커플의 달콤한 장면에서 사용된다. 5화에서는 익순이 놓고 간 휴대전화를 전해주러 이른 시간부터 터미널로 향한 준완, 그런 준완에게 초콜릿을 주는 익순, 그리고 고백하는 준완까지. 커플 탄생의 순간에서 사용되고 이외에도 동생 익순의 부대에 찾아간 익준, 아픈 우주를 돌봐준 송화의 장면에서도 사용되어 설레는 감정을 생생하게 전한다.

- 밤이 깊었네

그리고 '밤이 깊었네'는 밴드 합주 장면 중 병원에서 온 긴급 전화를 받고 하나둘씩 떠나가는데, 그 장면이 가사 중 '가지 마라 가지 마라 나를 두고 떠나지 마라'와 맞물려 시청자에게 더욱 큰 재미를 준다.

- 시청 앞 지하철역에서

'시청 앞 지하철역에서'는 지방에 사는 친구들이 서울로 올라오는 장면에서 사용되며, 첫 만남 당시를 추억하게 만든다. 6화 중 서울대입구역에서 학교를 찾는 익준과 준완, 송화와 함께 면접장 복도에 앉아 있는 장면 등 5인방의 첫 만남을 기억하게 만든다.

- 넌 언제나

'넌 언제나'는 밝고 경쾌한 노래로, 엇갈리고 변화하는 러브 라인이 어떤 방향으로 전개될지 궁금증을 유발할 때 쓰인다. 7화에서 준희가 정원과 만난 걸 듣고 질투하는 겨울, 9화에서 비 오는 날, 송호와 익준이 함께 밥을 먹으러 가는 장면 등에 사용되어 예상되는 러브 라인과 다른 장면이 보일 때 사용되어 궁금증을 배로 만든다.

- 내 눈물 모아

'내 눈물 모아'는 사연이 있는 노래다. 총 15곡의 OST 중 유일하게 감정 호소가 있는 노래로, 슬픈 감정이 드러나는 장면에 사용된다. 8화에서 심장 기증한 아이의 입관식에 찾아간 준완과 재학, 그리고 부동산 사기를 당하고 잦은 실수와 환자 보호자에게 막말하는 재학, 정원에 대한 마음을 접을지 고민하는 겨울 등 긴장되는 장면이 끊임없이 쏟아진다. 또 12화에서는 송화를 껴안고 펑펑 우는 윤복의 장면에서 사용되어 더욱더 감정적이고 슬퍼 보이게 만든다.

- 바람이 부네요

'바람이 부네요'는 삶과 죽음이 공존하는, 탄생의 감동과 죽음에 대한 위로가 필요한 병원을 비추는 장면에서 사용된다. 수술하는 5인방의 모습을 번갈아 가며 보여주고, 또 딸에게 간이식을 하기 위해 살을 빼고 나타난 아버지와 익준의 대화 장면에서 보여주어 삶과 죽음 그 자체, 혹은 아버지로 사는 삶과 그 반대의 삶에 대해 깊이 생각하게 만든다. 또 이후에도 12화 중 유산한 산모를 진료하는 석형과 복도에 앉아 기다리고 있는 산모들을 비추는 장면에서 사용된다.

- 사노라면

'사노라면'은 한 곡의 노래 속에서도 여러 분위기를 느낄 수 있는데, 그래서 진지한 장면에서는 앞부분이 사용되고, 속도감이 필요한 장면에서는 뒷부분이 사용된다.

- 사랑하게 될 줄 알았어

'사랑하게 될 줄 알았어'는 과거의 첫 만남이나 기억을 회상하는 장면에서 사용된다. 술에 취한 익준이 노래방에서 부르는 노래이기도 하고, 또 금은방에서 반지를 고르는 장면에서도 사용된다. 그리고 2016년 봄, 치홍이 송화를 처음 본 순간을 회상하는 장면에서 사용되어 송화와 관련된 익준, 치홍의 회상에서 주로 사용된다. 물론 12화 중 겨울이 정원을 처음 본 순간을 기억하는 장면에서 사용되어 첫 만남의 기억을 떠올리게 한다.

- 너에게 난, 나에게 넌

'너에게 난, 나에게 넌'은 미도와 정석이 서로 감정을 주고받는 느낌을 주는, 또 시즌 1의 감동과 여운을 남기고, 서운함은 달래며 다음 시즌을 기약하는 느낌을 주는 노래이다. 시즌이 마무리되다 보니 환자가 퇴원하는 장면이나 퇴원한 환자의 방문, 또 조산으로 고생하던 석형의 환자가 임신에 성공하고 우는 장면 등에 사용되어 고생했던 환자들과 의사들 모두에게 힘이 되는 장면에 사용된다. 또 러브라인 또한 마무리되거나 시즌 2로의 연장을 암시하며 더욱 여운이 남게 한다.

OST 이외에도 One Summer drive, 응급실, 너만을 느끼며, 내가 너의 곁에 잠시 살았다는 걸 등과 같은 이전의 노래를 적절히 활용하여 의사 5인방에 더욱 몰입할 수 있게 하고 또 여운을 남긴다.

결과적으로 드라마 〈슬기로운 의사생활〉은 과거 대중성을 검증받은 곡을 바탕으로 하여 캐릭터와 서사에 맞게, 또 리메이크 가수만의 스타일로 재해석하여 OST를 발매했다. 이는 시청자들의 몰입을 높이는 데 이바지했고, 동시에 특정 세대가 추억을 회상할 수 있는 계기를 만들었다.

2) 콘텐츠 IP 확장 전략

〈슬기로운 의사생활〉은 드라마 방영 전후 다양한 미시 콘텐츠를 통해 시청자를 사로잡았다. 미시 콘텐츠는 크게 1차 콘텐츠, 2차 콘텐츠로 분류할 수 있다. 1차 콘텐츠는 tvN 채널과 tvN 공식 유튜브, 유튜브 채널 십오야에서 제작되었으며, 2차 콘텐츠는 드라마를 향유한 팬덤에 의해 제작되었다.

(1) 1차 콘텐츠

<그림 8> 1차 콘텐츠의 공개시기를 나타낸 타임라인

〈그림 8〉은 〈슬기로운 의사생활〉의 1차 콘텐츠 공개시기를 나타낸 것으로,

검은 색은 tvN 채널과 공식 유튜브, 회색은 유튜브 채널 십오야에서 공개된 콘텐츠를 의미한다. 2020년 1월부터 3월까지 1차~3차 티저와 하이라이트, 종합 예고를 공개하여 드라마의 시작을 예고하였고 3월부터 5월에는 드라마를 방영하였다. 이후 채널 십오야를 통해 캐스팅 비하인드, 촬영 메이킹 등이 담긴 슬기로운 의사 생활 하드털이를 공개하였다. 슬기로운 하드털이 콘텐츠는 〈슬기로운 의사생활〉이 방영되던 매주 목요일 9시에 업로드되어 시즌 1이 끝난 후 드라마의 빈자리를 채워주었다. 그뿐만 아니라 하드털이의 첫 시작인 송화 역의 캐스팅 비하인드는 약 390만 조회수를 달성하며 드라마에 대한 시청자들의 궁금증을 해소하고 관심을 충족시켰다. 하드털이 콘텐츠 이외에도 〈슬기로운 의사생활〉을 통해 시즌 2를 기다리는 시청자들의 지루함을 달래주었고, 드라마와 밀접한 관련이 있는 하드털이와는 다른 결을 보여주며 인기를 끌었다. 캠핑 생활을 통해 보여지는 배우들의 케미와 드라마에서는 쉽게 보기 힘든 모습은 시청자들이 색다른 매력을 느끼게 해 재미를 불러일으켰다. 〈슬기로운 의사생활〉 종영 이후에는 1~3차 티저와 하이라이트가 공개되었으며 시즌 2가 방영되었다. 시즌 2 종영 이후에는 스핀오프 프로그램인 〈슬기로운 의사생활〉을 방영하였다. 〈슬기로운 의사생활〉은 인기 예능 프로그램 〈삼시세끼〉의 포맷을 〈슬기로운 의사생활〉 출연진들에게 입힌 것으로, 직접 끼니를 해결한다는 점에서 캠핑 생활과 비슷하지만, 게스트가 출연했다는 점에서 차이가 있다. 드라마 속 주연 배우들과 호흡을 맞췄던 조연들이 게스트로 등장하여 더욱 프로그램을 풍성하게 만들기도 했다. 특히 배우들이 드라마 본방송을 챙겨보면서 담소를 나누는 부분은 드라마의 뒷이야기와 촬영 당시 소감을 들을 수 있다는 점에서 사람들의 흥미를 끌었다. 또한 이를 통해서 드라마 종영에 대해 아쉬움을 가지고 있던 시청자들을 달래주었으며, 드라마를 보다 오래 기억할 수 있도록 만들었다.

〈슬기로운 의사생활〉은 드라마 이외의 콘텐츠를 제공함으로써 배우들의 새로운 모습을 보고 싶어 하는 시청자들의 팬심을 충족시켰고, 시즌 1과 시즌 2

사이, 이후에도 콘텐츠를 끊임없이 공개함으로써 시청자들이 드라마를 오랫동안 향유하도록 만드는 락인(Lock-in) 효과를 끌어냈다. 그런 부분에서 〈슬기로운 의사생활〉은 드라마 자체의 특색있는 요소를 이용하여 팬덤이 형성되도록 만들었고, 꾸준히 1차 콘텐츠를 제작함으로써 팬덤을 유지했다. 미시 콘텐츠의 성공은 새로운 시청자를 유입하고 팬덤의 크기를 키운다는 점에서 거시 콘텐츠의 성공으로 이어진다고 할 수 있다.

(2) 2차 콘텐츠

2차 콘텐츠는 여러 유튜버에 의해 리뷰, 몰아보기, 클립 영상 등 현재까지도 많이 만들어지고 있고 그에 따른 효과도 상당히 다양하다. 〈슬기로운 의사생활〉 리뷰 콘텐츠의 리뷰어는 나이, 성별, 직업 등 다양하게 존재했지만, 의사의 비율이 가장 높았다. 리뷰 콘텐츠 중 하나인 '현직 의사들의 슬기로운 의사생활을 본 후 반응 슬의생 EP 1'이라는 콘텐츠는 217만이라는 높은 조회수를 달성하였다. 이 콘텐츠를 본 시청자는 의사의 설명을 통해 더욱 드라마의 현실성과 현장감이 높아져 몰입이 잘되며, 드라마 속 병원 장면이 더욱 이해가 더 잘 된다는 반응을 보였다. 이렇듯 리뷰 콘텐츠는 시청 당시에는 쉽게 지나칠 수 있는 부분들에 대한 전문성을 검증할 수 있다.

몰아보기 콘텐츠는 드라마 전체를 보기 부담스러운 사람들이 드라마 전체를 쉽게 맛볼 수 있게 하고, 이에 흥미를 느낀 시청자가 드라마를 본격적으로 시청할 수 있도록 유도한다. 또한 시즌 1을 본 시청자가 시즌 2를 보기 전 내용을 복습하기에 좋다는 점에서도 인기를 끌었다.

드라마의 특정 부분을 모아 만든 클립 영상은 시청 당시에 재미있거나 감동적이었던 감정을 상기시켜 드라마를 다시 보고 싶게 만든다. 특히 드라마 안에서도 사랑받던 준완과 송화의 먹방 부분, 러브 라인 등은 클립 영상으로 제작되어 사람들의 기억 속에 오래 남을 수 있었다.

이외에도 ASMR, 팬메이드 뮤직비디오 등 다양한 2차 콘텐츠가 제작되어 사람들에게 많은 사랑을 받았다. 이렇게 다양한 내용으로 만들어진 2차 콘텐츠들은 단기간에 많은 정보를, 효과적으로 얻고 싶어 하는 문화 소비 욕구를 충족시켜준다.

〈슬기로운 의사생활〉은 OST, 프로그램 등 미시 콘텐츠를 통해 팬덤을 확보했다. 팬덤은 콘텐츠 성공을 위해 중요한 요소 중 하나이기도 하다. 보통의 시청자는 콘텐츠를 시청하는 데에서 소비를 끝낸다면, 팬덤은 계속해서 콘텐츠를 언급하여 화제성을 높이고, 본인이 소유할 수 있는 굿즈도 구매한다. 특히 〈슬기로운 의사생활〉에서는 OST가 크게 흥행한 만큼 이를 활용한 LP, 피아노 연주곡집 등 일상생활에서도 콘텐츠를 향유할 수 있는 굿즈를 제작했다. 나아가 콘텐츠에 더욱 열광하는 시청자들은 ASMR, 팬메이드 뮤직비디오 등 직접 콘텐츠를 제작하기도 한다. 이러한 2차 콘텐츠는 SNS상에 떠돌아다니며 인기를 끌기도 하고, 새로운 시청자 유입을 유도하여 팬덤의 확대로 이어지기도 한다.

이렇듯 확고한 팬덤이 확보되면, 시청률 상승은 물론이고 이후 새로운 시즌 제작이나 미시 콘텐츠 제작 등 더욱 흥행할 수 있다. 〈슬기로운 의사생활〉 같은 경우에도 시즌 1 종영 이후, 하드털이 콘텐츠를 공개하고, 〈슬기로운 의사생활〉을 제작하여 팬덤이 유지될 수 있도록 했다. 이러한 미시 콘텐츠를 향유하던 팬덤은 자연스럽게 시즌 2로 이어졌고, 이후에도 스핀오프 프로그램 〈슬기로운 산촌 생활〉을 제작하여 여운을 남겼다.

5인방의 캐릭터와 스토리, 이에 더욱 깊이 몰입하게 만드는 OST, 또 여운을 남기는 미시 콘텐츠를 종합해보면, 〈슬기로운 의사생활〉만의 유니버스가 구축되었음을 알 수 있다.

최근 팬덤은 콘텐츠 유니버스를 구축하고 이에 몰입하여 새로운 문화를 만들어내는데, 〈슬기로운 의사생활〉이 이와 유사한 양상을 보인다. 결론적으로, 〈슬기로운 의사생활〉이 시즌제를 넘어 스핀오프 프로그램과 같은 미시 콘텐츠를 제작하여 공개할 수 있었던 것은 이 드라마만의 유니버스에 몰입한 팬덤이 존재하기 때문일 것이다.

4. <슬기로운 의사생활>의 환기력

따라서 필자는 〈슬기로운 의사생활〉에서 반복되는 구조 속 신선함을 찾고 익숙한 설정 속 공감을 찾았으며 미시 콘텐츠 속 유니버스 빌드업과 같은 스토리텔링 전략을 찾아 분석해보았다.

먼저 〈슬기로운 의사생활〉은 5인방의 우정과 러브 스토리를 다룬 거시적 스토리와 병원에서 일어나는 다양한 에피소드들을 다룬 미시적 스토리가 조합되어 드라마의 연결성과 신선함을 동시에 충족하였다. 감독과 작가는 매회 시청자들에게 전달하고 싶은 메시지를 5인방의 스토리, 환자들의 에피소드, OST, 밴드로 모두 연결해 드라마에 담아 '사람 사는 이야기'를 진솔하게 풀어내고자 했다. 또한 반복되는 고정 형식과 다양한 에피소드의 적절한 구성을 통해 단조로운 포맷이 아닌 〈슬기로운 의사생활〉만의 다채로운 전개 형식을 보여주었다. 그리고 드라마의 시그니처인 밴드 시퀀스를 통해 음악과 함께 감독이 전하고자 하는 메시지를 시청자의 마음에 스며들게 했다.

두 번째, 본 드라마는 공감이라는 아주 큰 무기를 가졌다. 병원이라는 일상적인 장소부터 사람이 살아가는 일상적인 순간들까지, 향유자들이 공감할 수 있는 요소들을 통해 추체험을 느끼게 했으며 캐릭터들에게 이입하게 했다. 우리 모두 아파서 병원에 가본 적이 있으며, 입원해본 적이 있다. 또는 가족들이 아팠던 적, 수술을 잘해달라고 의사에게 부탁해본 적이 있다. 환자가 끝끝내 버티지 못해 사망한 슬픈 기억도, 수술이 성공적으로 끝나 기뻐했던 기억도 우리가 모두 가진 경험들이다. 〈슬기로운 의사생활〉은 병원 이야기 속 사람 사는 이야기를 다루는 작품답게 향유자들이 살아왔던 이야기들을 드라마 속에 녹여냈다.

그렇게 향유자들은 드라마에 더욱 몰입할 수 있게 된 것이다. 그리고 드라마에 더 잘 몰입할 수 있었던 이유가 또 하나 존재한다. 캐릭터가 굉장히 구체적으로 설정되어 있어 실제로 있는 인물이라는 생각이 들기 때문이다. 드라마 속 인물보다 내 주변 인물들이 더 공감할 수 있는 것은 당연하기 마련이다. 그렇기에 캐릭터들이 실제 있는 사람처럼 느껴질수록, 나와 유사한 점이 있는 사람처럼 느껴질수록, 우리는 캐릭터에게 몰입하게 되고 공감하게 되는 것이다.

마지막으로 〈슬기로운 의사생활〉은 탄탄한 팬덤을 바탕으로, OST나 프로그램 등 다양한 미시 콘텐츠를 제작하며 유니버스를 확대해나가고 있다. 본 드라마의 인기 요소 중 하나인 OST를 활용한 특색 있는 굿즈를 제작하여 일상생활에서도 콘텐츠를 향유할 수 있게 했다. 나아가 팬덤은 직접 콘텐츠를 각색하거나 재구성하여 새로운 시청자 유입을 유도했다. 또한, 〈슬기로운 의사생활〉, 〈슬기로운 산촌 생활〉과 같은 스핀오프 프로그램을 제작하여 큰 인기를 끌었다. 팬덤은 유니버스를 구축하고, 몰입하며 새로운 문화를 만들어내기도 하는데, 〈슬기로운 의사생활〉은 이러한 팬덤을 갖춘 성공적인 콘텐츠 중 하나로 꼽힌다.

본고에서 계속해서 언급하듯이 〈슬기로운 의사생활〉은 사람 사는 이야기를 보여주고 있다. 결국 본 연구자가 찾아내고자 했던 스토리텔링 전략이라는 것은 향유자들에게 어떻게 '공감'을 전달할 것인가라는 것이다. 의학 드라마라는 어떻게 보면 어려울지도 모르는 장르의 드라마를 가지고 어떠한 방법으로 향유자의 공감을 얻었는지 다양한 방면으로 고민해 위의 전략들을 찾게 되었다.

〈슬기로운 의사생활〉은 5인방을 통해서 볶음밥은 얼마나 주문해야 할지, 노래방에서 어떤 노래를 불러야 할지 등 사소한 일상 속 고민에 대해 말하고 있다. 또 동시에 병원이라는 공간에서 펼쳐지는 이야기인 만큼 어려운 수술, 삶과 죽음의 경계에서의 판단 등 극적인 요소마저도 소소함으로 풀어내고자 했다. 결론적으로 살아가면서 생기는 일들, 누구나 겪어봤을 법한 일들을 활용하여 많은 사람이 공감할 수 있는 '휴머니티' 드라마를 만들어냈다.

참고문헌

신영은, '슬의생' 신원호PD "OST 잠깐 화제 되고 말 줄, 예상 늘 틀려", <매일경제 스타투데이>, 2020.06.10. (https://www.mk.co.kr/star/broadcasting-service/view/2020/06/592516/)

⟨지옥⟩, 지옥의 타락과 흥행

강탁범 · 김지민 · 유희진 · 이세호 · 이양 · 이주황

1. ⟨지옥⟩에 몰입하는 장치

1) 고지와 시연, 동적인 죽음

지옥의 고지 (告知) 장면　　　지옥의 시연 (試演) 장면

<그림 1> 드라마 속 '고지'와 '시연' 장면

　⟨지옥⟩은 고지와 시연이라는 초자연적 현상을 마주하며 벌어지는 스토리를 여러 캐릭터들의 시각에서 보여준다. 그 다양한 시각 안에서 캐릭터 간의 갈등과 변화적인 면모를 중심으로 스토리를 전개한다. 분할적 스토리텔링 구조에

서의 기반이 된 다각으로 이어지는 스토리구조, 캐릭터 간 갈등 및 변화, 고지 퍼포먼스와 같은 요소가 〈지옥〉의 스토리텔링 기반을 탄탄히 만들어주었다. 작품 속 스토리텔링을 통해 말하고자 하는 주제는 캐릭터의 입체적 변화, 이야기 전개에 따른 사회의 변화, 매화 에피소드에서 그려지는 현실 풍자 및 상징이다.

〈지옥〉에서는 그동안 정적인 이미지로 생각되어온 죽음을 동적인 이미지로 재창조하여 기존의 죽음의 이미지를 완전히 바꾸어 놓았다. 〈지옥〉에서의 동적인 죽음에는 여러 순서와 장치들이 존재한다. 우선 천사라는 존재를 설정하여 '고지'를 내리도록 한다. 고지 당사자의 이름과 죽을 날짜 그리고 시간을 알려주는 것이 그 내용이다. 그 다음 '시연'은 새진리회의 말에 따라 '지옥의 사자'가 나타나 지옥에서 경험할 고통을 미리 보여주는 것이다. 〈지옥〉은 세계관에서 큰 비중을 차지하는 고지와 시연을 강렬한 시청각적 자극을 이용해 표현했다. 등장하는 천사의 모습을 사람들이 흔히 생각하는 인자한 천사의 모습이 아닌 괴물에 가까운 모습으로 디자인해 불쾌감이 느껴지도록 했으며, 지옥의 사자도 우리가 이전에 생각하던 저승사자의 이미지에서 거대한 폭력의 실체로 탈바꿈했다. 작품 속 '시연'은 인간의 죽음이라는 추상적인 요소를 이미지화하여 신선하게 표현한 것인데, 매 에피소드마다 시연은 고지를 받은 대상에 대한 사자의 끔찍한 폭행을 보여주며 가학적인 장면들로 표현됐다. 특히 시연이 진행될 때, 과장된 카메라의 움직임과 음향 효과를 적극적으로 활용한 덕분에 드라마 전체적으로 긴장감이 꾸준히 유지되는 효과가 나타났다.

2) 다수의 캐릭터 세계관

〈지옥〉의 스토리텔링적 특징은 여러 사건을 각 캐릭터의 삶에서 바라보는 관점으로 스토리를 진행시켜 플롯 구조가 다각형으로 나타난다는 점이다. 다각형 속에서 캐릭터 간의 갈등과 변화로 스토리가 전개되고, 그 속에서 〈지옥〉만의 스토리텔링 전략을 찾을 수 있다.

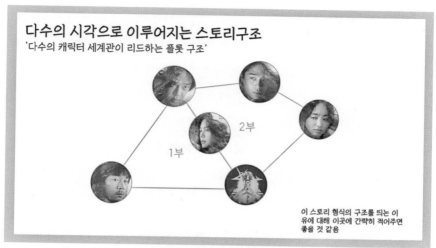

<그림 2> <지옥>의 캐릭터 구조

〈지옥〉은 크게 1부와 2부로 나눌 수 있는데, 우리는 1-2-3화를 1부, 4-5-6화를 2부로 분석했다. 1부와 2부를 나누는 기준점은 작품의 흐름을 이끌던 정진수가 시연을 당하는 부분이라고 할 수 있다. 새진리회의 영향력이 걷잡을 수 없을 정도로 막대해지고 그 성격이 변화하는 변환점이 되기 때문이다. 1부에서는 정의롭다고는 할 수는 없지만 그럼에도 공권력은 존재한다는 것이 느껴지는 부분들이 여럿 있다. 시연을 중계하는 장면에서 경찰의 통제가 들어가거나, 수사를 진행하며 공적 절차를 이야기하는 부분 등 말이다. 그러나 정진수가 시연을 당하기 전, 정의를 상징하는 캐릭터였던 경찰 진경훈에게 정의를 저버리는 선택을 하도록 만들면서 더 이상 사회에 정의가 통하지 않게 되었음을 나타낸다. 그 후에 이어지는 2부에서는 공권력이 그 영향력을 상실하고, 대부분의 사람들이 정확히 알 수도 없는 신의 의도를 따르는 모습이 그려진다. 그러나 2부의 초반부에서, 튼튼이라는 태명의 신생아가 고지를 받게 됨으로 새진리회의 주장이 틀렸음이 밝혀지고, 거기에 더해 시연대상자가 아닌 다른 캐릭터가 대신 시연을 당하기까지 하며 작품 내적으로도 새진리회의 주장이 완전히 틀렸

음이 드러난다. 이를 통해 작품 마지막화에 등장하는 경찰의 모습은, 이성이 상실된 〈지옥〉의 사회에서 향후 공권력의 회복을 암시하는 장치로써 삽입된 것이라 해석할 수 있다. 1부를 거쳐 2부로 넘어갈 때에는 혼란을 겪기도 하였으나 결국 마지막에는 다시 원래의 세상으로 돌아가려는 모습을 보이는 듯하다. 튼튼이를 데리고 택시를 탄 변호사 민혜진에게 택시운전사가 "인간들의 세상은 인간들이 알아서 해야죠."라고 말하는 부분이 있는데, 이것이 바로 작품을 통해 감독이 전달하고자 하는 핵심 가치라 생각된다.

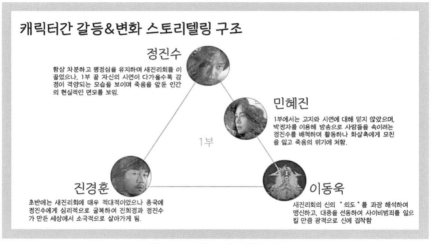

<그림 3> 〈지옥〉 1부 캐릭터 구조

〈지옥〉에서는 크게 정진수와 진경훈, 민혜진의 관계를 바탕으로 1부 스토리가 전개된다. 정진수가 진경훈, 민혜진과 대립관계를 이루고 있으며, 진경훈과 민혜진은 서로 협력관계에 있다. 정진수의 경우 항상 차분하고 평정심을 유지하며 새진리회를 이끌었으나, 사실 정진수가 20년 전 고지를 받았던 인물이었다는 반전과 함께 1부 끝에서 자신의 시연이 다가올수록 감정이 격해지는 모습을 보여주며 죽음을 앞둔 인간의 현실적 면모를 보여주었다.

진경훈의 경우 초반에는 새진리회에 매우 적대적이었으나 1부 끝에서 정진수에게 심리적으로 굴복하며 진희정과 정진수가 만든 세상에서 소극적인 태도로 살아간다. 초반부 진경훈과 협력관계에 있는 민혜진은 1부와 2부 모두 등장하는 캐릭터로, 1부에서는 고지와 시연에 대해 믿지 않으며 한국의 두 번째 고지 캐릭터인 박정자의 시연을 이용해 방송으로 사람들을 속이려는 정진수를 견제하며 활동하다가, 화살촉에게 모친을 잃고 자신조차 죽을 위기에 처하게된다. 작중 민혜진은 1부의 중심 캐릭터들 중에서 유일하게 캐릭터의 변화가적고, 끝까지 정의를 위해 싸우는 모습으로 그려진다.

1부의 민혜진 캐릭터는 2부에서 큰 변화를 맞게 되는데 1부에서 정진수를막지 못한 자신을 탓하며 소도를 창설하고, 적극적으로 새진리회의 대척 세력이 되었다. 또한, 1부에서 정진수가 박정자를 자신의 권위 확장을 위해 시연 중계를 한 것처럼 민혜진도 2부에서 튼튼이를 이용해 새진리회의 진실을 알리려고 한다. 이처럼 민혜진의 성격의 변화로 스토리 구조의 전체적인 대비를 주어감독은 '인간의 가치는 인간이 만들고 인간이 지킨다.'는 중심적인 메시지를 전달하고 있다.

서브 캐릭터로 활용된 화살촉의 메인 스트리머 이동욱은 새진리회에서 홍보하는 신의 '의도'를 과장 해석하여 맹신하고, 대중을 선동하여 사이비 범죄를 일으킬 만큼 광적으로 신에 집착한다. 이 캐릭터가 소속된 극중 단체 화살촉의 경우, 이야기 흐름상 반드시 필요한 장치로써 작용하는 것이 아닌 무겁고 진중한 작품의 분위기를 화살촉 캐릭터들의 등장으로 리듬감과 스토리의 텐션을 살려주기 위해 사용되었다. 이는 메인 스토리를 극적으로 부각시키기 위해부가적 장치를 적극적으로 사용하는 〈지옥〉 특유의 스토리텔링 특성을 보여준다.

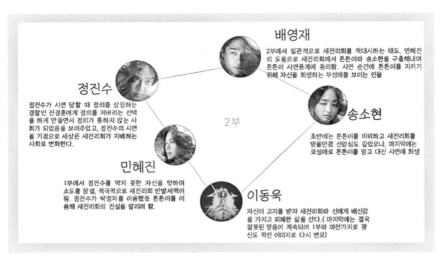

<그림 4> <지옥> 2부 캐릭터 구조

2부에서는 배영재와 송소현이라는 작중 새로운 캐릭터가 튼튼이의 가족으로 등장하며 스토리가 전개된다. 배영재는 2부에서 일관적으로 새진리회를 적대시하는 태도를 나타내는 캐릭터로, 민혜진의 도움으로 새진리회에서 튼튼이와 송소현을 구출해내며. 시연 순간에 튼튼이를 지키기 위해 자신을 희생하는 부성애를 보이는 캐릭터이다. 송소현은 새진리회의 신자로서, 2부 초반부에 고지를 받은 튼튼이를 미워하고 새진리회를 믿을만큼 신앙심도 깊었으나, 마지막 화에서 모성애로 배영재와 함께 튼튼이 대신 시연에 희생되는 캐릭터이다. 2부의 배영재와 송소현이 시연 순간에 튼튼이를 지키기 위해 자신들을 희생함으로써, 기존 세계관 법칙에 대한 새로운 의문점과 함께 후속작을 위한 빌드업이 마련되었다.

이처럼 1부와 2부는 다양한 캐릭터의 세계관으로 다각의 구조를 띄고있다. <지옥>은 동일한 'A'라는 내용을 각 캐릭터의 시점에서 CCTV를 보듯 보여주는 스토리텔링기법을 사용함으로써, 전달하고자 하는 내용에 입체감과 깊이를 더한다. 단순히 캐릭터의 수를 많이 늘린 것이 아닌 각 캐릭터의 입장에서 이야기를 보여주는 형태, 마치 스크린의 일부처럼 캐릭터를 사용함으로써 〈지옥〉의 스토리가 전개되는 서사가 만들어지게 되었다. 이러한 스토리텔링과 연출은 드라마에서 각 캐릭터들의 스토리를 풀어나가는 개별적 에피소드가, 드라마 전체의 스토리를 이끄는 하나의 횡렬이 되게끔 만드는 장치로 작용하여 캐릭터들이 스스로 〈지옥〉세계관의 서사를 이끌어나가게끔 만들었다.

3) 반복과 대비를 통한 주제 강화

〈지옥〉은 반복적, 대비적인 요소들을 적극 차용하여 서사의 긴장감을 높여주고, 몰입과 공감을 유발한다. '고지와 시연의 반복', '모성애와 가족애', '위장 시연', '시연 중계를 이용한 여론 형성', '미디어 매체의 노출'이 반복되는 요소이다.

고지와 시연은 2화를 제외한 모든 화에서 반복적으로 나타나며 이로 인해 사회가 변화하는 모습을 보여준다. 고지와 시연은 반복되지만 매번 다른 양상으로 등장한다. 고지를 받는 자의 시점과 상황, 반응, 그리고 시연되는 상황, 반응이 각각 다르게 설정되었고 연출도 대비된다. 이는 등장인물 각각의 죽음과 삶의 의미를 차별화시킨다. 또한 각각의 고지와 시연은 스토리 전개에 다른 역할로 기능한다.

1화의 시작 부분에서 주명훈의 시연은 시청자들에게 '시연'이라는 것이 무엇인지, 어떤 방법으로 시연을 하는지에 대한 개념을 잡아주었다. 이때의 시연은 '지옥'의 세계관을 보여주며 시청자들의 흥미를 불러일으키고 작품 속 사회를 혼란스럽게 만드는 역할을 한다. 1화에서 등장하는 박정자의 고지 장면은, 죄와는 상관없이 하루를 열심히 살아갈 뿐인 아이들의 엄마 박정자가 고지를 받는 것으로 하여금 시청자들에게 천사의 존재와, 고지를 처음 보여준다. 이는 작품의 흐름을 이끌어나가는 "사람은 어떤 죄를 지어서 지옥에 가는가?"라는 의문이 처음 들게 만드는 장면이기도 하다. 이렇게 1화에서는 시청자들에게 세계관을 이해시키는 과정으로 고지와 시연이 나타난다.

3화에서 박정자의 시연은 사회를 더욱 혼란스럽게 만든다. 초자연적이고 이해 불가한 힘 앞에 경찰의 공권력이 무력해지는 모습을 보이며, 현장과 방송을 통해 많은 사람들이 시연을 지켜보게 되어 새진리회의 영향력이 커지게 된다. 3화에서 나오는 정진수의 고지와 시연은 그간 정진수라는 캐릭터의 행보에 나름의 정당성을 부여해 연민을 느끼게 만드는 역할을 했다. 정진수가 시연을 당하기 전, 정의를 상징하는 캐릭터였던 경찰 진경훈에게 정의를 저버리는 선택을 하도록 만들면서 더 이상 사회에 정의가 통하지 않게 되었고, 새진리회가 지배하는 사회로 변모하면서 시대의 변화가 커지게 된다.

4화에서는 배영재의 선배로 등장하는 캐릭터의 시연이 나오는데, 이 시연 장면으로 시청자들은 시연당하는 사실을 숨겨야 하는 작품 속 사회의 분위기를 파악할 수 있게 되며 민혜진을 주축으로 하는 '소도'라는 집단을 인식하게 된다. 이를 통해 민혜진이라는 캐릭터가 새진리회에 소극적으로 대처해왔던 과거와는 달리 적극적으로 조직력을 가지고 새진리회에 대항하고 있음을 알게 된다. 이어서 송소현과 배영재의 아기인 튼튼이의 고지 장면이 나오는데, 갓 태어난 신생아인 튼튼이가 고지를 받는 것으로 "죄를 지은 사람이 고지와 시연을 받고 지옥에 가게 된다."라는 새진리회의 주장이 틀렸다는 것을 간접적으로 보여주며 2부의 주된 스토리가 시작된다.

5화 속 김영석의 시연은 새진리회에서 진행되며 동시에 방송을 통해 송출되고 인간 죽음의 가치가 구경거리로 전락해버린 사회의 모습을 보여준다. 새진리회의 의장이 정진수일 때와는 달리 권력을 악용하는 새 의장인 김정칠의 모습을 보여주며 새진리회의 성격 또한 크게 변화하였음을 알 수 있다. 5화 공형준의 딸이 고지와 시연을 받는 장면은 튼튼이의 시연중계를 반대하던 튼튼이 가족과의 공감대를 형성해주며, 2부 스토리의 핵심인 튼튼이의 시연 중계에 배영재가 동의하도록 만드는 장치로 작용한다.

6화에서는 화살촉의 리더라고 볼 수 있던 이동욱의 고지와 시연 장면이 등장한다. 이동욱의 변심으로 튼튼이 가족이 위기를 겪게 되면서 광신의 위험성을 보여준다. 튼튼이의 시연에서는 지난 2화 동안 부성애와 모성애를 주제로 서사를 쌓아온 튼튼이 부모의 희생을 보여주어 시청자들의 몰입도를 높였으며, 배영재와 송소현이 튼튼이의 시연을 대신당하고, 정작 시연 당사자인 튼튼이가 시연을 당하지 않는 장면으로 시청자들이 의문을 품고 스스로 의도에 관해 생각하도록 만들었다. 이렇게 대부분 스토리를 전개하며 고지와 시연이 나타난다는 점은 같지만, 그 장면에 따라 내포하는 의미와 역할이 다르다는 것을 분석을 통해 알 수 있었다.

'모성애와 가족애'라는 반복 요소는 1부와 2부 모두에서 나타난다. 1부에서는 박정자가 자신이 죽고 나서 아이들이 잘 살아갈 수 있도록 시연 중계에 동의하고 30억을 받는 것과 진경훈이 자신의 딸 진희정을 지키기 위해서 자신의 신념을 버리는 것에서 나타난다. 2부에서는 튼튼이를 지키기 위해서 튼튼이의 부모인 배영재와 송소현이 희생하여 대신 시연을 당하는 것과, 배영재의 선배가 남은 가족들이 피해를 받지 않게 하기 위해서 소도의 도움을 받아 다른 사람들이 모르게 혼자 시연을 받으러 가는 것 등에서 나타난다. 이렇게 스토리 내에서 가족애를 반복적으로 나타내는 것은 무겁게 진행되는 〈지옥〉의 스토리에서 시청자들의 공감과 몰입을 이끌어낼 수 있는 요소로 작용한다.

'위장 시연'이라는 반복 요소의 경우, 1부에서 진희정이 자신의 어머니를 살해한 범인을 정진수의 도움을 받아 불에 태워 시연으로 꾸미는 장면과 2부에서 화살촉이 공형준과 김근배를 불에 태워 시연으로 꾸미는 장면으로 등장한다. 1부에서 정진수가 살인범을 불에 태운 것은 새진리회 교리에 확실한 사례를 추가하여 자신의 주장에 뒷받침이 되게 하고, 그것으로 사람들이 본인의 말을 신뢰하도록 만들기 위해 진희정의 복수심을 이용한 것이었고, 화살촉이 공형준과 김근배를 납치한 후 불에 태워서 그 시체를 매달아 놓은 것은 이미 사람들이 죄를 지은 사람만 시연을 당하는 것이라고 믿고 있는점을 이용해 살인을 시연처럼 꾸며 정당화한 것이다. 이들은 모두 시연이라는 초자연적인 현상을 본인들의 의도를 위해 이용한 것으로, 왜 일어나는지 알 수 없는 초자연현상을 신의 의도로 의미부여하며 본인들 스스로의 행동을 정당화하는 모습들을 통해 사이비종교의 위험성에 대해 보여주고 있다고 볼 수 있고, 의미부여를 통해 행동의 정당성을 억지로 찾아내는 우리 사회를 반영한 비판요소로 볼 수 있다.

미디어적 요소들을 반복적으로 노출하는 것은 현재 우리의 삶에 깊숙히 침투한 미디어 매체에 우리가 얼마나 큰 영향을 받고 있는지 보여주기 위함이라고 생각한다. 새진리회의 포교 활동 방식을 분석해보면 미디어를 굉장히 잘 활용하고 있음을 알 수 있는데, 1화 시작부분 카페에서 학생들이 보고 있는 정진수의 강연 영상을 통해서 진작에 새진리회가 포교를 하는 방법에 미디어가 활용되고 있음을 보여준다. 작품은 속에서 새진리회는 박정자의 시연 이후 정진수가 뉴스에 출연하여 신의 의도에 대해서 설명하는 것이나 진희정의 어머니를 살해한 범인을 불에 태워 죽인 후, 경찰보다 기자들이 먼저 도착하게 만들어 언론에서 피해자의 신상을 밝히게 하는 상황을 의도적으로 만들어내고 있다. 또한 그 피해자가 살인을 저지른 살인범이었던 것이 밝혀져, 범죄를 저질렀음에도 제대로 처벌받지 않고 조기출소를 한 범죄자를 신이 지옥으로 데려간 것처럼 꾸며내 새진리회의 교리에 맞는 사례를 만들어낸다. 이런 것들로 미디어가 개인 뿐 아니라 사회를 움직이는 중요한 기재라는 사실을 반복적으로 드러낸다.

〈지옥〉은 뿐만 아니라 그 어떤 순간에서도 미디어를 포기하지 않는 개인의 미디어에 대한 집착, 또는 미디어에 종속된 개인의 모습을 적나라하게 드러낸다. 주명훈이 시연을 받을 때 그 주위에 있던 사람들이 도망치고 두려워하면서도 영상을 찍은 것이나, 주명훈의 시연이 끝나고 난 뒤 사람들이 점차 몰려들면서 다가와 사진을 찍는 모습을 보여주며 카메라 셔터음을 삽입한 것들. 박정자와 튼튼이가 고지를 받을 때 천사의 등장에 놀라면서도 그것을 영상으로 찍는 박정자의 아들인 은율과, 튼튼이의 엄마인 송소현 등 고지와 시연을 영상이나 사진으로 찍는 모습이 작품 속에서 등장하는 모습. 또한 박정자의 시연을 전국민이 볼 수 있도록 방송으로 중계하여 내보내는 장면과 갓난아기 튼튼이의 시연을 중계하려 하는 장면이 이에 해당한다.

실제로 박정자의 시연 이후에는 새진리회에 의해 사회가 크게 변화하게 되었으며, 이는 그만큼 미디어의 영향력이 크다는 것을 반복, 지속적으로 보여주는 것으로 해석된다. 새진리회가 포교 활동을 할 때 강연 영상을 사용하고, 정진수가 집회에서 해외의 시연 사례들을 영상으로 보여주는 등 영상 미디어를 사용하는 장면이 다수 등장한다. 출처가 불분명한 이 영상을 쉽게 믿는 작품속 사람들의 태도는 거짓 뉴스나 출처가 없는 여러 자료들을 여과 없이 받아들이는 현재 세태를 비판하는 메시지를 담고 있는 것으로 보인다.

화살촉의 이동욱이 스트리머로 활동하며 선동 방송을 하여 청소년들이 화살촉의 행동파로 활동하는 부분에서는, 미디어의 접근이 쉬워지면서 미디어의 영향을 더욱 크게 받는 청소년들이 표면으로 드러나게 되고 그 위험성을 보여주기도 한다. 방송국에서는 새진리회와 손을 잡은 고지당사자의 가족이 당사자의 죄가 무엇인지를 직접 말하게 하는 방송을 통해 계속해서 여론을 형성해 나가는 새진리회의 모습들을 보여주기도 하며, 이외에 경찰들이 인터넷 검색을 통해 조사 대상에 대해서 검색하는 모습이나, 실시간 검색어를 통해 현재 상황을 파악하는 모습이 비춰진다. 아내를 죽인 살인범이 출소한 사실을 인터넷 뉴스 기사글을 보고 알게 되는 진경훈의 모습이나, 박정자의 아들이 박정자의 고지 이후 인터넷에서 고지와 관련한 새진리회, 민혜진 변호사에 대한 정보를 찾아낸 점 등으로 〈지옥〉은 미디어의 영향력을 계속해서 강조한다. 더불어 진희정이 어머니를 살해한 살인범을 찾아갔을 때, 범인의 얼굴을 처음 본다고 말하는 부분에서는 우리 사회에서 큰 논쟁거리가 되고 있는 범죄자의 인권 보호에 대한 문제를 작품 속에 넣어서, 시청자들에게 실재하는 우리 사회의 다양한 문제점에 대해 생각해보게끔 만든다.

마지막으로 반복되는 요소는 '시연 중계를 통한 여론 형성'이다. 1부에서 정진수는 박정자에게 30억을 주고 여러 방송사들을 통해 시연을 중계하는 것으로 새진리회의 세력을 확장하며 신도들을 늘렸고, 2부에서는 민혜진이 튼튼이의 시연을 중계하는 것으로 지옥에 가는 이유가 죄를 지었기 때문이라는 새진리회의 교리가 틀렸음을 증명하려 하였다. 이 둘은 자신의 목적을 달성하기 위해 시연을 이용하려했다는 의도는 같지만, 그것으로 얻고자 하는 것이 정진수는 사람들이 새진리회의 교리를 믿게 하고 지금까지와는 다른 세상을 만드는 것, 민혜진은 정진수가 만들어 놓은 세상에서 대부분의 사람들이 믿고 있는 새진리회의 교리가 틀렸다는 것을 증명해내는 것으로, 이 둘은 완전히 대비되는 목적을 가졌기 때문에 상반되는 목적을 이루기 위해서 같은 수단을 이용하는 점이 흥미로운 부분이다. 이러한 점 때문에 정진수, 민혜진이 시연을 중계하여 여론을 형성하는 것은 반복적인 요소이자 대비적인 요소라고 볼 수 있다.

시연 중계를 제외한 대비 요소를 찾아보면 '정진수와 김정칠의 의장으로서의 태도', '캐릭터들이 죽음을 받아들이는 태도'가 있다. 정진수와 김정칠의 의장으로서의 태도가 어떻게 다른지를 살펴보면, 정진수가 1화에서 지하철을 타고 다니는 것이나 평소 신도들을 온화하게 대한 태도, 고시원에서 사는 모습들을 보았을 때, 권위적인 것에는 관심이 없고 검소하게 살아가고 있다는 것을 알 수 있다. 반면에 인간이 더욱 정의롭기를 바라는 신의 의도를 전하는 것이 자신의 목적이라고 하지만 김정칠은 자신의 명예, 명성을 키우고 싶어 하고, 권위를 지키고자 하는 모습을 보이면서 새진리회의 성격 변화를 그 당시의 의장의 성격으로 보여주며 그 변화에 따라 두 의장의 성격이 대비 요소로 이용되고 있다고 볼 수 있다.

죽음을 받아들이는 태도는 〈지옥〉에서 전반적인 대비를 이루고 있다. 박정자는 아이들을 위해 자신의 죽음을 받아들이는 모습을 보이는데 이것은 죽음을 계속해서 부정하고 받아들이지 않으려고 하면 후에 아이들의 삶이 힘들어질 수 있을 것을 고려하며 선택한 죽음에 대한 수용적 태도이고, 화살촉의 이동욱은 고지를 받은 후에 자신이 신에게 버림받았다고 생각하며 충격을 받고, 죽음에 대해 무기력한 태도를 보인다. 민혜진의 어머니는 암에 걸려 죽음을 선고받고 죽기 전에는 자신이 하고 싶은 대로 살겠다는 의지를 보여주며 죽음에 대한 수용적 태도를 보인다.

〈지옥〉에서는 다양한 죽음의 양상이 나타나고 그중에는 본인의 의지가 아닌 죽음을 맞이하게 되는 경우가 대부분인데, 그중에서도 자신의 죽음에 대해 수용적 태도를 갖는 캐릭터들도 있고, 자식을 살리기 위해 자신들이 대신 죽음을 맞이하는 배영재, 송소현과 같은 캐릭터의 모습도 나온다. 이렇게 캐릭터마다 죽음을 받아들이는 태도가 모두 다르고, 박정자와 민혜진의 어머니처럼 같은 태도를 보이더라도 그 태도를 취하게 된 이유의 배경이 각자 다름을 보여주며, 〈지옥〉은 죽음이라는 가치에 대해 시청자들이 고뇌하게 만들고 마음먹기에 따라 죽음이라는 것의 가치가 달라질 수 있다는 것을 보여주고 있다.

〈지옥〉은 반복과 대비라는 요소를 통해 드라마 전체의 리듬감을 살리고, 미시 서사와 거시 서사의 흐름을 잘 표현했다. 거기에 감독이 계속해서 전달하고 있는 '휴머니즘' 메시지가 반복과 대비를 통해 보다 쉽게 전달되어, 이 방식이 작중 메시지의 효율적 전달을 이끈다는 점을 확인할 수 있었다.

2. <지옥>의 안과 밖 풍경

1) 지옥의 송곳

아내를 잃은 경찰역인 진경훈을 제시하여 인간의 정의와 법, 즉 공권력을 믿지만 정작 본인은 그 정의와 법에게 배신당한 캐릭터를 제시한 뒤, 이 캐릭터가 시연과 고지에 아무 능력도 발휘하지 못하는 장면(3화 지옥의 사자에게 총을 쏘지만 통하지 않는 장면, 03 : 54 ~ 04 : 01), 바뀐 세상에서의 광신도들에게 폭행을 당하는 모습(3화, 27 : 52 ~ 28 : 25)을 보여주어 정의와 법을 믿지만 실제로는 무능한 모습만을 제시한다. 즉, 현실 사회의 무능한 경찰을 '진경훈'이라는 캐릭터로 상징화하여 〈지옥〉은 경찰에 대한 폭력, 수사 난항 등 사회 속 공권력 문제를 비판했다.

1, 2부를 통틀어서는 화살촉의 모습을 통해 사회를 비판하고 있는데, 화살촉의 행동파를 의도적으로 청소년으로 설정하여 청소년들이 뉴미디어에 얼마나 쉽게 영향을 받고 급진적으로 받아들이는지를 단적으로 보여준다. 이러한 뉴미디어의 선동에 휩쓸려 잔인한 범죄를 저지르는 청소년들의 모습(1화, 34 : 50 ~ 36 : 05), 청소년이라는 이유로 낮은 처벌의 수위를 받을 것을 알고 반성의 기미가 없는 행동파들의 모습(1화, 39 : 45 ~ 40 : 42), 이러한 청소년들이 제대로 된 처벌을 받지 못하고 성년이 되어서 그대로 유사 범죄를 반복하는 모습(4화, 21 : 45 ~ 22 : 50)을 제시하면서 청소년 보호법의 과도한 보호의 폐해를 보여준다.

고지와 시연이라는 알 수 없는 초자연적인 현상에 의미부여를 하여 사람들을 선동하는 새진리회에서 시연하는 장면을 방송 중계(5화, 06 : 08 ~ 10 : 40)하는데 어긋난 신앙심으로 도덕적 문제 의식을 가지지 않는 신도들(3화, 21 : 09 ~ 21 : 48)의 장면과 같이 사이비 종교범죄가 세계화된 암흑세계를 실감나는 허구를 그려내는 방식으로 현실을 비판했다.

이렇듯 지옥은 현재 우리 사회의 공통적 문제점을 작품 내에 반영하면서 작품이 비현실적인 판타지적 요소들을 다수 함유하고 있음에도 시청자들의 몰입과 공감을 이끌어내는 데 성공하였다. 자칫 잘못하면 위험한 주제로 작용할 수 있는 종교, 플롯 역량이 부족하다면 루즈해지기 쉽상인 '죽음'이라는 추상적인 소재에 의미와 역동성을 부여하고 '진실된 정의란 무엇인가.'와 같이 시청자가 고민할 수 있는 토론거리를 제시했다. 이를 통해 시청자가 〈지옥〉 속 각 사건들에 대한 질문을 던지고 스스로 생각할 수 있었다는 점에서, 작품의 성공을 위해서는 적절한 판타지성을 이용해 시청자가 '분석적 이해' 뿐만이 아닌 '참여적 이해' 또한 하게 만들 수 있어야 한다는 특별한 시사점을 찾을 수 있다.

2) '죽음'의 새로운 패러다임

〈지옥〉에서는 전통적 죽음과 관련된 세계관을 고지와 시연으로 비틀었다. 보통은 이승에서 죽음은 스쳐가는 순간으로 고요히 묘사되고 죄에 대한 고통을 지옥에서 받았다면, 〈지옥〉에서는 죽음이 지옥의 사자들로 시각화되어 매우 폭력적인 연출로 묘사된다. 이러한 퍼포먼스와 임팩트는 시청자들에게 기존 고정관념에 대한 전환을 불러일으키며 초기 관심 장악 요소로 작용하였다.

실제로 이 작품에서는 동양과 서양의 죽음과 이를 둘러싼 세계관이 혼재되어 있다. 동양의 사자(使者)와 서양의 천사가 합쳐진 세계관이면서 우리가 보편적으로 생각하는 선한 미소를 띠며 날개를 달고 있는 천사가 아닌 기괴한 얼굴과 중성적인 목소리의 천사와 고요히 망자를 데려가는 사자(使者)가 아닌, 괴물과 같은 모습으로 사람을 찢어 죽여서 시연하는 사자(使者)의 모습은 앞서 말했듯 자극적인 것을 찾는 시청자들 입장에서는 관심이 갈 수 밖에 없는 요소이다. 이러한 고지와 시연을 통해 대상에게 시한부 상황을 부여하면서 타임어택형 긴장감을 유발한다. 죽음을 받아들이는 태도를 대비적으로 보여주고 이러한 서로 다른 양상을 통해 시청자들이 죽음이라는 것에 대해 더욱 깊게 고민하고 토론하게 하며, 작품을 참여적 이해로 이끌었다고 볼 수 있다.

3. <지옥>의 소구점

2021년 11월 20일 공개 직후, 84개국 이상에서 넷플릭스 인기 순위 TOP 10 안에 진입하는 데에 성공하여, 첫 순위 집계에서 플릭스 패트롤 넷플릭스 TV 쇼 부문 월드 랭킹 1위를 차지했다. 또한 한국 콘텐츠로서는 <#살아있다>, <승리 호>, <오징어 게임> 이후 4번째 월드 랭킹 1위이고, TV쇼로서는 오징어 게임 이후 2번째 월드 랭킹 1위이다. 공개하자마자 첫날 월드 1위를 기록한 것은 한국 TV쇼 사상 처음이었고, 심오하고 잔혹한 다크 판타지 작품이자 6부작으로 짧은 시리즈였음에도 11일 동안 월드 1위를 수성하는 등 흥행 면에서 선전했다. 역대급 흥행작인 <오징어 게임>만큼 롱런하지는 못했으나 <지옥> 역시도 상당히 성공한 넷플릭스 시리즈이자 세계에서 선전한 한국 드라마로 남았을 만큼 <지옥>이 흥행한 것은 틀림없는 사실이다.

1) 호화 캐스팅의 흡입력

어떤 드라마나 영화의 흥행요인에 빠질 수 없는 캐스팅 이야기를 하자면, 지옥은 유아인, 김현주, 박정민, 원진아 등 대중성을 겸비한 실력파 배우들이 출연하였다.

유아인의 경우 2011년 <완득이>를 통해 기대되는 라이징 배우이자 충무로 블루칩으로 부상해서 2014년 <밀회>, 2015년 <베테랑>, <사도>, <육룡이 나르샤>의 연이은 성공과 함께 각종 시상식에서 두각을 보이면서 대중과 평단 모두에게 주목받는 배우로 자리잡아 이후에도 드라마, 오락 영화뿐만 아니라 <버닝>, <소리도 없이>와 같은 예술성 짙은 영화 사이를 오가며 굵직한 필모를 쌓아가고 있던 모두가 인정하는 대배우이다.

김현주는 2015년 SBS 주말특별기획 <애인있어요>에서 1인 4역을 소화하는 엄청난 연기력으로 '갓현주'라는 별명도 얻으며 엄청난 화제를 모았고, 높은 화제성과 연기력으로 높지 않은 시청률에도 불구하고 그 해 대상 후보에까지 올랐었으며, 2019년 OCN 오리지널드라마 'WATCHER'에 출연해 처음으로 장르극에 도전했다. 특유의 카리스마 넘치는 톤과 연기력으로 함께 출연했던 배우들과의 긴장감 넘치는 내면연기와 심리전이 큰 호평을 받았다. OCN 역대 시청률 2위라는 쾌거를 이뤘던 배우이다.

박정민은 2016년 제37회 청룡영화상에서 〈동주〉로 신인남우주연상을 수상, 2020년 청룡영화상 남우조연상과 백상예술대상 남우조연상을 수상한 만큼 이미 영화계에서 인정받은 배우이다.

이런 호화 캐스팅을 한 점은 국내에서 드라마의 시청 진입 장벽을 허무는데 큰 작용을 하였다. 배우들의 캐스팅 또한 중요하지만 드라마가 성공하기 위해서는 드라마를 구상하는 감독의 역량이 가장 중요하다고 할 수 있다. 〈지옥〉의 감독은 연상호 감독이었다. 연상호 감독은 2011년 〈돼지의 왕〉, 〈지옥: 두개의 삶〉으로 데뷔하였는데 암울하고 그로테스크한 장르적 특성으로 공개 당시 화제가 되었다. 바로 이 〈지옥: 두개의 삶〉이 이후 넷플릭스 오리지널 드라마인 〈지옥〉의 원작이다. 연상호 감독은 2015년 신작인 〈서울역〉이 좀비물이라는 것이 알려지며 주목을 받았는데, 후속작 격인 〈부산행〉이라는 실사 영화작품의 연출을 맡으며 더욱 팬들을 놀라게 했다. 제작비가 100억이라는 한국 최초의 좀비 블록버스터 영화라는 점에 성공을 의심하며 우려하는 사람들도 많았으나, 칸 영화제 비경쟁 심야상영 부문에 초청되어 호평을 받으며 입소문을 타기 시작했고, 유료 시사회 논란과 신파적 정서로 비판적 의견도 있었지만 관객들에게 인정받으며 천만관객 돌파를 달성했다. 해외에서도 각종 흥행기록을 세우며 성공을 거두었다. 〈지옥〉은 제작 초기에 천만 영화 〈부산행〉, 〈반도〉 등으로 한국 영화계 장르물 붐을 일으켰던 연상호 감독의 차기작 드라마로 관심을 받으며 드라마 공개 전 부터 다량의 기사가 속출하였다. 이러한 감독의 역량 또한 지옥의 흥행에 매우 큰 요인으로써 작용했다.

2) 온/오프라인의 공격적 마케팅

〈지옥〉은 온라인 마케팅과 오프라인 마케팅의 적절한 조화를 통해 첫 공개부터 큰 관심을 모았다. 내용을 살펴보기 전, 온/오프라인 마케팅의 이점에 대해 알고 가는 것이 좋겠다.

우선 온라인 마케팅은 투자할 기회비용이 적다는 장점이 있다. 대부분의 소셜 미디어는 무료로 사용할 수 있기 때문에 타겟층이 되는 주요 고객에게 쉽게 도달 할 수 있기에, 적은 예산으로 사람들에게 효과적인 마케팅 효과를 누릴 수 있다. 또한, 온라인에서 수집된 정보분석을 통해 타겟층을 정의하거나 퍼포먼스가 좋은 콘텐츠 종류를 알아낼 수 있고, 더욱 더 효율적인 결과를 얻는 방법으로 마케팅 전략을 수정할 수 있다. 이처럼 초기 비용으로 많은 결과를 얻을 수 있기 때문에, 온라인 마케팅은 가성비 측면에서 좋다고 볼 수 있다.

온라인 마케팅과 차별되게 오프라인 마케팅이 제공할 수 있는 가장 큰 상품은 바로 경험이다. 오프라인 매장을 찾는 고객은 거기에 갔던 경험이 유익하거나 즐겁거나 그밖에 어떤 만족감이 되어서 다시 해당 콘텐츠를 찾게 된다.

공격적 오프라인 마케팅의 일환으로 〈지옥〉은 2021 10월 5일부터 21일까지 AR을 활용한 지옥 체험 행사를 진행하기도 했다. 서울 잠실 롯데월드몰 아트리움 광장에 대형 스크린과 카메라를 설치해 '지옥AR존'을 선보였다. 체험자가 스크린에 표시된 위치로 가면 지옥의 사자들이 나타나 작품 속 장면처럼 뛰어오는 식으로 새로운 재미를 보여줬다. 또 서울에서 가장 많은 유동인구를 자랑하는 서울 코엑스 건물을 통째로 광고에 사용하는 대담한 공격적 마케팅 전략을 사용하였다. 전광판은 물론 '지옥' 체험 존이라 하여 넷플릭스 오리지널 드라마임을 강조하는 넷플릭스 문구와 함께 지옥 사자들의 시연장면을 재현한 모형들을 여럿 설치하였고, 증강현실(AR) 기술을 활용해 실제 작품 속에서 시연을 보는 듯한 경험을 제공하였다. 또한 정진수의 흉상도 설치해 여기에 세 개 버튼 중 원하는 버튼을 랜덤으로 누르면 재치 있는 문구가 담긴 지옥 운세를 알려주는 지옥 운세기도 선보였다.

온라인으로는 출연 배우들과 연상호 감독 본인의 인스타그램을 통해 인스타그램 필터를 필두로 한 미디어 마케팅 전략을 사용하였다. OTT플랫폼의 주 사용층이 인스타그램의 주 사용층과 교집합을 이루기에 효과적인 홍보효과를 누릴 수 있었다. 이러한 온/오프라인 요소들을 이용해 국내 흥행을 도모한 것이라고 확신한다.

3) 해외시장을 노린 공감대 확보

〈지옥〉은 국내 뿐 아니라 해외에서도 흥행을 이어갔다. 실제로 OTT플랫폼은 국가 간 진입 장벽을 낮춰주었고, 유럽과 아랍 등 종교에 대한 역사가 길고 관심이 많은 국가에서 〈지옥〉은 흥행 성적을 거두었다. 그 이유는 해외, 특히 서구권에서는 종교전쟁, 마녀사냥처럼 종교가 피의 역사로 점철되어 있어 종교로 인한 대립이 많았기 때문에 〈지옥〉의 종교적인 요소는 해외시청자들에게 뜨거운 관심을 유발하는 장치로 작용한다. 즉, 종교의 이름을 팔아 부정한 재산 축적과 정적 제거, 당시 사회에 퍼져있던 다양한 재앙들로 인한 피지배층의 불만을 다른 곳으로 돌리기, 공포조장을 통한 사회통제강화, 개인적인 원한이나 경쟁자 제거 등을 합리화시키기 위해 마녀 사냥을 자행했던 역사를 인지하고 있다. 이는 〈지옥〉의 고지를 받은 이들을 죄인으로 몰아가고 자신들의 이익을 챙기는 새진리회의 모습과 닮아있기 때문에 서구인들이 쉽게 공감하고 몰입할 수 있게 하였다.

다음 흥행 요인으로는 한국적 해석으로 녹여낸 공감대라고 할 수 있다. 최근 K-POP, 한국음식, 영화 산업 등의 한류 열풍으로 한국 문화에 대한 관심이 높아져 있다. 이에 해외 유명 평론가들은 넷플릭스에서 가장 크게 성공했다고 하는 한국의 〈오징어 게임〉이 성공한 이유가 세계인이 누구나 보편적으로 가진 정서를 한국 특유의 방식으로 풀어냈기 때문이라고 설명했다. 예를 들어 〈오징어 게임〉에서 달고나, 딱지치기 등 한국적인 소재로 '놀이'라는 인류 보편적 행위와 감정을 신선하게 자극했다는 것이다. 이처럼 지옥에서도 권선징악과 사후 세계 같은 인간의 호기심과 욕구를 한국적인 배경으로 그려낸 점이 흥행에 매우 큰 요소를 차지했다.

마지막으로는 가장 단순하지만 확실한 넷플릭스의 알고리즘 시스템이 흥행 요소에 큰 기여를 했다는 것이다. 넷플릭스의 알고리즘 시스템은 자신과 취향이 비슷한 다른 사용자가 봤던 작품을 추천하는 유사 사용자 기반 알고리즘, 내가 본 작품과 비슷한 장르나 같은 배우가 나온 작품을 추천하는 유사 콘텐츠 기반 알고리즘 둘 모두를 이용하는데 앞서 말했듯 한국적인 작품인 〈오징어 게임〉에 빠진 시청자들에게 새로운 한국 콘텐츠를 지속적으로 볼 수 있는 환경이 마련된 것이 〈지옥〉의 흥행 요인이었다고 할 수 있다.

4. 넷플릭스 오리지널 스토리텔링 전략

넷플릭스 드라마 〈지옥〉을 분석하며 〈오징어게임〉을 논하는 이유는 이를 비교하며 근래 OTT플랫폼 콘텐츠 산업의 변화를 확인 검증할 수 있기 때문이다. 핵심적인 변화는 3가지로 요약된다. OTT산업의 글로벌 트렌드 내재화, IP중심 스토리텔링 구현, 그리고 IP 비즈니스 영향력 확장이 그것이다. 한국의 OTT 플랫폼 산업은 과거보다 세계 트렌드에 맞춰 혁신적인 방식으로 개선될 것이며, 웹툰이나 웹소설과 같은 스토리 IP를 토대로 콘텐츠를 재생산하는 전략들이 더욱 정교해질 것이다. 이를 통해 영상콘텐츠의 팬덤을 형성하고 콘텐츠 IP를 활용한 굿즈 판매와 같은 추가 수익의 가치도 확대될 것이다. 결과적으로 앞으로의 OTT 산업은 스크린을 넘어 팬덤과의 관계를 통해 성장하는 콘텐츠 비즈니스의 성격을 확장해갈 것으로 보인다.

1) 글로벌 OTT 트렌드 내재화

전 세계에 동시 공개된 넷플릭스 오리지널 드라마 〈오징어 게임〉은 전 세계 83개국에서 1위를 차지했고, 넷플릭스에서 가장 많이 재생된 콘텐츠에 등극했다.[1] 우리가 오징어 게임을 주목하는 이유는, 이 대성공이 '원 히트 원더(One-hit Wonder)'에 그치지 않고 콘텐츠 산업에 나타난 근본적인 변화를 함축적으로 보여주기 때문이다. 핵심적인 변화는 OTT플랫폼의 콘텐츠의 글로벌화가 산업 전반적으로 확대될 것이라는 점이다. 이는 한국에서 제작한 콘텐츠의 세계 진출만을 의미하지 않는다. OTT 콘텐츠 산업의 글로벌 편중을 벗어난 방식이 생산과 소비 전반에서 확대될 것이라는 의미이다.

역사적인 과정을 거쳐 글로벌 비즈니스화에 도달한 영화산업과 달리, 방송영상(TV) 산업은 개인 사업자의 영향력이 오랜 기간 유지된 분야다. 가정집의 TV 스크린으로 직접 송출되는 매체 특성상 주요 방송 사업자들에 대해서는 오랜 기간 높은 규제가 유지되었고, 특히 소유 규제나 편성 등의 측면에서 자국 콘텐츠 중심의 소비를 유지할 수 있는 기반들이 지켜지고 있었다.[2] 직접 시청자들의 스크린에 연결되는 글로벌 OTT 서비스들은 바로 이러한 방송이란 규제의 틀을 뚫어내고 있다. 과거 그 어느 때보다 영상콘텐츠가 더 글로벌한 요소들로 채워질 수 있는 미디어스케이프 환경이 마련된 상태인 것이다. 여기서 중요한 것은, 이 변화가 비단 한국에서만 이루어지는 일이 아니라는 것이다. 시장의 글로벌화를 체감하는 건, OTT 콘텐츠가 성장하고 있는 대부분의 나라에서 등장하는 현상이다. 미디어 시장의 글로벌화는 우리의 취향과 정체성에 신선한 인사이트를 마르지 않는 샘물처럼 제공한다. 구조적 변화를 통해 자막이란 10픽셀의 벽을 넘어, 색다른 경험과 취향 탐색의 기회를 얻고자 하는 사람들이 트렌

---

1   강애란, [2021결산] 세계 홀린 '오징어 게임'…K-드라마 열풍, 〈연합뉴스〉, 2021.12.16. (https://www.yna.co.kr/view/AKR20211215145200005)

2   방송법 - 국가법령정보센터(https://www.law.go.kr/%EB%B2%95%EB%A0%B9/%EB%B0%A9%EC%86%A1%EB%B2%95)

드화된 현재의 OTT 서비스를 통해 지속적으로 나타나고 있다.

이러한 변화는 양방향적 특성을 지닌다. 다양한 국가에서 나온 콘텐츠들의 글로벌 공급 사례는 글로벌 진출을 확대하고 현지화를 시도하는 사업자들이 늘어날수록 보다 확대될 것이다. 미디어 시장에 영상 콘텐츠를 공급할 수 있는 경쟁력을 가진 나라도 지금보다 더 다양하게 확대될 것이다. 현재 우리도 과거보다 더 손쉽게 다양한 국가의 콘텐츠를 시간과 장소에 구애받지 않고 만나고 있다. 그리고 이 과정에서 다양한 취향을 가진 시청자들의 플랫폼 정착이 이루어질 것이다.

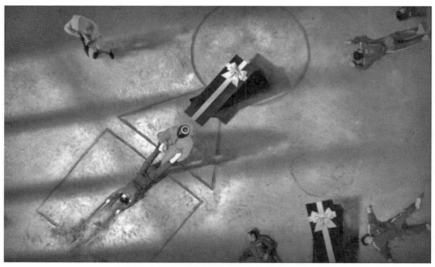

<그림 5> <오징어 게임> 홍보 포스터

앞으로 한국의 OTT 콘텐츠 제작사들에게 보다 큰 기회의 가능성이 존재한다는 점은 자명하다. 한국의 영상콘텐츠는 아시아권에서 확고한 팬덤을 확보하고 있으며, 글로벌 OTT 사업자의 적극적인 해외 진출이 아직 충분히 이루어진 것이 아니란 점에서 검증된 한국 콘텐츠에 대한 수요에 성장성을 기대해볼

K-DRAMA 스토리텔링, 모색과 조형의 힘

수 있을 것이다.[3]

　그러나 연이은 청불 등급 콘텐츠의 성공에 한국의 OTT 콘텐츠는 가학적이고 선정적으로 변화하고 있다. 넷플릭스 드라마 〈지옥〉 또한 "고지와 시연을 통해 지옥의 사자들이 죄인에 대한 무차별 폭행과 살인"을 반복하는 구조로, 드라마의 철학적 요소와는 별도로 잔인한 세부 묘사와 그로테스크적 판타지를 연결시켜 시청자들에게 자극적인 쾌감을 준 것이 성공요인 중 하나로 분석되었다. 지금까지 세계적으로 성공한 K-콘텐츠는 〈오징어 게임〉, 〈스위트홈〉 등 대부분 만 19세 미만 관람 불가(이하 청불) 작품이다.[4] 전문가들은 청불 콘텐츠의 성공이 가학을 다룬 서사가 현실 세계에서 밈과 재미로 변화하기 때문이라 설명한다.[5] 윤성은 영화평론가는 "시청자들이 드라마를 오락적으로 소비하는 부분도 있다."며 "각종 밈이나 패러디가 쏟아져 나오는 상황에서 가학성에 대한 공포는 이미 사라져 버렸다."고 설명했다. 실제로 넷플릭스 드라마 시리즈 중 순위권을 차지한 〈종이의 집〉, 〈투 핫!〉, 〈퀸스 갬빗〉 등 대부분의 작품이 청불 등급으로, 이는 선정성과 가학성을 통한 연이은 성공이 OTT 콘텐츠 트렌드에 영향을 미친 탓으로 보인다.

　이러한 선정성과 가학성이 쉽게 미성년자들에게 노출되는 점은 사회적인 문제로 이어질 수 있다. 미성년자의 경우 인격이 완전히 형성되지 않아 외부 자극에 노출되면 공격적인 성향이 나타날 수 있다.[6] 이러한 콘텐츠에 대한 청소년의 접근을 완전히 차단하는 것은 어렵겠지만, 미성년자 시청 층을 위한 보호 장치

3　반서연, 美 CNN "한국 콘텐츠, 넷플릭스 아시아 사업 성장 이끌어", 〈YTN〉, 2021.02.08. (https://www.ytn.co.kr/_ln/0117_202102081604125322)

4　김정진, '오징어게임'서 멈추지 않는 K드라마 열풍…속속 10위권 안착, 〈연합뉴스〉, 2021.10.19(https://www.yna.co.kr/view/AKR20211019012100005)

5　김인구, [팩트체크] 톱10 절반이 청불… 넷플릭스, 18금 타고 날았다?, 〈문화일보〉, 2022.02.14(http://www.munhwa.com/news/view.html?no=2022021401031439179001)

6　청소년 복지론(제1장~제5장).

는 충분히 마련되어야 할 것이다.

2) IP중심 스토리텔링 구현

OTT 콘텐츠 변화의 흐름은 웹툰, 웹소설과 같이 '스토리 IP'를 활용한 콘텐츠 재생산의 확장으로 이어지는 추세이다. 넷플릭스의 〈지옥〉 또한 스토리 IP를 활용한 대표적인 작품이다.

여러 측면에서 스토리 IP의 활용은 유리한 점을 보유하고 있다. 우선, 작품성과 대중성이 이미 파악된 스토리를 활용한다는 점에서 한 번 제작하는 데에 천문학적인 비용이 필요한 영상 콘텐츠가 갖는 흥행 리스크를 줄여줄 확률이 높다는 장점이 있다. 사전에 웹툰, 웹소설 등을 통해 형성된 애독자 층(이하 팬덤)은 공개될 콘텐츠에 대한 옹호자이자 적극적인 전파자로서 온라인 상에서 홍보 확산에 기여할 수 있다. 영상화된 작품이 공개되면, 이에 관심을 가져 원작을 소비하려는 사람들을 통해 추가적인 수익 창출을 기대할 수도 있다.[7]

스토리 IP의 활용은 무엇보다 해외 서비스에 대한 IP 유출의 우려로부터 약간은 자유로울 수 있다는 특성이 존재한다. 영상화 권리를 넘겨주더라도, 원작 IP를 활용한 다양한 사업 전개의 권리는 여전히 국내 사업자가 확보할 수 있기 때문이다.[8] 다양한 콘텐츠로 이야기를 확장하고 가꿔나가는 '세계관' 전략의 확대 속에서, 스토리 IP를 활용한 추체험, 경험의 확장 기회를 늘려나가려는 사람들의 시도가 늘어나는 추세이다. 영상콘텐츠는 시각적 경험의 극대화를 통해 웹툰과 웹소설에 비해 단기간에 팬덤을 확장할 수 있다는 점에서, 스토리 IP 연계를 통한 이익률을 높일 수 있을 것이라는 기대가 점차 늘어날 것으로 비춰진다. 앞으로의 영상콘텐츠 트렌드가 변화함에 따라 한국의 스토리 IP 생

---

7   오미환, '미생' 웹툰·드라마 뜨니…만화 판매도 200만부 돌파, 〈한국일보〉, 2014.11.26. (https://www.hankookilbo.com/News/Read/201411261467699755)
8   이현진, 콘텐츠 IP금융 활성화 방안 연구, 《한국문화관광연구원 수시연구 2017-03》, 한국문화관광연구원, 2017, pp. 49-52.

K-DRAMA 스토리텔링, 모색과 조형의 힘

태계가 세계로 확장되고 있는 현재의 흐름은 심도 있게 고려해야 할 요소다. 국내 스토리 IP의 강자인 네이버와 카카오는 각각 '왓패드(Wattpad)'와 '래디쉬(Radish)'라는 북미 지역 중심의 웹소설 서비스를 인수하는 전략적 결정을 내렸다.[9] 우리가 확보하는 스토리 IP의 '국적'이 한국을 넘어서 전 세계로 확장될 수 있는 기회가 마련되고 있다.

이러한 기회들을 통하면 이와 같은 시나리오도 가능하다. 한국의 웹툰 작가가 그린 웹툰이 국내에서 인기를 얻는다. 국내 기업이 이 IP에 대한 권한을 확보하여, 원작 작가와 함께 다국 언어 번역 작업을 진행하고, 이를 해외 진출해있는 웹툰 플랫폼을 통해 서비스한다. 웹툰을 통해 형성된 팬덤을 토대로 글로벌 OTT 기업과 웹툰의 드라마화, 혹은 영화화 프로젝트를 추진한다. 국내 영상 제작사가 참여한 작품에 현지 배우들이 출연해 글로벌 OTT를 통해 서비스된다. 우리가 전통적인 '한류'의 개념을, 이렇게 만들어진 작품에 대해서 적용할 수 있을까? 〈오징어 게임〉에서는 한국 작가가 창작한 세계관을 글로벌 OTT가 서비스하고 있지만, 우리에겐 아무런 경제적 이익이 없는 상황이 발생했다.[10] 한국 없는 한류, 한류 없는 한국 콘텐츠 산업의 성장이 나타날 수 있는 환경이 마련되고 있는 것이다.

확실한 것은 국내 OTT플랫폼의 영상화가 스토리 IP 중심으로 확대되는 과정에서, 한국의 콘텐츠 산업의 방향이 글로벌 기업과 팬덤, 원작이 되는 작품의 창작자와의 연계를 다양하게 넓혀가는 쪽으로 흘러갈 것이라는 점이다. 이는 국내 OTT 콘텐츠 산업이 '제작 역량'에 경쟁력이 한정될 수 없는 환경으로 조성되고 있음을 의미한다. 확장된 스토리 IP 생태계의 일부로서 OTT 콘텐츠 산

9   이돈주, 네이버 '왓패드' vs 카카오 '래디쉬'…美 시장서 콘텐츠 전쟁, 〈EBN산업경제〉, 2021.05.12. (https://www.ebn.co.kr/news/view/1483292)

10   김민성, '오징어게임' 수익 독차지한 넷플릭스… "글로벌 OTT플랫폼에 대한 제도 마련해야", 〈아주경제〉, 2021.12.08. (https://www.ajunews.com/view/20211208144141652)

업은 보다 적극적인 기업 간 협력과 세계화 전략에 대한 더 많은 고민을 해야 하는 시대를 맞이하고 있다.

3) IP 부가산업 확장의 필요성

스토리 IP 확장 흐름에 따라 콘텐츠 산업의 IP를 활용한 부가 사업 개발의 중요성이 높아질 것으로 분석된다. 〈오징어 게임〉의 성공 후, 모든 IP 권리를 넘겨주는 계약 방침에 대해 많은 이가 아쉬워한 부분은 '굿즈'의 판매가 대세화되었다는 점일 것이다. 〈오징어 게임〉은 시각 요소들로 그 독창성과 예술성을 주목을 받았고, 이러한 요소들이 드라마 공개 이후 다양한 방식으로 상품화되었다. 공개 이후 할로윈 기간과 겹치며 공식적, 비공식적인 IP 굿즈들의 판매가 세계 시장에서 활발히 이루어졌다.

<그림 6> Amazon.com Squid Game 검색 상품

K-DRAMA 스토리텔링, 모색과 조형의 힘

콘텐츠 IP 활용에 있어 부가 사업의 확장(라이선싱과 상품화를 통한 굿즈 등)은 수익 극대화를 위한 중요 전략이다. 글로벌 트렌드 변화에 따라 콘텐츠 IP를 활용한 라이선스 시장은 기존의 영유아 중심의 완구 시장에 한정되지 않고, 다양한 세대에게 소구할 수 있는 영역으로 상품군을 확장하며 성장하고 있다. 과거보다 개인의 취향과 정체성을 표현할 수 있는 상품들에 대한 소비가 늘어나고, 오히려 대중적인 브랜드 소비가 줄어드는 현재 시장 환경에서 콘텐츠 IP를 활용한 상품들은 팬덤에게 매우 중요한 가치를 갖는 소위 '브랜드'로서의 입지를 확보해 나가는 추세이다.

이러한 IP 활용에 있어 역사적으로 IP 비즈니스의 확장 경험이 상대적으로 부족하다는 점이 국내 영상콘텐츠 사업자들에게 문제점으로 작용한다. 사업의 핵심 영역이 '콘텐츠 창작'인 제작사들에게 새로운 전문성이 요구되는 IP 부가 사업확장은 부담스럽게 느껴질 수 있다. 〈오징어 게임〉에 이어 흥행에 성공한 넷플릭스 드라마 〈지옥〉 또한 '지옥의 사자들', '고지하는 천사', '화살촉'과 같이 독창적인 시각요소로 긍정적인 평가를 받았으나, 국내 제작사가 적극적으로 IP 부가 사업을 추진하지 못하면서 작품 속 세부적인 IP 요소의 대중적 조명과 추가 수익창출 부분에서 많은 아쉬움이 발생했다.

〈오징어 게임〉의 역사적 성공은 OTT 콘텐츠 산업에서 글로벌 단위의 IP 부가 사업의 가능성을 보여주었다. 국내 OTT 콘텐츠 제작사들은 앞으로 보다 체계적인 IP 비즈니스 전개에 대한 고민을 기획 단계에서부터 시작해야 할 것이다. 이를 위해 관련된 전문성을 갖는 주체들과 영상 콘텐츠 산업이 서로 연결될 수 있는 기회들을 늘려나가고, 관련 역량을 키워나가는 노력을 전개해 나갈 필요가 있을 것이다.

5. 결론

〈지옥〉의 흥행은 앞으로의 한국 OTT 콘텐츠 전망에 긍정적인 의미를 갖는다. 〈오징어 게임〉의 흥행 이후 K콘텐츠에 대한 관심이 높은 때에 〈지옥〉이 바로 치고 올라오면서, OTT플랫폼에서의 K콘텐츠의 흥행이 장기적으로 이어질 수 있는 기대감이 확보되었다. 제작사의 입장에서 보면, 방탄소년단(BTS)이 일정 수준을 넘어선 이후 K팝 대중이 확보된 것처럼, 이번 〈지옥〉의 흥행 성공은 한국의 드라마도 선순환 구조에 진입하는 유효숫자를 확보한 것으로 볼 수 있다. 넷플릭스와 같은 대규모 이용층을 보유한 플랫폼에서 한번 메가 히트가 나온 것이, 결국 앞으로도 한국 콘텐츠 업계의 든든한 자산이 될 수 있는 것이다. 또한, 콘텐츠를 즐기는 시청자들의 입장에서도 한국 콘텐츠라면 일단 어느 정도 재미를 담보할 수 있다는 믿음이 생겼을 수 있는 것이 이번 〈지옥〉 흥행의 가장 큰 의의이다. 한국의 콘텐츠가 넷플릭스에서 급속히 확산, 상승하고 있는 데에서 흥행한 콘텐츠로 인해 충성이용층이 증가하고, 플랫폼 이용자들에게 자발적으로 홍보되는 현상이 발생하고 있는 것이 그 증거이다.

OTT 플랫폼의 등장 이래 한국 콘텐츠의 위력은 산업 자본의 힘과 맞물리며 대중들에게 깊숙이 스며들고 있다. 글로벌 문화 콘텐츠 소비시장에 불과했던 한국이 거대 문화 플랫폼 시장에서 연이어 1위를 차지한 것에서 그 실체를 확인할 수 있다.

〈지옥〉의 성공 요인 중 가장 으뜸이 되는 것은 탄탄한 스토리텔링이었다. 네이버웹툰에 연재된 동명의 웹툰을 원작으로 했기에 드라마의 서사가 대부분 웹툰에 바탕을 두고 있어 스토리로써의 완성도는 이미 보증된 수치였고, 이미 영화와 드라마에서 다회의 흥행 성공을 거둔 연상호 감독이 직접 스토리를 짜서 연출한 만큼 웹툰의 기획의도와 주제의식이 드라마에 잘 녹아들 수 있었다. 탄탄한 스토리를 기반으로 한 유능한 감독의 스토리텔링은 막강한 시너지를 일으켜 시청자들을 〈지옥〉에 시종일관 몰입하게 만들 수 있었다. 다만, 상기된 내용처럼 〈지옥〉의 사자들이 지옥행을 고지받은 사람들에게 벌이는 폭력은 다소 자극적인 경향이 강하다. 폭력성에 대한 부분에서는 청소년 관람불가 등급 판정을 받았지만, '시연' 장면이 과도하게 잔혹한 것에 비판이 발생하는 것은 회피할 수 없을 것이다. 자극적 콘텐츠가 하나의 트렌드로 흥행하는 현 세태를 지금 당장 거스를 수는 없을지라도, 폭력성에서 오는 대리만족과 카타르시스의 의존을 덜어내고 온전히 '스토리텔링'만으로 사람들을 현혹시키는 것이 앞으로의 한국 드라마 콘텐츠가 발전시켜 나가야 할 능력이라고 생각한다.

참고문헌

강애란, [2021결산] 세계 홀린 '오징어 게임'…K-드라마 열풍, <연합뉴스>, 2021.12.16. (https://www.yna.co.kr/view/AKR20211215145200005)

김민성, '오징어게임' 수익 독차지한 넷플릭스…"글로벌 OTT플랫폼에 대한 제도 마련해야", <아주경제>, 2021.12.08. (https://www.ajunews.com/view/20211208144141652)

김인구, [팩트체크] 톱10 절반이 청불… 넷플릭스, 18금 타고 날았다?, <문화일보>, 2022.02.14. (http://www.munhwa.com/news/view.html?no=2022021401031439179001)

김정진, '오징어게임'서 멈추지 않는 K드라마 열풍…속속 10위권 안착, <연합뉴스>, 2021.10.19. (https://www.yna.co.kr/view/AKR20211019012100005)

김평화, '지옥' 같은 코엑스…넷플릭스 이색 체험 행사 열어, <IT 조선> 2021.11.23. (https://it.chosun.com/site/data/html_dir/2021/11/22/2021112201558.html)

노이슬, 넷플릭스 '지옥' 유아인→양익준까지…초자연적 현장에 맞서는 캐릭터 포스터, <hobbyen> 2021.11.01. (https://hobbyen.co.kr/news/newsview.php?ncode=1065570333120591)

박대의, '지옥' 하루 만에 세계 1위…오징어게임 제쳤다, <매일 경제> 2021.11.21. (https://www.mk.co.kr/news/culture/10108249)

반서연, 美 CNN "한국 콘텐츠, 넷플릭스 아시아 사업 성장 이끌어", <YTN>, 2021.02.08. (https://www.ytn.co.kr/_ln/0117_202102081604125322)

방송법 - 국가법령정보센터(https://www.law.go.kr/%EB%B2%95%EB%A0%B9/%EB%B0%A9%EC%86%A1%EB%B2%95)

오미환, '미생' 웹툰·드라마 뜨니…만화 판매도 200만부 돌파, <한국일보>, 2014.11.26. (https://www.hankookilbo.com/News/Read/201411261467699755)

이돈주, 네이버 '왓패드' vs 카카오 '래디쉬'…美 시장서 콘텐츠 전쟁, <EBN산업경제>, 2021.05.12. (https://www.ebn.co.kr/news/view/1483292)

이현진, 콘텐츠 IP금융 활성화 방안 연구,《한국문화관광연구원 수시연구 2017-03》, 한국문화관광연구원, 2017.

이현파, 넷플릭스 '지옥' 연상호가 창조한 '불쾌한 신세계', <ohmynews> 2021.11.22. (http://star.ohmynews.com/NWS_Web/OhmyStar/at_pg.aspx?CNTN_CD=A0002789084&CMPT_CD=P0010&utm_source=naver&utm_medium=newsearch&utm_campaign=naver_news)

청소년 복지론(제1장~제5장).

K-DRAMA 스토리텔링, 모색과 조형의 힘

〈사랑의 불시착〉, 향유자에게 착륙하는 법

김재희·도예은·박해강·오소일·최리빈·최예린

1. 난센스 멜로의 새로운 신화

드라마 〈사랑의 불시착〉은 어느 날 돌풍으로 인해 패러글라이딩 사고로 북한에 불시착한 남한 재벌 상속녀 윤세리와 그녀를 숨기고 지키다 사랑하게 되는 북한의 특급 장교 리정혁의 절대 극비 러브 스토리를 그린 내용이다. 2019년 12월에 시작하여 2020년 1월까지 16부작 미니 시리즈로 tvN에서 방영되었던 이 드라마는 높은 시청률과 함께 극 중 캐릭터, 북한 문화 등이 화제가 되면서 인기를 끌었던 드라마이다.

〈사랑의 불시착〉의 최종회는 케이블, IPTV, 위성을 통합한 유료 플랫폼에서 가구 평균 21.7%, 최고 24.1%를 기록하였고, 지상파를 포함한 전 채널에서 동시간대 시청률 1위를 수성했다. 이는 20.5%를 기록했던 드라마 〈도깨비〉를 넘어서 tvN 드라마 역대 시청률 1위인 것이다.[1] 또한 한국 국내 시장뿐만 아니라 〈사랑의 불시착〉은 해외 시장에서 가장 성공한 K-드라마 중 하나로 꼽힐 수 있

---

[1] 김지연, 도깨비 뛰어넘은 숫자..사랑의 불시착 시청률 최고 24.1% 기록 '역사 썼다', 〈한국정경신문〉, 2020.02.17.(http://kpenews.com/View.aspx?No=747117)

다. 넷플릭스에 올라온 후 일본 넷플릭스 시청 순위 10위권 내를 200여 일 유지하여 4차 한류 붐을 일으키기도 했다. 미국 넷플릭스에서는 2020년 3월 40주째 가장 많이 본 프로그램 6위에 오르고 미국 주간지에서는 〈사랑의 불시착〉을 반드시 봐야 할 '국제 시리즈 추천작' 중 한 작품으로 꼽히기도 했다. 최근 CJ ENM은 이 작품을 통해 K-드라마 열풍을 이어갈 수 있도록 애플 TV, 디즈니+를 비롯해 넷플릭스 오리지널 시리즈 리메이크 계약을 추진했다.[2] 넷플릭스를 통해 전 세계에 공개된 이후 아시아 전역에서 시청률 TOP 10 안에 들었다. 이는 아시아에 한정된 게 아니라 미국, 독일 등에서도 뜨거운 반응을 보여 전 세계적으로 대히트한 작품이다.

〈사랑의 불시착〉의 인기는 짧은 시간 이목을 끌고 금세 사그라든 것이 아니다. 향유자를 깊게 빠져들게 하는 서사, 그로 인한 후유증, 더불어 주연 배우 현빈과 손예진이 실제로 결혼을 하게 되면서 오랫동안 작품이 회자하고 있다. 이러한 흥행과 사회적 반향을 끌어낸 〈사랑의 불시착〉만의 스토리텔링 전략을 분석해 보았다.

이 작품은 북한에서 벌어지는 사건이나 생활상이 지속해서 등장하는데, 시청자들은 이에 대한 기존 정보가 부족하기에 이러한 요소를 다소 낯설게 느낀다. 또한 우연히 만나게 되는 캐릭터와 개연성 없는 사건들이 자주 일어난다. 이것이 기획된 의도인지, 반대로 작화의 완성도가 낮아서인지에 대한 의문에서 출발해 그 의미와 이유를 찾기 위해 극 중에 등장하는 사건들을 분석했다.

2   오수정, '사랑의 불시착' 미국에 착륙 '리메이크' 한다, 미국판 손예진·현빈 누구?, 〈FT스포츠〉, 2021.12.30. (https://www.ftimes.kr/news/articleView.html?idxno=15563)

<표 1> <사랑의 불시착>의 우연적이고 터무니없는 사건들의 예

- 한국에서 일어날 수 없는 자연현상인 토네이도가 발생하여 우연히 동시간대에 패러글라이딩하던 세리가 토네이도에 휩쓸린다. 그 여파로 세리는 DMZ에 추락하나 사망하지 않고 나무에 걸린 채로 생존한다.
- 북한에 불시착해 북한군을 마주하는데, 그 군인이 과거 스위스에서 자신의 자살을 두 번이나 막은 인연이 있었다.
- 무단으로 전초선을 넘어 달려가는데, 사살 명령이 전달됨에도 총알을 피해 군인들에게 사살당하지 않고 북한 사택 마을에 도달한다.
- 세리가 무사히 북한을 탈출하여 정혁과 이별한 후, 우연히 두 캐릭터가 같은 날짜에 스위스에 방문한 것. 재회 방식이 첫 만남과 같다. 세리가 행글라이더를 타던 도중 추락하는데, 추락한 곳에 정혁이 있었다.

〈표 1〉과 같이 〈사랑의 불시착〉에서는 과도하게 우연적이거나 터무니없는 사건이 자주 발생하며, 이러한 작품 특성으로 인해 향유자들은 이 작품의 장르를 '로맨스 판타지'라고 인식하곤 한다. 여기서 언급한 로맨스 판타지란, 로맨스를 기본 소재로 사용하되, 판타지 세계관을 배경으로 하는 장르이다. 기존의 '한국 로맨스 판타지 드라마'라고 부르는 작품들의 예시는 대표적으로 〈도깨비〉, 〈별에서 온 그대〉, 〈호텔 델루나〉 등이 있다. 통상적인 로맨스 판타지의 클리셰(Cliché)는 주요 시청자의 신데렐라 콤플렉스를 충족시키기 위해 가능한 남자 주인공은 평범한 사람으로 설정하지 않는다. 또한 여자 주인공의 지위나 캐릭터성이 작품의 방향을 결정한다. 이 특성은 작품 내의 설정에서 확인할 수 있다. 남자 주인공인 리정혁은 북한에서 이름만 대도 벌벌 떠는 총정치국장의 아들이며, 여자 주인공 윤세리는 재벌가의 딸이자 성공한 기업가이다. 자기 주도적이고 당돌한 성격을 가진 윤세리가 북한에서 혼자 탈북을 시도하고 생명이 위협받는 순간에도 할 말을 다 하는 모습에서 주체적인 여성상이 나타난다.

그러나 판타지적 특성이 뚜렷한 작품들과 〈사랑의 불시착〉은 어느 정도 차이점이 있다. 한국 로맨스 판타지 드라마 세계관 속에서는 실존하지 않는 공간이 존재하거나, 중심 캐릭터가 신비한 능력을 갖추고 있거나, 인간이 아닌 특별한 존재이다. 즉, 반드시 현실 세계와는 동떨어진 신화적, 동화적 요소를 가지고 있다. 그러나 〈사랑의 불시착〉은 배경이 남한과 북한으로 분리되어 있을 뿐, 실존하는 세계를 배경으로 한다. 또한, 주연을 비롯한 모든 캐릭터가 평범한 인간이며 특별한 능력을 갖추고 있지 않다. 이러한 측면에서 비교해볼 때 〈사랑의 불시착〉의 장르를 로맨스 판타지라고 한정짓기에는 부족한 부분들이 다수 존재한다.

〈사랑의 불시착〉은 판타지라고 인식할 만큼 비현실적인 장면과 설정이 많다. 이는 충분히 시청자들에게 장르에 대한 혼란을 주기 쉽다. 판타지라고 결정 짓기에는 부족하나 터무니없고 우연성이 짙은 점을 강조하고자 '난센스 멜로 드라마'라는 새로운 장르를 규명하게 되었다. 이는 터무니없는, 말이 되지 않는다는 의미의 '난센스(nonsense)'와 연애를 주제로 한 통속적인 극을 뜻하는 '멜로 드라마(melo drama)'[3]의 합성어이다. 판타지의 비현실적인 요소는 가져오되, 실제 세계에서 매우 낮은 확률로나마 발생할 수도 있는 사건을 다루었다는 의미에서 난센스라는 단어를 사용하게 되었다.

로맨스 판타지의 캐릭터는 초능력을 가졌거나 인간이 아닌 특별한 존재, 또는 신화적인 사건을 겪었던 경험이 있는 반면에, 난센스 멜로의 캐릭터는 평범한 인간으로 등장한다. 또한, 로맨스 판타지에서 일어나는 사건은 실제 세계에서 상식적으로 발생할 수 없는 일인 반면 난센스 멜로에서는 실제 인간 세계에서 발생할 수도 있는 사건을 다룬다. 그러나 이는 과한 우연성으로 인해 발생하며, 실제 세계에서 그 사건이 일어날 가능성은 매우 희박하다. 마지막으로 로맨스 판타지는 실존하지 않는 공간을 배경으로 한다. 드라마 〈내일〉, 〈도깨비〉, 〈화유기〉처럼 이승과 저승이 나누어져 있거나, 〈별에서 온 그대〉처럼 생명체가 존재하는 외계 행성이 있는 것이다. 그러나 난센스 멜로의 배경은 보통 현대

---

3   두산백과, 멜로드라마(https://terms.naver.com/entry.naver?docId=1092944&cid=40942&categoryId=33107).

의 도시나 실존했던 공간을 배경으로 한다. 아래의 표는 로맨스 판타지와 난센스 멜로의 차이점을 인물, 사건, 배경 면에서 정리한 것이다.

<표 2> 캐릭터, 사건, 배경 면에서 로맨스 판타지와 난센스 멜로 비교

	로맨스 판타지	난센스 멜로
캐릭터	초능력을 가졌거나 인외 존재	보통의 인간 캐릭터
사건	실제 인간 세계에서 상식적으로 발생할 수 없는 일	실제 인간 세계에서 가능한 일이지만 높은 우연성의 영향으로 발생
배경	현존하지 않는 공간(저승, 외계 행성 등)	실존 공간

그러나 〈사랑의 불시착〉만 '난센스 멜로 드라마' 장르에 해당하는 것은 아니다. 대표적인 작품으로는 〈또! 오해영〉, 〈사이코지만 괜찮아〉, 〈킬미 힐미〉, 〈김비서가 왜 그럴까〉 등이 있다.

〈또 오해영〉은 남자 주인공 '박도경'의 구 여자친구 이름이 오해영이며, 박도경의 주변에 '오해영'이라는 이름을 가진 사람이 두 명이나 존재한다는 설정을 가지고 있다. 이러한 점에서 우연성으로 인한 사건 발생을 야기한다. 박도경은 오해영이 결혼한다는 소식을 듣고 그 결혼을 훼방 놓았으나 결혼에 실패한 오해영은 전 여자친구가 아닌 다른 오해영이고, 결혼이 무산된 오해영이 이사를 한 곳은 박도경의 옆집이며, 박도경은 자신이 약혼을 파기한 오해영과 사랑에 빠지게 된다. 이 모든 사건은 현실에서 일어날 수도 있는 일이지만, 매우 희박한 확률이며 과한 우연성으로 인해 발생한다는 점에서 난센스 멜로 드라마라고 볼 수 있다.

〈사이코지만 괜찮아〉는 여자 주인공인 '고문영'과 고문영의 어머니가 모두 사이코라는 설정이다. 고문영의 어머니는 연쇄 살인마였으며, 그녀가 죽인 피해자의 아들이 고문영의 연인인 '문강태'이다. 그가 일하는 병원의 수간호사가 알고 보니 고문영의 어머니였고, 고문영과 문강태, 그리고 모두가 연쇄 살인마인 고문영의 어머니를 못 알아보는 채로 살아간다. 이 역시 현실에서 있을 수 있는 사건이지만 과한 우연성으로 인해 발생한다는 공통점을 가진다.

이외에도, 〈킬미 힐미〉, 〈김비서가 왜 그럴까〉는 주연 커플이 과거 서로와 특별한 관계가 있었던 적이 있으나 자각하지 못한 채로 재회하며, 그것이 매우 희박한 확률이라는 점에서 난센스 멜로 드라마라고 볼 수 있다.

〈사랑의 불시착〉에는 기존 난센스 멜로 작품들과의 차별점이 존재한다. 우리가 살아가는 현대 사회를 배경으로 하되, 일어나는 사건들이 매우 희박한 확률이라는 점에서는 다른 작품들과 비슷한 결을 보이지만, 〈사랑의 불시착〉에서는 미지의 공간으로 여겨지며 일반인은 쉽게 방문할 수 없는 '북한'이라는 국가를 또 다른 배경으로 설정한다. 패러글라이딩 도중 태풍이 불어 북한에 불시착한다는, 그야말로 '난센스'적인 요소를 추가해 향유자에게 북한의 생활상, 부조리, 남북 분단에 대해 많은 생각을 하도록 만든다. 이러한 요소에 로맨스를 추가하며 무거운 내용을 부담스럽지 않게 즐길 수 있다는 점에서, 〈사랑의 불시착〉은 전례 없는 신선함을 향유자에게 제공한다.

2. 지금 이곳의 여성 시청자를 타겟팅한 캐릭터 구현

1) 주체적 여성 서사

드라마 〈사랑의 불시착〉은 여주인공 '윤세리'를 중심으로 흘러가는 여성 서사 드라마이다. 여성이 서사 구조를 이끌어가는 만큼 〈사랑의 불시착〉은 여성 시청자층을 대상으로 하며, 이 타겟팅의 성공이 드라마의 흥행으로 이어질 수 있었다고 볼 수 있다. 그럼 〈사랑의 불시착〉의 어떤 점이 여성 시청자들을 끌어들였고, 어떻게 그들의 몰입을 끝까지 끌고 갈 수 있었을까. 첫 번째 요인으로는

'주체적 여성 서사'가 있다.

우선, 여성 서사 드라마는 이미 여럿 등장하고 있었다. 예를 들어, 트렌드를 이끄는 포털사이트 안에서 당당하게 일하는 여자들과 그녀들의 로맨스를 다룬 드라마 〈검색어를 입력하세요 www〉, 동서지간으로 만난 두 여성이 재벌가를 상대로 대항하며 세상의 편견에서 벗어나 진짜 나의 것을 찾아가는 드라마 〈마인〉, 비리 검사에서 하루아침에 재벌 상속녀로 인생이 뒤바뀐 여검사가 빌런 재벌가에 들어가며 벌어지는 일을 다룬 드라마 〈원 더 우먼〉, MZ 세대 여성들의 워맨스를 현실적으로 그린 〈술꾼도시 여자들〉 등이 있다. 이렇게 다양한 여성 서사의 드라마가 등장하고 있는 배경에는 시대 변화에 따라 달라진 여성성과 남성성의 인식 반영이 있다. 과거, 드라마 속 여주인공은 소극적이고 보호받는 이미지로 그려졌다. 하지만 현대는 여성주의가 대두하는 등 여성도 사회에 쉽게 진출하는 시대이다. 이런 변화에 따라 드라마 속 여성 캐릭터도 수동적인 신데렐라보다는 능동적이고, 목소리를 내는 캐릭터로 그려지는 경우가 많다.

이런 점들이 보이는 여성 서사의 대표적인 클리셰를 정리해보면 대부분의 여성 서사에서 여성은 사회적 신분이 높다. 예를 들어, 드라마 〈마인〉 속 재벌 여성 주인공, 〈원 더 우먼〉의 검사, 〈뷰티인사이드〉의 여배우, 〈악의 꽃〉의 강력계 형사 등이 있다. 또한, 이들은 모두 주체적이고, 진취적인 여성으로 그려진다. 〈사랑의 불시착〉의 '윤세리' 역시 재벌가의 막내딸이자 자신만의 브랜드를 운영하는 CEO이고, '서단'은 북한 최고급 백화점 사장의 딸이며, 모두 진취적이고 주체적이다. 그리고 여성 서사일 경우 '역하렘'인 경우가 있는데, 역하렘이란 '하렘'과는 반대되는 개념으로, 다양한 매력을 지닌 남성 캐릭터들이 등장해 한 명의 여성 주인공을 둘러싸고 그녀와 관계를 맺는 장르를 말한다.[4] 기존 역하렘 설정에서 남성 캐릭터들은 모두 여성들이 남성들에게 바라는 매력들을 보

---

4   최지운, 로맨스 드라마 속 역하렘 설정 연구: 〈사랑의 불시착〉과 〈스타트업〉을 중심으로, 《인문콘텐츠》 제60호, 인문콘텐츠학회, 2021, p.133.

유하고 있다. 하지만 〈사랑의 불시착〉에 등장하는 남성 캐릭터들은 각각 개성이 강한 캐릭터들이지 모두 여성이 남성에게 바라는 매력을 보유하고 있는 것은 아니다. 이런 차별점으로 〈사랑의 불시착〉 속에서 남성 캐릭터보다 물적, 정신적으로 뛰어나고, 그들을 성장시켜주는 여성 캐릭터의 주체적인 면모가 더 부각된다.

　그럼 이런 주체적인 모습이 시청자들에게는 어떤 의미일까. 이는 여러 드라마(스타트업, 사이코지만 괜찮아, 악의 꽃, 원 더 우먼, 뷰티인사이드 등)에서 여성 캐릭터들의 '사이다', '참교육', '팩트 폭행' 등의 키워드 관련 유튜브 클립이 많고, 조회수도 몇 백만 회가 넘는 것이 많은 등 반응이 뜨겁다는 것에서 알 수 있다. 특히 드라마 〈원 더 우먼〉은 초반부터 능력 있는 여주인공의 카타르시스를 주는 사이다 대사와 행동으로 많은 관심을 받았다. 갑질과 권력을 일삼는 직장 상사, 시어머니, 시아버지 등에게 막힘없는 팩트 폭행으로 고구마 같은 현실을 깨부숴주는 '사이다'로 여성 시청자의 감정이입과 대리만족을 가능케 한 것이다. 〈사랑의 불시착〉의 여주인공 '윤세리'와 '서단' 또한 능력과 거기에 더불어 엄청난 재력이 있으며, 주체적이고 어딜 가도 절대 꿀리지 않는 성격으로 여성 시청자들을 대변할 수 있는 캐릭터로써 감정이입과 대리만족을 불러일으킨다. 또한 〈사랑의 불시착〉의 '윤세리'와 '서단', 이 두 여성 캐릭터들은 동일하게 '진취적', '주체적'이라는 키워드를 가지고 있으면서도 서로 조금씩 다른 여성상을 보여준다. 세리는 당당하며 자기 주도적이고 능력이 있는 당돌한 캐릭터이다. 단은 그에 비해 조금 더 차분하고 도도하며 우아하고 차가운 느낌의 기가 센 캐릭터이다. 이렇게 주체적이라는 큰 키워드 안에서 각자 개성이 묻어나는 여성 캐릭터들의 모습은 시청자가 더 입체적이고 풍부한 캐릭터를 만나고, 그들에게 몰입할 수 있도록 한다.

<표 3> 주체적 여성 서사에서 오는 대리만족 - 윤세리(당당함, 당돌함, 자기주도적임, 능력있음)

1화 2:25~4:10	열애설이 났을 때, 귀걸이가 보이게 모자이크를 섬세하게 바꾸라고 하며 열애설보다 제품을 더 중요시하는 세리의 대사	당돌한 모습이 드러난다.
1화 8:50~11:30	자신을 싫어하는 가족 사이에서 회사 대표 자리를 물려받는 세리의 행동과 대사	기죽지 않고 당당한 모습이 드러난다.
1화 30:00~36:13	북한에 불시착했을 때도 겁먹기보단 북한 군인(정혁)에게 할 말 다 하며 도망가는 세리의 모습	당돌함이 드러난다.
2화 13:00~15:00	정혁 집에서 북한 군인(표치수)을 만났을 때도 절대 겁내지 않고 말대꾸하는 세리의 모습	당돌함이 드러난다.
4화 7:40~9:10	혼자 패러글라이딩으로 다시 남한에 돌아가려고 시도하는 세리의 행동	가만히 있지 않고 스스로 노력하려는 자기 주도적인 모습이 드러난다.
4화 27:55~31:13	사택 마을 사람들 사이에서 잘 적응하며 지내는 세리의 모습	기죽지 않고 스스로 잘 헤쳐나가는 당돌함과 자기 주도적인 부분이 드러난다.
6화 30:45~32:30	화장실, 정혁을 두고 단에게 지지 않고 말하는 세리의 대사	당돌하고 기가 센 모습이 드러난다.
11화 39:30~44:30 (정혁) 13화 21:33~25:20 (5중대)	남한에서 자기 카드로 정혁, 5중대에 옷 선물해주는 세리의 행동	능력 있는 모습이 드러난다.
12화 9:20~12:20	사건을 제보받기 위해 찾아가 카리스마 있게 중국어를 하는 대사	세리의 능력과 당돌함이 드러난다.

<표 4> 주체적 여성 서사에서 오는 대리만족: 서단(차분함, 도도함, 시크함, 차가움, 기가셈)

4화 55:10~56:20	아들을 낳았다고 자랑하는 진숙이 엄마 얘기 듣고, 코를 납작하게 해주고 오라는 엄마 말에 그 정도는 아무렇게나 하고 가도 할 수 있다고 하는 서단의 대사	기가 세고 당당한 모습이 드러난다.

4화 67:20~68:10	숲속에 고립되어 있다가 승준의 도움으로 차를 타고 갈 때, 승준의 말에 단호하게 답하는 서단의 모습	도도함이 드러난다.
6화 30:45~32:30	화장실, 세리에게 절대 지지 않고 차분히 세리에게 남자 많고 헤프다고 하는 단. 그리고 정혁과의 결혼 날짜를 잡았고, 결혼식에 오지 않는 게 큰 선물이라 말하는 단의 대사	도도하며 기가 센 모습이 드러난다
11화 48:30~52:10	이미 결혼한 친구들이 비아냥거려도 절대 기죽지 않고 오히려 친구들 망신 시키는 서단의 행동과 대사	당당함과 기가 센 모습이 드러난다.
16화 43:00~44:30	승준의 죽음에 대해 복수하는 서단의 행동	가만히 체념하지 않고 스스로 행동하는 자기 주도적인 모습이 드러난다.
16화 100:20~101:58	승준이 죽은 후 결혼하지 않고 음악하는 서단이 러시아 초청 공연 때문에 첼로 연습하러 가는 모습	당당함과 능력 있는 부분이 드러난다.

2) 로맨스의 대리만족 극대화

앞서 말했듯이 요즘은 여성 캐릭터가 주연이거나 적극적으로 목소리를 내는 등 주체적인 여성 캐릭터 중심의 드라마가 다수 등장하고 있다. 〈사랑의 불시착〉도 그중 하나로, 많은 여성 시청자들의 마음을 대변하며 감정이입과 대리만족을 이끌어냈다. 하지만 〈사랑의 불시착〉이 시청자들을 끝까지 끌고 갈 수 있었던 요인 중 가장 큰 비중을 차지하는 것은 당연히 시청자들을 설레게 하는 로맨스라고 할 수 있다.

〈사랑의 불시착〉에서는 윤세리와 리정혁, 그리고 서단과 구승준의 러브라인이 시청자들의 설렘을 유발하고, 드라마를 시청하게 하는 몰입 요소로 이어지게 했다. '윤세리'와 러브라인을 형성하는 남자 주인공인 '리정혁'은 그야말로 대부분의 여성이 바라는 매력인 재력, 권력, 성품, 지성, 외모 등을 보유하고 있다. 특히 정혁은 무뚝뚝하고, 순수하며 다정하고 소위 말하는 '츤데레' 같은 성격인데, 다정함과 같은 부분은 초반에는 보이지 않지만, 세리를 사랑하게 되면서 점점 드러나게 되어 시청자들의 마음을 움직인다. 또한, 서단과 러브라인을 형성하는 '구승준'은 유머러스하고 정이 많으며 능글맞은 성격으로, 차분하고 무뚝뚝해 보이는 서단과의 케미가 돋보이게 한다. 능글맞은 승준이 단에게 진지한 모습을 보일 때, 그리고 본래 이기적인 이미지와 다르게 드라마 후반으로 갈수록 사랑하는 서단을 위해 목숨까지 바치는 모습에서 시청자들이 설렘을 느끼며 대리만족하게 된다. 주체적이었던 세리와 단의 캐릭터가 조금씩 다르게 나타났듯이 정혁과 승준의 캐릭터도 설렘과 대리만족을 유발하면서도 서로 다른 개성으로 드러나 시청자에게 다양하고 풍부한 입체적 캐릭터를 보여준다.

　로맨스의 대리만족을 유발하는 요소 중 또 다른 하나는 남성 캐릭터에게 보호받는 여주인공의 구도이다. 아무리 세리가 재벌이고 능력 있는 캐릭터이지만, 북한에 갔을 때부터 재력은 사라진 것이나 마찬가지였고, 북한에서의 탈출이라는 위험한 도전을 매번 해야 했다. 이는 당연히 혼자 할 수 없는 것이며, 세리는 정혁에게 보호받으며 해결해나갔다. 또한, 남한에 와서 재력과 신분을 회복했을 때도 조철강이라는 위험에서 정혁으로부터 보호받아야 했다. 서단도 마찬가지이다. 초반엔 서단이 사기꾼 신세로 도망다니는 구승준을 지켜주는 듯했으나, 결국은 승준이 위험에 처한 서단을 지키고 목숨마저 잃게 된다. 이렇게 남성 캐릭터에게 보호받는 여성 캐릭터의 구도는 여성 시청자들이 상대방으로부터의 지극한 사랑을 느끼고, 생존의 위협에서 벗어나 불안을 제거해주는 상대로부터 무한의 신뢰를 얻게 된다. 그런데 이 부분은 의외로 구시대적인, 전형적인 로맨스를 따르는 부분이다. 현대의 달라진 여성성과 남성성의 인식을 반영한 것과는 다르게 로맨스는 오히려 기존 로맨스 설정을 그대로 구현한 것이다. 하지만 이런 점들이 시청자들의 몰입감을 높이고, 대리만족을 가능하게 하였다. 멋진 남주인공이 여주인공을 보호하는 도식적인 설정에 로맨스 드

라마 팬들은 열광하기 때문이다.[5]

보호받는 여주인공의 구도 이외에도 '이루어질 수 없는 사랑(금지된 사랑)' 이라는 전형적인 로맨스의 요소가 시청들의 호기심을 유발하고, 몰입도를 높였다. 회사 직원과 CEO의 로맨스인 〈사내맞선〉과 비서와 부회장의 로맨스인 〈김비서가 왜 그럴까〉 등 이루어질 수 없는 사랑을 기반으로 한 드라마가 많다. 대부분 두 사람의 관계에 신분의 차이라는 장애물을 설정한다. 하지만 〈사랑의 불시착〉은 남한과 북한이라는 점에서 이루어질 수 없는 사랑을 기반으로 한다. 이렇게 정말 맺어질 가능성이 거의 없는 남과 북의 로맨스를 다룸으로써 시청자들이 드라마의 커플들을 응원하며 드라마에 끝까지 몰입할 수 있도록 한다.

다음 전형적인 로맨스 요소는 삼각관계이다. 〈사랑의 불시착〉은 세리와 정혁, 그리고 단과 승준, 이렇게 러브라인이 형성되어 있지만 처음부터 그런 것은 아니다. 드라마 초반에는 정혁과 단이 약혼한 관계로, 세리와 승준이 과거 결혼을 약속한 사이로 등장한다. 그래서 러브라인을 형성해가는 과정에서 서로 질투를 유발한다. 이는 관계가 쉽게 풀리기보다 여러 고난과 역경을 겪으며 서로 변화해가는 모습을 보여줌으로써 시청자들이 재미를 느낌과 동시에 러브라인의 애틋함을 더한다.

이렇게 〈사랑의 불시착〉은 전형적인 로맨스를 따르며 시청자들이 열광하고 대리만족하는 기본적 설정을 가져간다. 하지만 마냥 가만히 보호만 받지 않고, 스스로 주체적으로도 행동하는 여주인공의 모습도 함께 보여주며 여성 시청자들이 무력감을 느끼지 않도록 한다. 이렇게 남북을 망라한 각 캐릭터들의 사랑이야기에서 오는 매력과 차별성이 〈사랑의 불시착〉만의 색다른 로맨스를 형성한다.

---

5   하재근, 사랑의 불시착은 어떻게 시청자에게 착륙했나, 〈데일리안〉, 2020.02.17.

<표 5> 로맨스에서 오는 대리만족: 리정혁(무뚝뚝, 다정, 순수, 츤데레)

[2화] 29:20~32:00/ 39:13~44:20	세리가 전화할 때마다 귀찮은 듯하지만, 세리가 부탁했던 양초(원래는 향초)를 사 가는 정혁의 행동	무심한 척 챙겨주는 츤데레 같은 모습이 드러난다.
[2화] 71:11~72:47 [3화] 2:00~4:56	평소, 무뚝뚝하게 굴었어도 조철강에게 들킬 뻔했을 때(세리가 위험에 처했을 때), 전속력으로 달려가서 세리를 자기 약혼녀라고 소개하는 정혁의 행동과 대사	츤데레 같은 모습이 드러난다.
[3화] 65:34~66:45	배에서 들킬뻔 했을 때 남한 드라마에서 봤다고 하며 세리와 입맞춤하는 정혁의 행동	다정함과 츤데레 같은 모습이 드러난다.
[4화] 69:28~70:18, 71:00~74:06, [5화]01:00~02:15	시장에서 길 잃은 세리 찾으러 가는 정혁의 행동	다정함이 드러난다.
[5화] 51:10~54:45	신경 안 쓰는 척하면서 세리가 자신에게 했던 손가락 하트를 5중대에도 해주자 신경 쓰며 질투하는 정혁의 모습	귀여운 듯하면서도 순수한 모습이 드러난다.
[6화] 02:00~06:20	승준과 있는 세리를 보고 질투하는 정혁의 모습	귀여움과 순수함이 드러난다.
[6화] 05:20~06:20	호텔에서 자신은 관리 감독하는 거라고 하면서도 세리 지켜주는 정혁의 행동과 대사	츤데레 같은 모습과 다정함이 드러난다.
[6화] 75:08~77:25	세리가 탈출하는 날, 자신은 안 따라간다고 해놓고 뒤에서 엄호하며 따라가고 있었던 정혁의 행동	무뚝뚝하지만 츤데레 같은 모습이 드러난다.
[11화] 4:25~6:40	세리 지키러 땅굴을 통해 남한으로 가는 정혁의 모습	사랑하는 사람을 지키기 위해 뭐든지 하려는 순수함이 드러난다.
[11화] 81:05~83:10	위기의 순간, 지하 주차장에서 나타나 세리 지켜주며 안도하는 정혁의 행동	다정함이 드러난다.
[14화] 87:37~91:15	세리를 위해 피아노 녹음도 해놓고, 식재료들 다 갖다 놓은 정혁의 행동	다정함이 드러난다.
[16화] 51:00 ~55:00	외로워할 세리를 위해 예약 문자 보내 놓은 정혁의 행동	다정함과 순순함이 드러난다.

<표 6> 로맨스에서 오는 대리만족: 구승준(유머, 은근히 정이 많음)

[4화] 67:20~68:10	숲에 고립되어 있던 서단을 태워다 주는 장면	정이 많고 다정함이 드러난다.
[6화] 21:00~23:40	서단에게 사랑에 대해 조언해 주는 대사	유머러스함이 드러난다.
[6화] 36:50~37:55	승준과 세리가 복장 단속에 휘말리지만, 영어를 써서 위기를 모면하는 모습	유머러스함과 능력 있는 부분이 드러난다.
[9화] 45:25~50:57	술집에 혼자 앉아있는 서단, 첫사랑 이야기를 하며 술을 계속 마시는 단을 걱정하고, 단이 욕하자 승준이 매력 있다며 호감을 느끼는 장면	승준의 유머러스함과 다정함이 드러난다.
[10화] 48:03~50:38	정혁의 부탁으로 북한 요원의 시선을 끌며 세리가 탈출하는 것을 도와주는 승준의 행동	정이 많은 모습이 드러난다.
[13화] 15:00~18:45	단이 엄마한테 당당하게 자신이 단이한테 반한 상태라고 말하는 승준의 대사	유머러스함과 다정함이 드러난다.
[14화] 42:25~46:16	다리에서 서단에게 고백하는 승준의 행동과 대사	다정함이 드러난다.
[15화] 61:08~66:10	단이한테 고백하며 반지 끼워주는 승준의 행동과 대사	단을 위한 순수한 마음과 다정함이 드러난다.
[15화] 76:50~79:30	공항에서 떠나지 않고 단이를 구하러 가는 승준의 행동	사랑하는 사람을 위해 목숨까지 바치는 순수함이 드러난다.

3) 겹삼각 캐릭터 구도를 활용한 캐릭터 다층화

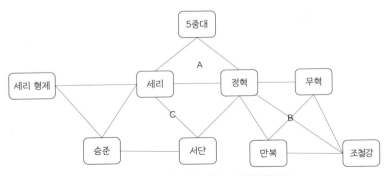

<그림 1> <사랑의 불시착> 캐릭터 구도

〈그림 1〉은 〈사랑의 불시착〉 주요 사건을 이끌어 가는 캐릭터들의 구도다. 캐릭터들의 주요 목적을 크게 묶어서 남한에서 세리의 자리를 노리는 집단(첫째, 둘째 부부), 북한에서 세리를 돕는 조력 집단(5중대, 정혁, 승준), 북한에서 세리의 탈북을 방해하는 집단(초반의 승준, 철강). 이렇게 세 집단으로 나눌 수 있다.

(1) 세리-5중대-정혁, 백설 공주와 난쟁이들 모티프

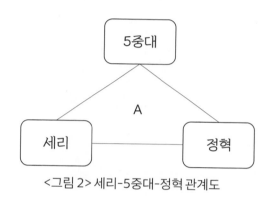

<그림 2> 세리-5중대-정혁 관계도

5중대는 낯선 북한에 떨어진 세리에게 친절하게 대하며 잘 적응하도록 도와주는 조력자 역할이다. 이는 마녀 때문에 낯선 숲에서 곤경에 처한 백설 공주를 보살펴주는 난쟁이들과 비슷한 캐릭터로 백설 공주와 난쟁이 모티프를 차용했다고 볼 수 있다. 5중대와 정혁은 가족의 결핍으로 남한에서 외로워했던 세리에게 남한 가족들보다 더욱 소중한 사람이 되어준다. 정혁은 무뚝뚝하지만, 세리에게 다정한 모습을 보여주며 세리가 곤경에 처할 때마다 구해준다는 점에서 왕자 역할을 한다. 치수는 세리와 허물없이 막말하며 시청자에게 웃음을 주고, 주먹은 남한 문화에 밝아 세리와 북한 사람들 사이의 통역사 역할을 한다. 광범은 시끄러운 5중대원들 사이에서 유일하게 과묵한 성격으로 무게를 잡아주고, 은동은 막내로서 여리고 순수한 모습을 보여준다. 5중대원들은 5명이라

는 많은 인원에도 불구하고 각자 전혀 다른 성격과 매력을 가지고 있어 혼잡해지기보다는 보는 재미를 더해준다.

(2) 정혁-만복-철강 정의VS권력

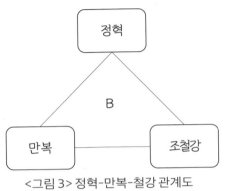

<그림 3> 정혁-만복-철강 관계도

사건 1:무혁의 죽음.

사건 2: 철강이 정혁과 그의 주변 캐릭터의 목숨을 위협.

정혁은 사건 1로 인해 사람에게 곁을 내주지 않는다. 주변인을 잃는 고통을 다시 느끼고 싶지 않기 때문이다. 그리고 가족을 포함해 지켜야 할 존재가 있는 정혁과는 달리 철강은 가족의 부재로 타인의 아픔에 공감하지 못한다. 지킬 것이 없는 철강은 앞뒤 가리지 않고 자신이 추구하는 가치인 지위와 권력만을 생각한다. 정혁이 자신의 목표에 방해가 되자 사건 2를 계속해서 발생시켜 세리의 탈북을 막으며 이야기가 계속해서 이어지게 한다. 그리고 정의와 권력 사이에서 갈팡질팡하던 철강의 귀때기 만복은 사건 1 이후 평생 씻지 못할 죄책감을 안고 살아간다. 이후 사건 2를 통해 자신이 하는 일에 회의를 느끼고 정혁에게 모든 것을 고백하며 정혁의 조력자로 돌아선다.

(3) 세리-정혁-단-승준 겹삼각 관계

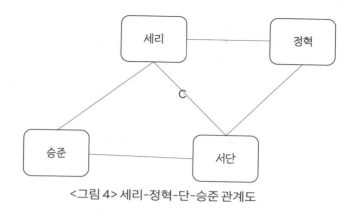

<그림 4> 세리-정혁-단-승준 관계도

정혁은 형의 죽음으로 인한 고통 때문에 트라우마를 안고 살아가다 세리를 사랑하게 된 이후 트라우마를 극복하고 자신의 꿈을 되찾는다. 세리 역시 곁에 있어 주는 가족이 없다는 점에서 트라우마를 가지지만, 정혁을 통해 극복한다. 승준과 단은 각자 사랑하는 사람이 있었지만 그 상대방끼리 연인이 되면서 사랑에 대해 마음에 상처를 입게 된다. 같은 처지인 둘은 고민을 나누고 도움을 주며 서로에 대해 알아가다 결국 서로 사랑하게 된다. 초반에는 세리-승준, 정혁-단이 인연을 이어가지만, 북한이라는 공간에서 진실한 사랑을 찾으며 관계가 변화하는 것이다. 또한 이 겹삼각 구조는 각자 상대방의 존재로 질투라는 감정을 통해 자기 연인에 대한 마음을 깨닫게 해주는 장치로 볼 수 있다.

3. 서사 환기 요소의 적극 활용

1) 무거운 소재의 전략적 구성
이 작품의 스토리는 북한과 남한이라는 공간적 배경을 기준으로 크게 전반부와 후반부 두 부분으로 나누어진다. 사랑을 주제로 다루는 로맨스 드라마임에도 불구하고 북한이 배경으로 등장함으로써 작품의 전체적인 분위기가 무겁게 잡힌다.

작품 후반부의 스토리는 작품 내에서 가장 강력한 적대자이자 악역인 조철강이 세리를 죽이기 위해 남한으로 내려옴으로써 시작된다. 조철강과의 결투에서 세리는 총상을 입어 사경을 헤매게 되고 국가정보원에 발각된 정혁 일행은 위기에 처하면서 갈등이 극대화되기도 한다.

〈사랑의 불시착〉은 작품 제작 당시 북한 출신의 곽문완 작가가 작품의 보조작가로 참여했고, 다수의 탈북인에게 자문한 것을 바탕으로 작품이 제작되었다고 알려진 만큼 탈북민에 의한 현실 고증이 잘 된 작품이라고 평가받는다.

이와 더불어 북한의 경제난과 가장 기본적인 인권조차 보장받지 못하는 북한 사람들의 일부 모습이 잘 담겨있다. 이는 작품 내에서 수시로 행해지는 숙박검열, 잦은 정전으로 인해 자연스럽게 초를 사용하는 마을 주민들의 모습(2화), 도청 장치가 기본으로 설치되어 있는 호텔(6화), 지정해준 사진관에서만 여권 사진 촬영이 가능했던 장면(5화), 무전기나 수상한 전파사용 시 정찰대가 10분 안에 현장에 도착하는 장면(4화) 등을 통해서 알 수 있다.

<표 7> 폭력 및 살인 등장 장면

화	장면
1화	도굴꾼 트럭 살인사건 및 히치하이킹 아줌마들 살인
6화	공항 가는 세리를 도와주다 총상 입는 정혁과 광범
8화	낯선 남자들에게 협박당하며 납치되는 세리
9화	집 무단수색 및 구타당하는 정혁
10화	개조된 특수 트럭이 조철강 구속하던 차량 추돌 및 주변인 살인
11화	브로커와의 약속 장소에서 기습당하는 정혁 - 칼에 베임
13화	조철강이 정혁 향해 쏜 총 대신 맞는 세리
16화	서단 구하려다 총상 입은 승준 사망

남북 분단의 현실을 어느 정도 비중 있게 다루면서도 탈북과 월남, 여주인공인 세리의 납치나 여러 차례 반복되는 생명의 위협들, 살인과 같이 시청자에게 긴장감과 공포감을 심어줄 수 있는 다양한 사건들이 작품 곳곳에 등장한다. (〈표 7〉 참조)

그리고 이 사건들은 〈사랑의 불시착〉이 로맨틱 코미디 장르라고도 불릴 만큼 에피소드마다 등장하는 다양한 재미 요소들과 대조되어 전체적인 작품의 무게감을 조절하는 데에 중요한 역할을 한다.

<표 8> 국가기관 등장 장면

5화	보위부에 끌려가 협박당하는 5중대원
9화	조철강의 지휘 따라 정혁의 집을 수색하고 폭력 행사하는 보위부
14화	정혁과 조철강이 탈북 당시 건너온 땅굴 조사하는 국가정보원
15화	국정원 피해 도망치는 5중대와 만복 → 결국 체포 후 취조
16화	5중대와 만복 비공개 송환 의논 → 송환

〈표 8〉은 작품 내에서 등장하는 남한과 북한의 국가 기관에 관련한 장면들을 모아둔 것이다. 한 나라의 국가 기관에 대한 이야기는 로맨스 작품에서는 특히 우리에게 익숙하지 않은 소재이기 때문에 이는 대중들의 보편적인 욕망인 호기심을 자극하는 요소로서 기능하며, 시청자들의 흥미를 유발하고 지속적인 관심을 두고 시청할 수 있는 효과가 있다.

2) 북한 배경 로맨스의 참신함

이처럼 〈사랑의 불시착〉은 로맨스 드라마임에도 불구하고 무거움을 주는 요소들을 내포하고 있다. 북한 소재지만 로맨스로 주 이야기가 전개되는 점은 이전에 나왔던 많은 북한 관련 콘텐츠와의 큰 차이점이다. 북한 관련 콘텐츠들을 자세히 알아보면, 영화 〈공조〉는 남북 최초의 비공식 합동 수사를 다룬 내용으로 액션 장르이다. 영화 〈웰컴 투 동막골〉은 국군, 인민군, 연합군의 한국 전쟁 사상 유례없는 연합 공동 작전을 다룬 내용으로 전쟁 장르이다. 영화 〈은밀하게 위대하게〉는 은밀한 첩보 활동들을 유쾌하게 풀어낸 이야기로 액션 코미디 장르이다. 영화 〈연평해전〉은 2002년 6월 29일에 발생한 제2연평해전을 바탕으로 제작한 내용이다. 강철비는 북한 내 쿠데타 발생 직후 최정예요원 '엄철우'(정우성)가 치명상을 입은 북한 1호를 남한으로 데리고 오면서 벌어지는 이야기로 액션 장르이다. 이 작품들의 공통적인 키워드는 '간첩, 전쟁, 수사, 액션, 브로맨스'라고 할 수 있고, 남북 대치 중인 분단국가의 현실을 담아내며 북한에 관련된 내용이 무겁게 다뤄져서 어두운 분위기를 형성하고 있다.

이러한 무거운 분위기만 형성되어 있으면 과도한 긴장감을 불러일으키거나 소재 자체에 금방 피로감을 느낄 수 있다. 이를 해소하기 위해 〈사랑의 불시착〉은 '로맨스'를 첨가하여 리정혁과 윤세리, 구승준과 서단의 관계가 로맨스로 발전하며 이야기가 전개되어 북한이라는 소재를 부드럽게 풀어내고 전체적으로 따듯한 분위기를 형성하였다. 또한 비현실적인 남북관계를 설정하여 '난센스'적인 부분을 강조하였고, 남녀의 사랑에 초점을 맞추어 이념적인 갈등을 해소할 수 있었다. 남북한의 대립이 아닌 선남선녀의 사랑 이야기로 한반도의 역사를 모르는 해외 시청자들까지 어렵지 않게 공략할 수 있었다. 이렇게 〈사랑의 불시착〉만의 차별화된 분위기와 감성적인 스타일로 대중들은 부담 없이 드라마를 시청할 수 있었다.

3) 다양한 재미 요소의 조합

앞서 말했듯 〈사랑의 불시착〉의 작품 내에는 에피소드마다 다양한 종류의 재미 요소들이 녹여져 있다. 이를 (1) 캐릭터 특징, (2) 남북 차이, (3) 사이다, (4) 이스터에그, 총 4가지로 분류하여 나타내보려 한다.

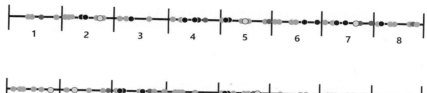

<그림 5> 재미 요소 등장 장면

(1) 캐릭터 특징

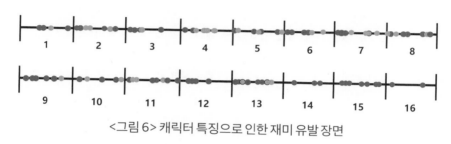

<그림 6> 캐릭터 특징으로 인한 재미 유발 장면

극 중, 세리의 대사는 깔끔한 발음의 표준어가 대부분이다. 때로는 상냥하게 웃으면서도 상황에 구애받지 않고 과격하고 폭력적인 언행을 하는데 이는 자연스럽게 향유자들의 웃음을 자아내게 한다.

<표 9> 세리로 인한 재미 유발 장면 예시

2화 13:25~15:00	3화 54:20~54:50
세리: 이 사람 집인 거 몰랐고, 간첩 아니고 메다 꽂힌 적 없다고. 원래 말귀가 어둡고 이해력이 남달리 떨어지고 그래? 치수: 중대장 동지 집에 삽이나 곡괭이 있으시지요? 에미나이 하나쯤 묻어 버릴 곳은 우리 조국에 널리고 널렸습니다. 세리: 이 살쾡이가 뭐래? 묻히긴 뭘 묻혀? 너나 묻히던가.	5중대 중 잘생긴 사람에게 주는 인류의 보배상을 광범이에게 준 상황 치수: 아니, 그 잘생긴 기준이 대체 뭐네? 세리: (웃으며) 그 어떤 기준이라도 넌 아니야~

명은과 명석 또한 작품 내에서 서로 말과 행동을 허물없이 하며 남매의 코믹한 연출을 보여주는데 이러한 장면들만 따로 모여서 만들어진 클립 영상이 유튜브에서 공유될 정도로 인기가 많다.

<표 10> 명은&명석으로 인한 재미 유발 장면 예시

5화 12:45~13:50	13화 48:15~49:55
명은이 정혁을 기다리며 어러 옷들을 입어 보다가 한복을 입은 상황 명석: 어, 머리는 좀 묶어라. 소복 귀신인 줄 알고 기절할 수도 있갔어. 명은: 너는 셧업하고 앞에 나가 대기하고 있으라. (명석을 발로 퍽퍽 참) 명석: 아 왜~! (명석의 신음) 명은: 우리 정혁이가 차만 달랑 놓고 가버리면 어칼라 기래	명은이 명석에게 부탁했던 승준의 뒷조사 결과를 알아 온 상황 명석: 누나, 일단 긍정적인 것과 부정적인 것이 있어. 뭐부터 듣고 싶네? 명은: 아새끼래 잔대가리 굴리지 말고 빨리 빨리 말하라! 명석: 사건 관련된 영국인 사업가 사기꾼이 있는데 기거이 알베르토 구야! 명은: 왓 더... 뭐? 이런 미~친, 퍽도 긍정적이다 이 새끼야. 아주 그냥 보고를 이 따위로 하고 있네! (명은이 마구잡이로 때리자 당황하며 도망가는 명석)

(2) 남북 차이

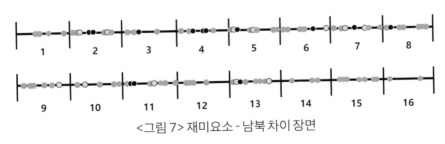

<그림 7> 재미요소 - 남북 차이 장면

북한이라는 공간적 배경을 사용하는 것 자체에서 나오는 효과가 있다. 첫째, 북한은 일반인에게 접근이 제한된 비밀 공간으로서 대중들의 보편적인 욕망

K-DRAMA 스토리텔링, 모색과 조형의 힘

인 호기심을 자극한다. 둘째, 문화적 차이를 보이지만 한민족임을 강조하며 같은 민족과 인간으로서 '정'을 보여준다. 셋째, 같은 민족이고 가장 가까운 나라이지만 문화적인 차이들이 크게 보이는 것을 통해 분단의 아픔을 드러내고 대중의 공감대 형성에 기여하도록 만든다. 이처럼 북한이라는 공간적 배경을 사용함으로써 일반적인 로맨스가 아닌 고유한 이야기로 만들어준다. 또한 남북분단의 현실이 남녀 주인공의 로맨스를 가로막는 장애물로 인식되어 로맨스를 극대화하기도 한다.

또한 남북한의 언어와 문화가 비슷하면서도 차이를 보이고 이로 인해 재미를 자아낸 장면들을 살펴보자. 표치수가 세리한테 "썩어질 에미나이"라고 욕을 하자 세리가 "우리 쪽도 욕하면 뒤지지 않아."[2화 17:11]라고 하는 장면에서 남북한의 욕을 내세우며 웃음을 자아냈다. [2화 21:10]에선 치수가 세리에게 "후라이까지 마라~"라고 하자 세리가 "뻥 치지 마 이런 뜻인가?"하며 해석하여 알아듣는다. 혼란스러운 이들에게 주먹이가 서로의 단어를 번역해 준다. 여기서 '후라이까지 말라'라는 말은 시청자에게 웃음을 자아내 일상용어로 자리 잡으며 유행하게 되었다. "매력 쩐다."는 말을 배추가 소금에 푹 절여지듯이 당신의 마음에 절여졌다고 해석하는 주먹이의 번역이 신조어를 정확하게 풀어내어 웃음을 자아냈다[8화 11:00]. 세리가 5중대에게 패션 테러리스트라고 말하자 테러하는 사람이 아니라고 화내는 장면[13화 22:00]에서 비유적으로 사용하는 한국 단어를 못 알아듣는 모습이 재밌고 우리가 사용하는 단어들을 새롭게 받아들일 수 있었다. '숙박검열, 빠다치기, 놀가지, 꽃제비' 등 전문용어를 연상시키는 북한 단어들을 자막 처리하여 문화 차이에 대한 시청자들의 호기심을 자극했다.

남북한의 문화 차이로 인해 웃음을 자아내는 장면도 살펴보자. [2화 26:30]에서 소금 항아리에 고기를 보관하고, 김치움에 음식을 보관하는 것을 신기해하는 세리와 신나서 설명하는 주먹이의 장면이 나온다. 이때 세리는 이에 대해 오가닉하고 힙하다고 말한다. 우리나라의 60-70년대의 전원적인 모습과 유사하여 공감을 불러일으키고 요즘 유행하는 레트로적 감성을 나타냈다. [4화 51:01]에서 손 하트로 마음을 표현하는 문화를 보고 표치수가 벌레 잡는 동작이라 오해한다. 남한에선 사랑을 표현하는 손동작이지만 북한에선 단순히 벌레를 잡는 동작이라고 오해할 수 있다는 사실이 재미를 나타냈다. 또, 집에 개 대신 타조 키우는 게 유행하는 장면[5화 26:45]은 권력을 드러내기 위해 희귀 동물을 키운다는 북한의 실생활을 잘 드러낸 부분으로 실제 북한 문화에 호기심을 불러냈다. [6화 59:47] 산타클로스를 도적과 의적으로 이해하는 은동이를 통해 남한에서는 선물을 주러 다니는 크리스마스 심볼이지만 북한에서는 그저 의적으로 보인다는 사실이 웃음을 유발한다.

윤세리가 본격적으로 북한에서 생활하는 8화 이전에, 남북 차이로 인해 발생하는 재미 요소 대부분이 몰려있다. 특히 김주먹은 작중에서 남북한의 언어와 문화적 차이를 능숙하게 설명하며 서로 소통할 수 있도록 문화통역사의 역할을 하여 남북한의 문화를 융화시키는 역량을 보여준다. 9화부터는 주인공인 세리가 탈북하여 남한 중심으로 이야기가 돌아가서 세리가 문화 차이를 느끼는 부분들이 줄어든다. 남북한의 문화 차이를 통한 재미 요소는 향유자에게 호기심을 불러일으키며, 남북의 차이를 마냥 무겁게 표현하지 않고 재미있게 관전할 수 있도록 한다. 또, 무거운 사건의 분위기를 환기해주는 역할도 겸한다.

(3) 사이다 장면 활용

일명 '사이다 장면'은 주인공의 일을 방해하는 요소가 등장하거나 상황에 맞지 않는 불쾌한 발언을 하는 등 이야기가 매끄럽게 전개되지 않을 때, 이를 해결할 수 있는 통쾌한 대사 또는 행동으로 맞받아쳐 사이다를 마신 것처럼 속이 뻥 뚫리게 하는 장면을 일컫는다. 시청자들은 작품 내에 등장하는 사이다 장면을 통해 답답함을 해소함과 동시에 일종의 카타르시스를 느끼게 된다. 〈사랑의 불시착〉에서는 사이다 장면이 총 6번 등장했는데, 이는 모두 작품 전체를 관통하는 주요 사건인 '세리의 탈북'과 '후계자 상속'의 방해 요소를 제거하는 장면들이다. 이를 '위계에 의한 압박', '악행에 대한 저항'으로 나누어 보았다.

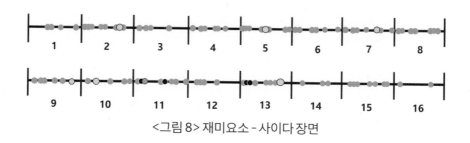

<그림 8> 재미요소 – 사이다 장면

<표 11> 사이다 장면의 위계에 의한 압박과 악행에 대한 저항

위계에 의한 압박	악행에 대한 저항
<2화 56:37~57:38> 서단의 삼촌(명석)이 고문실로 끌려간 정혁을 보고 놀라서 고문관의 정강이를 때리고 총정치국장 아들임을 밝히는 장면. <7화 54:30~57:00> 조철강이 정혁이 입원한 병원에 들이닥쳐 심문하며 정혁을 위협하는데 총정치국장이 등장하여 상황은 종료되고 조철강은 아무것도 못함. <9화 61:00~67:30> 철강의 주장 때문에 총정치국장의 집을 수색하는 군사 부장. 하지만 세리는 탈북에 성공했고 조철강은 뺨을 맞음.	<5화 44:23~46:40> 우필이를 괴롭히는 애들을 혼내주는 세리 <10화 08:55~12:00> 퀸즈 그룹에서 세리스 초이스를 인수·합병하겠다는 회의 진행 중 죽은 줄 알았던 대표 세리가 들어오고 결국 세리스 초이스를 지켜냄. <13화 25:50~26:30> 세리의 새언니 고상아가 몰래 퀸즈를 합병하려 한 사실을 알고 세리의 엄마가 화내는 장면 "어떤 엄마가 지 아들 잘 되라고 지 딸을 사지로 몰까." 세리의 둘째 오빠가 세리가 북한에서 못 돌아오게 막았다는 사실을 알고 모두가 보는 앞에서 화내는 세리 아빠

위계에 의한 압박, 악행에 대한 저항에 해당하는 장면 중 하나씩을 예시로 설명해 보겠다. 우선 9화(61:16~66:00)를 보면, 조철강이 세리를 빌미로 정혁과 그의 아빠인 총정치국장을 압박한다. 이로 인해 한껏 드라마의 긴장감이 고조되었고, 시청자들은 세리가 탈북하고 있다는 걸 들킬지도 모른다는 불안감을 안게 된다. 하지만 세리는 전초선에 다다른 상태였고, 조철강은 마음이 조급해진 나머지 총정치국장에게 언성을 높여 군사부장에게 뺨을 맞는 굴욕을 당한다. 이처럼 군대의 위계질서 내에서 일어날 수 있는 행동을 통해 주인공을 방해하는 인물을 저지함으로써 통쾌함을 선사한다.

다음으로 10화(08:55~10:00)의 장면에 대해 설명해 보겠다. 세리의 새언니 고상아가 세리가 없는 사이 세리스 초이스를 세리의 동의 없이 인수합병하겠다고 나섰고, 실제로 퀸즈 그룹의 세리스 초이스 인수합병 회의가 긍정적으로 진행된다. 이를 통해 시청자들은 문제 해결 방안의 부재에 대해 답답함을 느낀다. 그러나 죽은 줄만 알았던 세리가 회의 도중 등장하며 상황이 역전되고, 세리가 다시 대표의 자리에 앉는다. 그 후 상아가 물러남으로써 세리의 앞을 막는 강압적인 방해 요소는 제거되고, 매끄러운 전개가 이어진다.

이처럼 〈사랑의 불시착〉에는 긴장감, 또는 답답함을 해소해 주는 '사이다 장면'들이 삽입되어 시청자들에게 일종의 쾌감을 선사함과 동시에 이야기 전개에서 지루함을 덜어주고 매끄러운 진행을 돕는 역할을 한다.

(4) 이스터에그의 탄력적 운영

<표 12> 드라마 속 패러디 장면과 효과

원작	패러디	효과	삽입 시간
천국의 계단	북한에 불시착한 세리가 딴짓하는 5중대를 스쳐 지나가며 도망갈 때 OST가 나온다.	긴급한 장면임에도 불구하고 예능에 자주 등장하는 OST를 삽입하여 웃기게 연출한다.	1화 44:00~45:50

	최지우 배우를 만난 주먹이가 "아무리 먼 길을 떠나도 결국 돌아오는 거야."라고 울먹이며 권상우 배우의 행동을 따라 한다.	개그 소재로 많이 사용한 모자를 내리는 장면(일명 소라게)을 직접 주연 배우 앞에서 하는 것을 통해 화제가 되었다.	13화 50:50~54:37
SKY캐슬	영애의 아들 과외 선생님 성함이 '김주영'이고, 김대 의대를 보내고 싶어 한다.	영애 역할을 맡은 배우가 <SKY캐슬>의 영재 어머니 배역을 맡아서 시청자의 재미를 끌었고 배우의 연기력도 화제가 되었다.	8화 67:30~69:15
은밀하게 위대하게	김수현이 남한에 와서 적응하지 못한 5중대에게 나타나 조언을 하며 짜장면집 아르바이트를 권한다.	북한이라는 같은 소재를 다룬 영화와 세계관을 동일시하여 큰 이질감 없이 녹아들었다.	10화 81:30~84:05
봄날은 간다	단의 신혼집에 머물게 된 승준이 "라면 먹고 갈래요."라는 이영애의 대사를 알려준다.	우리나라에서 사랑하는 사이가 고조될 때 쓰는 문장을 단과 승준 사이에 삽입하여 시청자에게 설렘을 유발한다.	11화 57:55~59:10
	도청자에서 음향 기사로 전업한 만복을 <봄날은 간다>의 마지막 장면인 유지태가 갈대밭에서 웃는 장면처럼 똑같이 연출한다.	원작에서도 좋은 연출로 유명했던 장면을 그대로 구현하여 영상미가 좋았다.	16화 102:55~103:13
알함브라 궁전의 추억	정혁이 컴퓨터 게임을 할 때 OST가 흘러나온다.	게임 관련 드라마인 원작에서 주연을 맡은 현빈 배우가 이 드라마에서도 게임을 할 때 해당 OST가 삽입되어 웃음을 유발했다.	12화 27:00~27:40

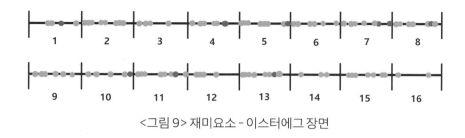

<그림 9> 재미요소 - 이스터에그 장면

　〈사랑의 불시착〉에는 많은 패러디와 카메오가 등장하여 화제를 불러일으켰다. 특히 한류를 사랑하는 '김주먹'이라는 캐릭터를 통해 드라마 〈천국의 계단〉이 다양하게 활용되었다. 1화에선 북한에 불시착한 세리가 딴짓하는 5중대를 스쳐 지나가며 도망갈 때 OST가 나와 긴급한 장면을 한 편의 예능을 보는 듯이 코믹하게 연출하였다. 13화에는 한국에 온 주먹이가 직접 최지우 배우를 만나며 권상우의 일명 소라게 장면을 패러디하여 시청자에게 많은 웃음을 자아냈고, 밈으로 활용되어 드라마의 화제성에 한몫하였다. 그리고 현빈(리정혁 역)의 전 작품인 〈알함브라 궁전의 추억〉 OST를 게임하는 상황에 맞게 삽입하거나, 드라마 〈SKY 캐슬〉의 배우였던 김정난 배우(마영애 역)가 북한판 SKY캐슬을 나타내며 패러디하여 웃음을 더했고 배우의 연기력도 화제가 되었다. 카메오로는 박성웅 배우가 북한의 동요인 '대홍단 감자'를 흥겹게 부르며 택시를 운전하는 장면은 의외의 모습을 연출하여 웃음을 자아냈고, 김수현 배우가 북한을 다룬 영화 〈은밀하게 위대하게〉의 세계관과 사랑의 불시착의 세계관이 같은 것처럼 연출하여 대중들에게 과몰입을 할 수 있는 재미를 주었다.

　드라마 속 숨은 이스터에그들은 이야기 흐름을 망치지 않으면서 즐거움을 더해주어 화제성을 불러일으키고, 분위기를 환기하여 드라마에 더욱 몰입할 수 있도록 하였다. 그러나 이스터에그에 해당하는 작품을 본 사람만 이해할 수 있는 내용이 있어 보지 않은 시청자들에게는 이해가 어려울 수 있다는 단점이 있다.

4. 구조적 차별성

시청자가 드라마 시청을 중도 포기하는 이유에는 여러 가지가 있지만, 여기서는 '산만함'과 '결방' 두 가지만 언급하려 한다. 〈사랑의 불시착〉은 난센스 멜로 장르로 일반적인 로맨스 드라마보다는 사건이 많은 편이다. 사랑의 불시착을 세리의 탈북과 조철강 연루 사건들로 이루어진 중심 사건, 세리의 대표직 문제와 과거 사건들로 이루어진 부속 사건, 그리고 세리와 정혁, 단과 승준의 로맨스 신과 분위기 환기 신으로 나누어 보았을 때, 로맨스 신보다 사건 신이 41.3%로 두 배 정도 많다는 것을 알 수 있다.

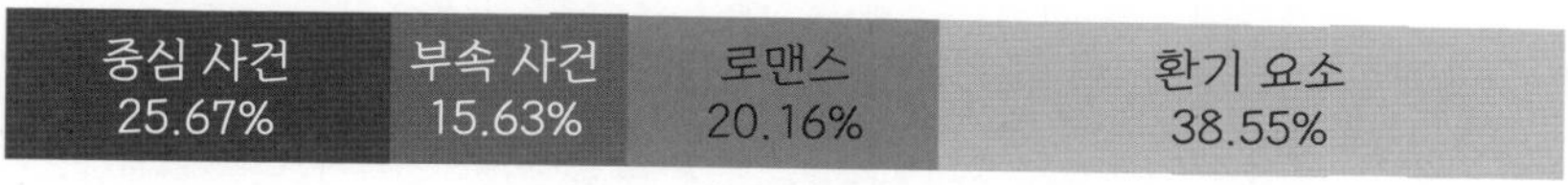

중심 사건 25.67%	부속 사건 15.63%	로맨스 20.16%	환기 요소 38.55%

<그림 10> 작품 전체 중 사건 비율

<그림 11> 중심 및 부속 사건의 각 화별 분포

사건만 많았다면 로맨스의 극적 요소를 극대화하기 위한 전략 중 일부라 말할 수 있겠지만, 〈사랑의 불시착〉의 사건 전개는 달랐다. 위의 분포 그래프를 보자. 연한 회색은 세리의 불시착 및 세리의 탈북 시도, 짙은 회색은 트럭 사건 등의 조철강 연루 사건, 검은 색은 국정원의 개입 및 북한 송환 과정, 검은 점선은 대표직 문제를 나타낸다. 통상적으로 사건 하나가 종료되면 다음 사건이 시작

되는 다른 작품들과는 달리, 사랑의 불시착에서는 한 사건이 종료되기도 전에 다음 사건이 발생하여 사건들의 끝없는 중첩이 일어난다. 시간과 공간이 뒤섞여 연속적으로 몰아치는 사건들은 시청자들에게 혼란을 안겨주기 일쑤다. 이러한 혼란이 잠재워지지 않고 몰입을 방해하기만 한다면 시청자가 이 드라마를 계속해서 시청해야 할 이유가 사라진다.

결방은 연속적으로 이어져 오던 드라마의 흐름을 일정 기간 중단시켜, 시청자의 드라마 몰입도와 관심도를 하락시킬 수도 있는 드라마 완주 방해 요소다. 사랑의 불시착은 두 번의 결방을 거듭하면서 막을 내린다. 결방에는 다른 방송을 편성하지 않고 미방영 비하인드 등의 관련 영상을 편성했는데, 6회와 7회 사이의 '사랑불을 켜라'와 10화와 11화 사이의 '설 선물 세트'가 바로 그러한 스페셜 방송이다. 스페셜 방송의 시청률은 각각 약 3.4%와 4.1%를 기록하며 드라마 평균 시청률인 약 12.1%에 비하면 부진한 성적을 거두었다. 그러나 결방 후에도 사랑의 불시착의 인기는 계속해서 상승세를 탔고, 최종화는 역대 tvN 최고 시청률인 21.7%를 기록했다.

그렇다면 '산만함'과 '결방'이라는 방해 요소에도 불구하고 드라마의 완주를 향해 시청자들을 이끌어준 요소들에는 어떤 것이 있을까. 지금부터 그 요소들을 살펴보고 어떠한 기능을 했는지에 대해 알아보자.

1) 한 명의 악역

앞서 언급했던 수많은 사건의 배후에는 한 명의 인물, 즉 조철강이 있다. 조철강은 드라마 내에서 중대장인 리정혁보다 높은 직급인 소좌이며, 고아에 꽃제비 출신인 그는 권력욕이 가장 강한 캐릭터라고 할 수 있다. 리정혁이 자신의 비리를 파헤치려 하자 그의 주변 사람들을 이용해 정혁과 정혁의 가족을 무너뜨리려 한다. 트럭을 개조하여 자신의 앞길을 방해하는 무고한 사람들을 트럭에 치이게 하여 죽이고, 정혁 옆에 머물던 세리를 의심하여 5중대원들에게 상해

입히면서까지 세리의 앞길을 막는다. 그러다 결국 월남까지 감행하여 몇 번이고 세리와 정혁을 죽이려고 하며, 군사부장을 설득하여 정혁의 아버지인 총정치국장을 몰아내려고 계략을 꾸미는 것이 그 예이다.

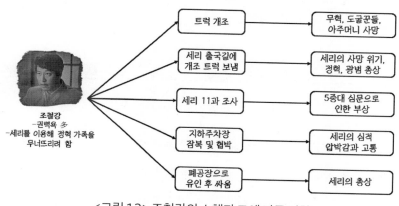

<그림 12> 조철강의 소행과 그에 따른 영향

만약 드라마 속 사건들의 배후가 다 다른 사람이었다면 사건들의 중첩에 더하여 각 인물의 서사마저 중첩되어 시청자들은 전체적인 서사의 전개 과정이 산만하다고 느꼈거나 이야기를 이해하는 데 있어 혼란스러웠을 것이다. 하지만 사건의 배후를 단 한 명으로 귀결시키게 되면 비교적 깔끔하게 서사가 전개되어 시청자들은 차근차근 사건들을 정리해나가며 전체 서사를 더욱 쉽게 이해할 수 있다.

2) 자연스러운 장면 전환

시간과 공간의 이동을 오가는 사건들 때문에 장면을 전환할 때도 그 공간이나 상황의 특성을 한 번에 파악할 수 있어야 한다. 사랑의 불시착에서는 대표적으로 남한-북한(마을-평양)-스위스 간의 공간 이동이 이루어지고, 정혁과 세리가 스위스에 머물렀던 때이자 정혁의 형 무혁이 죽기 직전인 7년 전과 세리가 불시착하기 전인 1년 전, 그리고 현재 사이에서 시간의 이동이 이루어진다.

시간   공간   시공간

시/공간별 장면 전환 분포

<그림 13> 각 화별 시공간별 장면 분포

위의 표에서 시간별 장면 전환은 12번, 공간은 17번, 시공간은 총 13번으로 공간의 장면 전환이 가장 많고, 각 화의 맨 마지막에는 무조건 전환이 들어가며, 시간별 장면 전환은 엔딩 부분에만 들어간다는 것을 알 수 있다.

<표 13> 시간별 장면 전환

1화	에필로그, 불시착한 세리의 혼잣말을 엿듣는 정혁
3화	에필로그, 토마토 묘목에 예쁜 말해주는 정혁
4화	에필로그, 집에서 카메라 발견하는 정혁
5화	에필로그, 맥주 마시며 밤새워 정혁 기다리는 세리
6화	에필로그, 오토바이를 수리하고 무기 챙겨 세리를 뒤따라가는 정혁
8화	에필로그, 트리를 꾸민 후 정혁에게 선물할 시계를 들고 가다 납치당하는 세리
9화	에필로그, 세리가 책으로 만든 '사랑해 리정혁'
13화	에필로그, 정혁을 돕겠다는 5중대와 만복, 총상 입은 세리를 보고는 슬퍼함
14화	에필로그, 피아노 녹음기 발견하는 세리, 세리 집에 살림살이 챙겨주는 정혁
15화	에필로그, 정혁의 행동을 분석하는 국정원과 세리와 정혁의 데이트

각 화의 가장 마지막에만 있는 시간별 장면 전환은 모두 에필로그다. 에필로

그는 한국어로는 후일담이라고도 하며, 이야기 끝에 덧붙여진 장면을 말한다. 드라마에서는 마지막 엔딩 신이 끝나고 난 후 화면 좌측 상단에 '에필로그'라는 문구와 함께 덧붙일만한 장면이 등장한다. 사랑의 불시착에 쓰이는 에필로그는 총 세 가지의 시간 이동 유형으로 나눌 수 있는데, 첫 번째는 현재-7년 전, 두 번째는 현재-1년 전 남한, 마지막 세 번째는 현재-당일 혹은 1, 2일 반경이다. 첫 번째와 두 번째 유형은 시공간별 장면 전환에 주로 해당되고, 시간별 장면 전환은 마지막 유형인 현재에서 당일 혹은 1, 2일 반경으로의 전환만 존재한다. 예를 들어, 3화에서 세리가 정혁에게 토마토 묘목을 선물하며 잘 자라려면 하루에 묘목한테 예쁜 말을 열 개씩 해주어야 한다고 말하는 장면이 있다. 그러고 나서 3화 에필로그에는 묘목 앞에 쭈그려 앉아 예쁜 말을 해주는 정혁의 모습이 나온다. 또, 6화에서는 정혁이 세리가 출국하러 가는 길을 배웅해 주지 못한다고 하더니 세리가 출국길에 개조 트럭들로부터 위협을 받는 순간 정혁의 오토바이가 세리를 구해주는 장면이 등장하는데, 6화 에필로그에서는 눈에 보일 때까지 지켜주기로 했다며 오토바이와 총을 챙겨 출발하는 장면을 보여준다.

이러한 에필로그들은 궁금하지만 서사 전개에는 굳이 도움이 되지 않는 사소한 장면들을 보여주어 소소한 재미와 더불어 작은 궁금증을 해소해주고, 드라마 엔딩 후의 아쉬운 마음을 달래주는 역할을 한다.

<표 14> 공간별 장면 전환

1화	곧 교방인데 별 일 있겠냐 (22:50) → 나무에 매달린 세리의 모습 (24:30)
1화	숨을 곳이 딱 한 군데 있습니다(56:45) → 북한 조사실의 모습 (57:02)
2화	고기를 요구하는 세리 → 치킨을 먹는 창식 (21:50)
2화	호화롭고 웅장한 성당 내부 → 군인 사택 마을 풍경 (24:00)
2화	정전용 자가 자전거 발전기→ 헬스장 바이크 (44:35)
2화	세리 회사 주식 떨어지겠다 → 주식 날린 날보다 더 슬프다 (46:00)
4화	약혼녀 있음까? → 단과 단 엄마 등장 (52:50)
4화	시장에서 2천만 개 누적판매 강조 → 누적판매 2천만 개 포스터 (59:50)

6화	평양에서의 치맥, 첫눈, 사랑고백 → 남한에서의 첫눈, 사랑, 치맥 (39:55)
10화	세리의 호화로운 집 → 정혁의 허름한 사무실 (40:00)
11화	한국의 찜질방 모습 → 한복 곱게 차려입은 아줌마들 (28:50)
12화	세리의 집을 구경하는 5중대 → 작고 허름한 영애네 집 (67:40)
14화	파파라치 사진 의심하는 세준 → 파파라치 기사 보는 오중대 (60:33)
15화	고향 생각하는 만복 → 사택마을의 명순과 우필 (08:45)
16화	총정치국장의 송환 의논 → 국정원의 송환 의논 (11:30)
16화	서브웨이에서 식사 → 정혁이네 집 집밥 (54:00)

공간 이동은 남한, 그리고 북한 안에 있는 사택 마을과 보위부, 평양, 마지막으로 스위스 간의 공간 이동이 이루어진다. 시간과 함께 이동하는 것이 아닌 같은 시간에서 다른 장소로 이동하는 것이기 때문에 대부분 공간별 장면 전환에서는 남북을 오가거나 북에서 북을 오간다. 예를 들면, 2화에서 북한 군간 사택 마을에 정전이 나 자가 자전거 발전기를 열심히 돌리는 모습에서 남한 헬스장에 있는 유산소 운동용 바이크를 타는 세리의 새언니 장면으로 옮겨가 남한에서 이야기가 진행된다. 또 하나는 4화에서 정혁이 부대에서 5중대와 세리에 대해 이야기하다가 중대원이 약혼녀가 있느냐 물어보는 질문과 함께 다음 장면에 정혁의 약혼녀인 단과 단의 엄마가 평양 백화점에 들어가는 모습을 보여준 후 평양 백화점에서 이야기를 이어 나간다.

이와 같은 공간별 장면 전환은 다양한 요소들을 통해 이루어지는데, 대표적인 요소로는 캐릭터의 대사나 생각, 행동, 공간의 특성, 물건, 음식 등이 있다. 그 외에도 파파라치 기사, 그리고 한복과 같은 다양한 소재도 활용된다. 이는 각기 다른 장소에서의 연관성을 부여하여 공간적 차이는 확실하게 파악하되, 서사의 전개 과정이 자연스럽게 연결되도록 하여 시청자들이 이질감을 느끼지 못하게 하고 더욱 이야기에 몰입할 수 있게 한다.

<표 15> 시공간별 장면 전환

2화	에필로그, 스위스의 같은 공간에 있는 세리와 정혁
4화	에필로그, 스위스에서 죽으려는 세리에게 사진촬영 부탁하는 정혁
5화	와인 들고 아까 본 사람 생각하는 승준 → 세리와의 첫만남 (17:07)
5화	에필로그, 차인 후 누나같은 사람 한 번 만나보라고 하는 상우
7화	세리에 주총 미뤄졌다고 거짓말하는 승준 → 주주총회 (67:00)
7화	에필로그, 상우와의 데이트에서 찾고 싶은 곡 연주하는 세리
7화	에필로그, 스위스에서 세리에게 들려오는 정혁의 피아노 연주 소리
8화	에필로그, 크리스마스 이브에 야간 업무하는 세리 팀
10화	에필로그, 총정치국장의 부탁으로 월남하는 5중대원과 만복
11화	에필로그, 스위스 초콜릿 가게에서 마주치는 세리와 단
12화	에필로그, 세리의 책상에서 유언녹음기를 발견하는 정혁
12화	에필로그, 스위스 다리에서 유언을 녹음하던 여자가 세리라는 걸 깨달은 정혁
16화	고친 카메라 건네주는 단 → 카메라 보며 스위스 일을 떠올리는 정혁 (69:57)
16화	집 거실, 외로워 보이는 세리(밤) → 따뜻하고 정겨운 사택마을(낮) (79:20)
16화	에필로그, 북한 캐릭터들 근황과 스위스에서 시간을 보내는 세리와 정혁

시간과 공간 두 개가 합쳐진 형태인 시공간별 장면 전환은 두 개의 전환 유형이 뒤섞인 유형을 구사한다. 먼저 에필로그는 2화, 4화, 7화, 11화, 12화가 현재와 7년 전 스위스를 넘나들고, 5화, 7화 그리고 8화에서 현재와 1년 전 남한을 넘나든다. 첫 번째 유형은 대체로 세리와 정혁의 스위스에서의 우연적 만남과 운명적 구원에 대한 과거의 이야기들을 보여준다. 이는 둘의 관계를 더욱 극적으로 만들어주고, 시청자들이 스위스에서의 일을 두 사람이 언제 기억해낼지에 대한 궁금증과 기대감을 심어준다. 두 번째 유형은 주로 세리의 과거사를 비춰주는데, 북한에서 많은 일들을 겪어 온 현재와는 다른 훨씬 도도하고 까칠한

자기중심적인 세리의 과거는 드라마의 재미를 한층 더해준다.

　마지막으로 10화와 12화, 16화에서 현재와 당일 혹은 1, 2일 반경을 넘나든다. 특히 7화와 12화는 각각 현재→1년 전 남한→7년 전 스위스, 현재→당일 반경→7년 전 스위스의 이동 구조로, 처음 전환에는 에필로그라는 장치를 활용하고 두 번째 전환에는 각각 음악과 녹음기라는 요소를 활용한 이중 장면 전환 구성을 보여준다.

　5화, 7화, 16화와 같은 에필로그가 아닌 장면 전환에는 와인이나 카메라와 같은 물건, 캐릭터의 대사, 공간의 특성 등의 요소들을 통해 과거나 미래와 같은 다른 시간의 다른 공간으로 이동한다. 7화 12화의 에필로그가 각기 다른 장치들로 두 번 장면을 전환했다면, 에필로그가 아닌 장면 전환에는 두 개의 장치를 한 번에 활용해서 한 번만 장면을 전환한다는 차이점이 있다. 이러한 장면 전환 장치 외에도 꿈이나 장면의 색 보정을 통한 장면 전환이 존재하는데, 이 모든 장치들은 향유자가 공간 분리감을 확실하게 느끼게 해 준다.

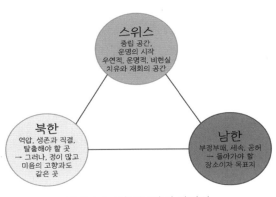

<그림 14> 대표공간의 성격화

　〈그림 14〉를 보면, 먼저 북한은 정혁이 사는 곳으로서, 억압적이고 탈출해야 할 차가운 곳이지만 군간 사택 마을만 보았을 땐 정이 많고 따뜻하고 온화한 곳

이라는 이중적 특성이 나타난다. 그리고 남한은 세리의 고향으로, 돌아가야 할 곳이자 부정부패가 넘치고 세속적이며 때로는 공허하고 외로운 성격이 강한 곳이다. 마지막 스위스는 앞의 두 곳을 중화시켜주는 중립 공간이자 세리와 정혁이 만나게 되는 운명의 시작점, 비현실적, 치유와 재회의 공간이다. 장면 전환 장치들은 각 공간의 특성을 잘 드러내 주고 각 공간에 어울리게 배치되어 장면의 연결점을 자연스럽게 만들어줌과 동시에 공간은 뚜렷하게 구분지어 서사 전개에 있어서 발생하는 산만함을 중화시켜준다.

3) 오버랩 효과

복선이란, '만일에 대비하여 남몰래 꾸며 놓은 일'을 의미한다. 만약 처음 본 장면이 조금 후에 조금 다른 형태로 변형되어 다시 등장하면 이전 장면과 겹쳐 보이면서 사람들은 우선 놀라거나 혹은 소위 말하는 '소름 돋는다'라는 표현을 사용한다. 〈사랑의 불시착〉에도 소름 돋을만한 수많은 크고 작은 복선들이 존재하는데, 이는 크게 한 화 안에서의 복선과 화에서 화로 이어지는 복선으로 나뉜다.

<표 16> 한 화 안에서의 복선

1화	대표직 물려받기로 결정된 후 곧 많이 올라갈 거라 말하는 세리 (12:20)	위로 올라가 북한에 불시착 (24:30)
3화	주먹이 한국 드라마에선 위기 상황에 키스를 한다고 말함 (32:40)	빠다치기 걸릴 위험이 생겨 세리에게 키스하는 정혁 (66:35)
5화	정혁에게 선 긋는 거냐고 자신은 선 잘 지키는 사람이라고 하는 세리 (02:40)	외박하고 온 정혁에게 맥주캔으로 세워 둔 선 넘지 말라고 하는 세리 (29:55)
5화	우필이에게 아픈 것보단 외로운 게 낫다고 말하는 세리 (46:00)	아픈 것을 피하고 외로움을 택하는 세리의 모습을 말해주는 상우 (77:30)
6화	세리에게 자신의 눈에 보이면 안전할 거라고 말하는 정혁 (38:50)	오토바이를 타고 세리가 탄 트럭의 뒤를 따라가며 눈에 보이는 동안에는 지켜줄 거라고 하는 정혁 (77:00)
7화	과거, 스위스의 한 항구에서 마지막으로 피아노를 연주하는 정혁 (16:55)	과거, 스위스 배 위에서 눈을 맞으며 피아노 치는 정혁을 바라보는 세리 (80:30)

한 화 안에서의 복선은 대부분 대사 또는 행동의 상호 연결성이 중심이 된다. 예를 들어, 3화에서 주먹이가 한국 드라마에서는 위급한 상황에 갑자기 껴안거나 입맞춤한다고 말하는데, 그걸 듣고 있던 정혁이 빠다치기 현장에서 위급한 상황에 처하자 세리에게 입맞춤해버리는 장면이나 7화에서 과거 정혁이 스위스의 한 항구에서 마지막으로 피아노를 연주하는 장면이 나오고 한참 뒤에 세리가 스위스에서 배를 타고 가면서 피아노 치는 정혁을 바라보고 있는 장면이 이에 해당한다. 3화는 대사-행동의 상호 연결성, 그리고 7화는 행동-행동의 상호 연결성이다. 이처럼 다양한 요소들을 사용하여 복선을 표현할 수 있다.

다음은 화에서 화로 이어지는 복선이다. 이 도식은 복선을 찾아 사용한 요소에 맞게 색을 칠한 후, 화끼리 선으로 이은 것이다. 대사를 활용한 복선이 7개, 행동이 9개, 물건이 6개, 드라마와 머리 스타일 등의 기타 소재를 활용한 복선이 5개로, 두 개의 요소가 섞여 있는 복선 2개를 포함해서 총 25개의 복선이 존재한다.

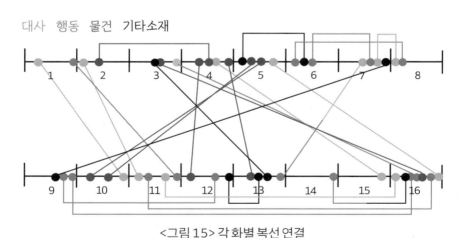

<그림 15> 각 화별 복선 연결

K-DRAMA 스토리텔링, 모색과 조형의 힘

<표 17> 화에서 화로 넘어갈 때의 복선

1화(29:25) → 10화(75:10)	서울시 강남구 청담
1화(67:00) → 11화(82:20)	위험인물로부터 숨겨주기
2화(05:55) → 11화(15:10)	"게스트가 호스트한테 먼저 한 입을 권해요."
2화(41:25) → 4화(73:10)	양초와 아로마향초
3화(53:50) → 13화(50:50)	천국의 계단 최지우
3화(56:35) → 16화(74:50)	토마토 묘목
3화(68:30) → 16화(74:20)	화분에게 예쁜 말
4화(48:25) → 12화(15:35)	가마솥 커피
4화(75:25) → 13화(30:30)	다리 위 유언 녹음기
4화(62:28) → 15화(77:30)	"남한에서 클레이사격 좀 했어요."
5화(32:43) → 6화(32:20)	어서 가세요 머리
5화(37:40) → 10화(51:40)	전당포에서 발견한 시계
5화(38:55) → 10화(23:54)	만복의 과거, 시계의 진실
5화(67:20) → 16화(96:30)	인도 속담
6화(35:20) → 7화(55:50)	명석에게 조사 부탁
6화(12:40) → 8화(20:20)	도청장치 제거
7화(61:30) → 8화(10:40)	최애는 리정혁
7화(78:00) → 9화(53:50)	아무도 모르는 피아노 음악
7화(43:30) → 13화(77:30)	총 못 피한 게 아니라 안 피한 것
9화(56:30) →12화(51:00)	모르는 사이 서로를 살림
9화(87:00) → 16화(52:30)	책 앞글자로 고백
11화(29:00) → 16화(99:00)	무당에게 점 보기
11화(57:55) → 16화(05:00)	라면 먹고 갈래요 답변
12화(93:00) → 13화(39:50)	게임에서 만난 은동과 정혁
14화(87:37) → 16화(49:50)	14화(87:37) → 16화(49:50)

25개의 복선 중에서 17개는 사랑에 관련된 것인데, 예를 들면 '잘못 탄 기차가 때론 목적지에 데려다준다.'라는 인도 속담을 5화에서 세리가 정혁의 행복을 빌며 이야기해 주고, 스위스에서 운명적으로 재회한 16화에서 정혁이 세리에게 똑같이 인도 속담을 인용하여 말하는 장면이 있다. 또, 9화에서 정혁의 본가에 간 세리가 책꽂이에 꽂혀 있는 책을 새로 배열하여 책의 앞 글자만 따면 '리정혁 사랑해'라는 비밀 문구가 보이도록 해둔 장면이 있고 나서 16화에서는 세리의 집에 간 정혁이 책을 가지고 '사랑해 윤세리'를 만드는 장면이 있다. 세리와 정혁 외에도 단과 승준의 사랑에 관련된 복선도 존재한다.

사랑에 관련된 복선들은 서로의 말과 행동을 기억해두고 있었다는 점에서 둘의 깊은 사랑을 증명해주고, 우연히 맞아떨어지는 행동들을 시청자가 발견하면서 둘의 사랑에 운명성을 부여한다. 결국 다양한 복선들은 그 복선을 발견한 시청자들이 앞선 화의 장면들을 다시 상기시켜주는 역할을 하며, 소름 돋는 재미를 선사하여 드라마를 시청하면서 즐길 수 있는 영역을 한층 더 넓혀준다.

4) 워칭-스루 포인트(Watching-through point)

〈사랑의 불시착〉은 방영과 동시에 OTT 서비스에 들어오게 되었다. 〈사랑의 불시착〉 시청자는 약 3달간 TV 또는 OTT를 통해 본방송을 달려온 시청자들과 방영 종료 후 OTT 서비스에서 정주행을 한 시청자로 나눌 수 있는데, 본방송을 볼 때는 다음 화까지 일주일의 빈 기간을 어떻게 버티느냐에 따라, 정주행을 할 때는 자의적으로 다음 화 버튼을 누르느냐 마느냐에 따라 이 드라마를 계속해서 향유할지가 정해진다. 과연 사랑의 불시착에서 다음 화를 보도록 이끌어주는 구조적인 힘에는 어떤 것이 있으며, 어떤 효과를 가질까?

우리는 드라마의 구조를 자세히 뜯어보다 하나의 법칙을 발견했다. 바로 극에서 몇 개의 사건이 전개된 후에, 엔딩 신에서는 반드시 사건의 하이라이트로 끝을 맺는다는 점이다. 아래의 표는 각 화별 중심 캐릭터와 중심 사건, 그리고 엔딩 부분의 하이라이트, 하이라이트를 보고 시청자들이 가질 궁금증을 나열해놓은 표이다.

<표 18> 워칭-스루 포인트

회차	중심 캐릭터/사건	하이라이트	궁금해지는 부분
1화	세리/북한 불시착	세리를 숨겨주는 정혁	세리의 차후 행방
2화	정혁/트럭조사 시작	숙박검열에서 세리 적발, 스위스에서의 둘의 모습	세리의 차후 행방, 스위스에서의 둘
3화	세리/첫번째 탈북 시도	배에서 키스하는 세리&정혁	탈북 시도 결과, 키스 이후 둘의 감정
4화	세리/마을 이야기	어두운 장터에서 아로마 향초를 든 정혁	세리&정혁의 감정 변화, 스위스에서 있었던 일
5화	세리&정혁/평양행 기차	평양에서 조우하는 세리&승준	승준이 끼칠 영향, 세리의 탈북 가능성
6화	세리&정혁/탈북 시도	정혁과 광범의 총상	정혁의 생사, 세리의 탈북 시도 결과
7화	세리&정혁/속마음 확인	서로를 찾으려 하는 세리&정혁	4각관계의 결과, 스위스에서 둘의 인연
8화	세리&정혁/금지된 사랑	납치당한 세리	세리의 납치와 죽음 가능성
9화	세리&정혁/세리의 탈북	전초선을 넘어 키스하는 정혁	둘의 이별 후 상황, 조철강의 이후 행동
10화	철강/구속과 월남	남한에서 재회하는 세리&정혁	정혁&5중대원의 차후 행방
11화	정혁/ 철강과 주차장 대치	주차장에서 만나는 세리&정혁	세리&정혁&철강의 차후 행방
12회	5중대&만복/남한에서 재회	철강과 세형 부부의 만남	철강이 꾸미고 있는 계략
13화	만복/철강과 폐공장 대치	총상 입은 세리	세리의 생사
14화	단&승준/깊어지는 사랑	철강과 정혁의 1:1 대치	1:1 대치 결과
15화	정혁/국정원 조사	세리&승준, 심전도계의 삐 소리	승준과 세리의 생사
16화	세리&정혁/재회하는 둘		

우리는 이 표를 통해 [사건+사건+하이라이트=궁금증 유발]이라는 공식을 성립하게 된다. 그다음 회차에 결방이 있었던 6화는 정혁과 광범이 총을 맞으며 이야기가 끝났고, 10화는 정혁과 세리가 남한에서 재회하는 장면으로 끝이 나서 결방이 있었음에도 불구하고 강력했던 엔딩 장면 때문에 다음 화를 안 볼 수 없게 만들었다. 시청자들은 대체로 엔딩 장면에서 맞닥뜨린 세리와 정혁의 행방이나 조철강의 계략에 대한 궁금증을 참지 못하고 다음 화로 이끌리게 된다.

5. 결론

본고에서는 드라마 〈사랑의 불시착〉의 흥행에 대한 궁금증으로부터 시작해 각종 질문들을 던져보면서 차별화된 스토리텔링 전략에 주목하여 작품을 분석한 내용을 담고 있다.

그 내용들을 요약하자면 이러하다. 첫째, '로맨스 판타지 드라마'라는 장르가 본 드라마와 부적절하다고 판단하여 과하게 우연적인 로맨스라는 뜻의 '난센스 멜로 드라마'로 직접 새로운 장르를 규명하였다. 둘째, 차별된 캐릭터의 특성과 관계성으로 인해 모든 캐릭터가 사랑받을 수 있었다. 셋째, 북한 소재에 로맨스를 첨가하였고, 독특한 캐릭터 특징, 남북 차이, 사이다, 이스터에그 등 각양각색의 재미 요소를 통해 부담 없이 작품을 감상할 수 있었다. 넷째, 산만하지 않고 자연스러운 전개를 위한 장면 전환 장치와 공간 분리감, 복선을 다루는 사건 오버랩, 시청 유발 공식과 같은 탄탄한 구조 장치로 인해 시청자의 드라마 완주를 가능하게 하였다. 이러한 스토리텔링 전략 덕분에 캐릭터들의 독특한 매력으로 이륙해서 부담 없이 재미있게 즐기며 서사를 비행하고, 최종회까지 저절로 이끌려가 안전하게 시청자의 마음에 착륙할 수 있었다.

드라마의 첫 방영 때는 '북한 미화 작품이다', 'CG는 볼품없고 우연성이 너무 강하다'는 등의 비판도 받아왔다. 특히 1화부터 터무니없는 토네이도 CG를 사용한 것은 많은 반발을 샀다. 그러나 〈사랑의 불시착〉은 화를 거듭할수록, 또는 다시 보기를 할수록 새로운 장치를 발견하게 되고, 주·조연 할 거 없이 매력적인 캐릭터들과 '정'으로 비롯되는 서사들이 잘 만들어진 작품이다. 모든 시청자가 만족하는 남북 관련 드라마가 존재한다는 건 다소 어려울 수 있다. 북한이라는 소재를 사용했기 때문에 남북문제에 관한 민감한 반응이 나올 수밖에 없는 것이 한국 사회의 현실이기 때문이다. 그러나 〈사랑의 불시착〉은 '난센스 멜로 드라마'라는 장르를 활용하고 다른 스토리에 집중하게 하여 시청자들이 남북문제를 진지하게 받아들이지 않으면서 각 인물의 서사를 효과적으로 풀어낼 수 있었다.

참고 문헌

김지연, 도깨비 뛰어넘은 숫자..사랑의 불시착 시청률 최고 24.1% 기록 '역사 썼다', <한국정경신문>, 2020.02.17. (http://kpenews.com/View.aspx?No=747117)

두산백과, 멜로드라마(https://terms.naver.com/entry.naver?docId=1092944&cid=40942&categoryId=33107).

신호식, 《이념 논란이 희석된 남북관계 드라마 연구》, 고려대학교 영상문화학 협동과정 박사학위논문, 2022.

오수정, '사랑의 불시착' 미국에 착륙 '리메이크' 한다, 미국판 손예진·현빈 누구?, <FT스포츠>, 2021.12.30. (https://www.ftimes.kr/news/articleView.html?idxno=15563)

최지운, 로맨스 드라마 속 역하렘 설정 연구: 〈사랑의 불시착〉과 〈스타트업〉을 중심으로, 《인문콘텐츠》 제60호, 인문콘텐츠학회, 2021.

하재근, 사랑의 불시착은 어떻게 시청자에게 착륙했나, <데일리안>, 2020.02.17.

윤혜영·한양대 문화콘텐츠학과 강사

바윗돌 깨기와 새로운 도약

바윗돌 깨뜨려 돌덩이, 돌덩이 깨뜨려 돌맹이, 돌맹이 깨뜨려 자갈돌, 자갈돌 깨뜨려 모래알. 어느 동요의 가사는 스토리텔링을 분석하던 연구자로서의 날들을 요약하는 듯 종종 머릿속에서 맴돈다. 그러나 이 길고 지난한 시간이 즐겁고 유쾌한 순간으로 변모하는 순간을 기억한다. 쪼개고 쪼개어도 나타나지 않던, 보이지 않던 그것들이 어느 순간 트랜스포머처럼 벌떡 일어나 서로 합체되며 의미 있는 조형물을 만들어내던 그 순간이다.

학생들의 원고를 읽으며 가장 먼저 떠오른 것은 정으로 바윗돌을 깨뜨리는 모습이다. 여럿이 한 데 모여 각자 다른 모양의 정을 가지고 거대한 돌을 바라보고 있는 모습이다. 서로 대화하고 때로는 논쟁하고 한 동안은 주저앉아 땀을 닦으며 그들이 원하는 방향으로 가고 있는지 고민하는 모습이다. 한 번도 만나본 적 없는 학생들의 이름을 보면서도 애정이 느껴지고 그들의 이런 모습이 자꾸만 떠오르는 이유는 동문으로서, 또는 같은 학문의 연구자로서 느끼는 동질감 그 이상의 것이다. 그들이 쏟아 부은 시간과 노력, 그리고 열정이 원고 안에 고스란히 담겨 있기 때문이었다.

OTT라는 새로운 미디어가 등장하며 미디어 시장은 한 번의 큰 변혁의 시기를 겪게 되고, 그 플랫폼에 효과적인 콘텐츠들이 속속 제작되며 새로운 시장과 새로운 팬덤의 시대가 열리고 있다. 과거 TV 디바이스 앞에 앉아 저녁 6시에 방영되는 만화영화를 기다리던 어린 시절을 보낸 지금의 기성세대들에게는 원하는 콘텐츠를 원하는 시간, 원하는 장소에서 자유롭게 소비하는 지금의 향유 맥락이 다소 낯설게 다가오기도 할 것이다. 이러한 향유 패턴은 선택이라는 새로운 의무를 짐 지운다. 한정된 시간을 가장 효율적으로 소비하고자 하는 시간의 경제성에 의해 콘텐츠의 선택 앞에서 우리는 다소 신중한 자세를 취하지 않을 수 없다. 과거 차려진 밥상을 앉은 자리에서 받는 식의, 그러나 원하지 않는 시간에 원하지 않는 콘텐츠를 봐야 했던 상황과는 매우 다른 것이다. 스스로 콘텐츠를 선택하고, 또는 보던 콘텐츠를 포기하거나 새로운 콘텐츠로 옮겨가는 등 자유로운 향유가 가능하지만 그에 상응하는 선택의 기준을 세우게 된다는 것이다.

이와 상응하여 이제 향유자는 새로운 이름의 비평가이며 새로운 모습의 제작자로 기능하게 된다. 특히 트랜스미디어적 특성을 갖는 콘텐츠의 경우 향유자 개입의 가능성이 커지고, 이로 인해 팬덤의 유형도 그들의 세계관도 변화하게 된다. 이러한 맥락에서 한양대학교 ERICA 문화콘텐츠학과 〈문화콘텐츠 스토리텔링 분석 전략〉 강의에서 수행한 콘텐츠 분석과 보고서는 큰 의미를 지닌다. 스스로 문제를 찾고 분석하고, 이를 바탕으로 해결하고 제언하는 이들의 프로젝트는 현재 미디어 산업에 대한 이해, 스스로 찾아낸 구체적 근거, 그리고 깊이 있는 통찰력 없이는 불가능한 것이다. 이제 소비자에서 제작자, 또는 창작자로 거듭나는 준비 과정의 첫 발을 뗀 것이리라.

모든 팀의 보고서에서 드러나는 공통점은 나름의 기준을 가지고 서사를 구획하고, 구분하고, 쪼개어 보고, 묶어보는 등 기존의 서사를 새롭게 바라보는 방법이었다. 이는 단순히 재미의 유무가 아니라 재미를 주는 요소, 몰입을 강화시킨 요소들을 찾아내기 위한 것이다. 앞으로 문화콘텐츠 학문을 계속해야 할 학생들에게 이러한 분석은 한 번은 시도해보아야 하는 통과의례 같은 것일 수도 있으나 이러한 과정에 얼마나 몰입해서 의미 있는 것을 찾아내는지는 개인의 과제인 것이다. 세계적으로 호평 받은 작품, 또는 많은 팬덤을 양산한 완성도 높은 작품을 마주했을 때, 위축되지 않고 이들의 서사를 객관적인 시각으로 평하는 이들의 자신감은 꼭 스물의 초반을 사는 청춘이기 때문만은 아니다. 기초적인 서사 이론과 미디어에 대한 이해 없이는 불가능한 일이며, 자신의 시간과 에너지를 투자하면서 생겨났을 학문에 대한 애정과 열정이 가능케한 일이다.

〈스물다섯 스물하나〉의 하이브리드 장르적 특징을 추출해 이를 통한 몰입의 새로운 가능성을 논의했다. 〈D.P. 개의 날〉은 웹툰의 드라마 전환 전략이 적중했는지를 판단하는 기준을 제시해주었고, 〈슬기로운 의사생활〉을 통해 거시서사와 미시서사의 전략적 조화를 성공 요인으로 거론하였다. 〈파친코〉를 통해 OTT 오리지널 시리즈의 구매 포인트로서의 기능적 서사라는 독창적인 주장을 전개하였고, 〈사랑의 불시착〉에서는 난센스 멜로라는 새로운 장르를 규명하고 이의 특징을 분석해내는 성과를 거두었다. 〈동백꽃 필 무렵〉이 다성적 서사를 기반으로 공감을 강화했다는 논의를 위해 치밀한 근거를 제시해주었고, 〈지옥〉이 OTT 오리지널로 성공할 수 있었던 요인으로 독창적 세계관과 죽음에 대한 새로운 패러다임을 주장하였으며, 〈이태원 클라스〉를 통해 웹툰의 드라마 전환 과정에서 고려해야 할 캐릭터성과 OST 등의 전략을 제시하였다.

이들의 주장은 처음 신선하고 낯설기도 했다. 기존의 언론에서 회자되는 성공 요인이나 호평은 가능한 뒤로 하고 그들만의 언어로 논지를 펼치기 때문이었다. 또한 그 낯선 주장을 위해 끊임없이 근거들을 제시하고 있다. 합리적 근거를 내세우는 주장만큼 설득력 있는 것은 없다. 다소 낯선 그들만의 언어들이 등장하지만, 학술적 용어로 대치하고 나면 다시 그들의 주장에 설득된다. 이러한 독창적이고 새로운 스토리텔링 분석과 결과는 학계뿐 아니라 산업의 현장에서도 그 가치가 발현될 것이리라 생각한다.

거대한 바윗돌을 쪼개어 결국은 모래알로 만들어버린 이들. 그리고 그 모래알을 가지고 자신이 원하는 조형물을 만들어낸 이들이다. 이들이 어딘가에서 또 한 번 자신의 목소리로 콘텐츠를 외치는 그 날까지 이들의 반짝이는 열정을 응원한다. 그리고 언젠가 필자에게도 그랬듯 길을 잃은 어느 날, 저 먼발치에서 손전등과 나침반을 들고 서 계실 박기수 교수님의 학생들에 대한 애정과 열정에 존경을 표한다. 마지막으로 학생들의 노력으로 묶여진 이 책이 콘텐츠 스토리텔링에 새로운 지평을 열어주기를 바란다.